群星耀东海

——蚌埠卷烟厂八十周年先进人物事迹选编

蚌埠卷烟厂党委　蚌埠卷烟厂工会　编

合肥工业大学出版社

图书在版编目(CIP)数据

群星耀东海:蚌埠卷烟厂八十周年先进人物事迹选编/蚌埠卷烟厂党委,蚌埠卷烟厂工会编. —合肥:合肥工业大学出版社,2022.9

ISBN 978 - 7 - 5650 - 5998 - 8

Ⅰ.①群…　Ⅱ.①蚌…②蚌…　Ⅲ.①烟草加工厂—先进工作者—先进事迹—蚌埠　Ⅳ.①K826.16

中国版本图书馆 CIP 数据核字(2022)第 149997 号

群星耀东海

——蚌埠卷烟厂八十周年先进人物事迹选编

蚌埠卷烟厂党委　蚌埠卷烟厂工会　编　　　　　　　责任编辑　张　慧

出　版	合肥工业大学出版社	版　次	2022 年 9 月第 1 版
地　址	合肥市屯溪路 193 号	印　次	2022 年 9 月第 1 次印刷
邮　编	230009	开　本	787 毫米×1092 毫米　1/16
电　话	人文社科出版中心:0551 - 62903205	印　张	20.25
	营销与储运管理中心:0551 - 62903198	字　数	442 千字
网　址	www.hfutpress.com.cn	印　刷	安徽联众印刷有限公司
E-mail	hfutpress@163.com	发　行	全国新华书店

ISBN 978 - 7 - 5650 - 5998 - 8　　　　　　　　　　定价:88.00 元

如果有影响阅读的印装质量问题,请与出版社营销与储运管理中心联系调换。

本书编委会

牢记创业烽火岁月

赓续企业红色基因

黄楠

二〇二二年五月

（黄楠，新四军第三师师长兼政委、开国大将黄克诚长女，中国科学院高能物理研究所研究员）

序

    在党的二十大即将召开之际，蚌埠卷烟厂迎来八十华诞。

    八十年中流击水，奋楫向前；八十年春华秋实，铸就辉煌。在党的领导下，一代代蚌烟人前仆后继、初心不改，攀登筑梦、砥砺奋进，将往昔的一爿手工作坊打造成而今的一座现代化卷烟制造工厂，参与并见证了中国卷烟工业由小到大、由弱到强的历史跨越，为民族工业壮大、品牌创新发展、地方经济建设做出了不可磨灭的贡献。从"支援抗战"到"一切为了建设社会主义"，甘于担当奉献的蚌烟人从未缺席；从率先实施科技兴烟战略到带头响应企业联合重组，敢为天下先的蚌烟人从未止步。

    在烽火硝烟的革命战争年代，新四军三师八名负伤战士在江苏省益林镇创办了一个手工卷烟作坊，初创时，仅有三把刨刀和三部卷烟"手推子"。随军工厂始终听从党的召唤，顶着枪林弹雨，克服重重困难，为筹集根据地我军经费、保障抗战物资供应做出了重要贡献，镌刻下为人传颂的光辉事迹，孕育出与生俱来的红色基因。

    在如火如荼的社会主义建设热潮中，蚌烟人壮志凌云、豪情满怀，强企报国之志在自

安徽中烟工业有限责任公司党组书记、总经理王志彬

力更生、自强发展中萌芽、生根，满怀对国家领导人的爱戴，精心研制开发出"黄山"卷烟，代表了当时的最高水平，成为中南海特供烟和礼宾烟，并作为对台统战工作的"空投烟"和"海漂烟"，在特殊时期为国家做出了特殊贡献，也为中国烟草锻造出一个传奇品牌。

在改革开放的春雷激荡中，蚌烟人坚持实践是检验真理的唯一标准，坚持发展是硬道理，坚持科技是第一生产力，打破藩篱，勇闯新路，开发出"特制黄山"，借助大手笔的策划和传播，在全国上下掀起"石破天惊黄山潮"，使得"黄山"品牌名扬天下、妇孺皆知，一举打破了当时少数品牌垄断中高端卷烟市场的格局，开启了中国烟草品牌竞争的新时代。

在世纪交汇的时代大潮中，蚌烟人坚决服从和服务于企业重组、品牌整合大局，带头并入黄山卷烟总厂，义无反顾地担当改革发展的先锋和标兵，推动两步重组顺利实施，促进安徽中烟迈入了解放生产力、优化资源配置、实现一体化运行的发展新纪元。走进新时代，蚌烟正以现代化智能制造工厂的崭新面貌，堪当推动安徽中烟乃至中国卷烟工业高质量发展的中坚力量。

回望八十年蚌烟发展历程，是一幅波澜壮阔的奋斗画卷，是一首铿锵雄浑的奋进乐章。几代蚌烟人披荆斩棘、风雨兼程、奉献国家、回报社会，创造了令人赞叹的辉煌业绩，涌现出一大批可歌可泣的模范人物和先进事迹。在建厂八十周年之际，蚌埠卷烟厂赓续红色基因，传承企业历史，精心编撰了八十余位先进人物事迹，这对于提振精气神、弘扬正能量、彰显新形象等都具有重要意义。

对历史的最好纪念，就是创造新的历史。回望过去，蚌烟人走过了千山万水；面向未来，攀登者仍需跋山涉水。希望每一名蚌烟人都肩负起时代赋予的重任，在习近平新时代中国特色社会主义思想指导下，接过前辈们的接力棒，自觉践行和弘扬攀登者精神，勇立潮头、开拓进取、持续攀登、再立新功，不断夯实蚌埠卷烟厂高质量发展基础，为把安徽中烟打造成为新时代卓越企业贡献更大力量！

二〇二二年四月

前　言

　　毫无疑问，我们正处于一个伟大的新时代。百年奋斗的苦难辉煌，铸就了这个时代的伟大，习近平新时代中国特色社会主义思想引领着新时代的发展。

　　岁交壬寅，我们也迎来了一个特殊的年份——中国烟草成立四十周年、蚌埠卷烟厂建厂八十周年。四十年风雨兼程，厚植了烟草行业的发展基础；八十载红脉赓续，孕育了独树一帜的"黄山"品牌，涵养了蚌烟人的浩然之气。从"铁军精神"到"东海精神""美的经营"，再到"攀登者文化"，"一点浩然气，千里快哉风"，蚌烟气脉贯通、薪火相传、后继有人。"初创东临海，红印铸厂魂。转战硝烟里，扎根珍珠城。'东海'启征帆，'黄山'攀高峰。披沥八十载，养我精气神。"这或许是蚌烟一路走来的约略写照。

　　站在风云际会的历史新方位，我们难抑心潮澎湃，思绪万千；面对百年不遇之大变局，我们深感使命光荣，任重道远。

　　回首来路，我们心存敬畏，满怀感恩。八十载春华秋实已深深地镌刻成年轮，这是一

安徽中烟蚌埠卷烟厂党委书记、厂长赵立

个巨大的历史纵深。聆听它，是一曲雄浑的乐曲；阅读它，是一幅宏伟的画卷；讲述它，是无数动人的故事。这里，我们选择了讲述。

于是，蚌烟的一群年轻人行动了起来，带着他们的好奇、思索、情怀和追问，走进企业的年轮。一番探寻铺排之后，他们的镜头对准了一张张鲜活的面孔，用具有代表性的八十余个人物故事来呈现蚌烟八十年奋斗发展的历程。

展读此卷，是一个个奋斗的故事、奉献的故事、传承的故事……由此，您可以感知一代代蚌烟人的所思所想、所言所行，您可以触摸他们的心跳、感受他们的体温，这里有蚌烟人的事业担当、家国情怀和丹心赤诚，字里行间闪烁着德性的光芒、党性的光辉。

过去的岁月和日新月异的新时代，共同构成了波澜壮阔的宏大叙事，我们的讲述将是这宏大叙事的一部分。

此卷编纂殊多艰辛与不易，其间蒙公司办公室、党建工作部、群团工作部（工会）等部门鼎力支持和指导，一并诚致谢忱！

可能我们的文笔还略显稚嫩，但我们自信此番讲述倾心而真诚，我们更相信真诚的讲述会精彩而感人。

是光阴的故事，也是我们的故事，讲给您也讲给自己。

好吧，且听我们娓娓道来。

赵之

二〇二二年四月

目　　录

目　　录

开 篇 攀登者的光荣与梦想

——蚌埠卷烟厂礼赞

张 冰 唐 慧

千里淮河，波涛澎湃，滚滚大河，浩浩荡荡，向东注入大海。在淮河中流，京沪铁路和淮南铁路交会处，有一座因盛产珍珠而被誉为"珠城"的美丽城市——安徽省蚌埠市，它被称为"两淮重镇，沪宁咽喉"，是全国重要的综合交通枢纽和战略重地。蚌埠卷烟厂就坐落在这物阜民丰、人杰地灵的淮水之滨、秀丽的燕山脚下。蚌埠卷烟厂历经 80 年的发展，已经由昔日的手工卷烟小作坊，发展成为占地 576 亩、产值近百亿元的国有大型卷烟制造工厂。

80 年来，蚌埠卷烟厂累计为地方财政上缴税收超千亿元，为地方经济发展和美丽珠城建设做出了突出贡献。

初生：流金岁月 历经战火洗礼

蚌埠卷烟厂原名东海烟厂，是黄克诚将军领导的新四军三师随军烟厂，1942 年诞生于苏北益林镇，1949 年 3 月迁入安徽蚌埠，1964 年正式更名为蚌埠卷烟厂。

蚌埠卷烟厂的发展，历经战争洗礼历，经风雨坎坷，走过了一段不平凡的闪光之路。蚌埠卷烟厂的前身——东海烟厂，诞生在战火纷飞的年代。抗日战争时期，苏北的盐城、阜宁一带驻扎着新四军的军部和主力部队，阜宁县益林镇是新四军三师后勤机关驻地（师长兼政委黄克诚、副师长张爱萍、参谋长洪学

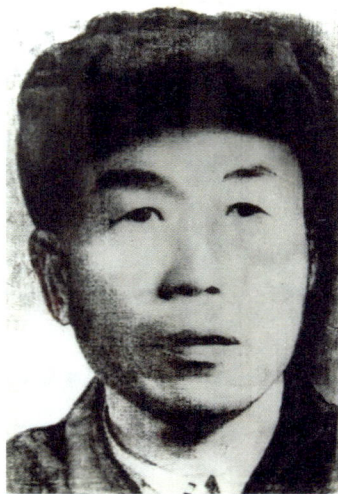

东海烟厂（蚌埠卷烟厂前身）
第一任厂长、书记于金彪画像

智）。1942 年秋天，在苏北的一次反扫荡战斗中，三师的于金彪、高明显、宋长河、姚士安、贺才生、张玉清、赵云才、朱广山 8 名干部、战士光荣负伤，住在益林镇三师师部医院养伤。这个时期，日伪同流合污，对解放区实行经济封锁，新四军三师的生活非常清苦。以老红军出身的于金彪营长为首的伤病员们商议，利用养伤期间办个手工卷烟小作坊，既可以减轻群众的负担，又可以增加部队的供给。经过组织批准，他们借益林镇附近的小村村长家的房子，购置了三把刨刀、三部卷烟"手推子"等简陋的生产工具，开办了一个手工小作坊，用刨刀和木制"手推子"卷制香烟，自产自销，自给自足，开始了手工卷烟生产。

1943 年，日寇对根据地实行全面封锁，新四军三师给养困难，黄克诚要求新四军一边坚持抗战，一边响应党中央号召，积极开展"自己动手，丰衣足食"大生产运动，手工卷烟作坊开始扩大生产规模，从附近村庄招募上百名青壮年农民帮着卷制香烟。一时间，盐阜地区手工业、商业如雨后春笋般发展起来，萧瑟的益林镇一天天繁荣起来，成了盐阜区的政治、经济、文化中心，成了"苏北的小上海"。

1944 年，随着抗战形势的好转，师部决定继续扩大卷烟生产规模，由盐阜军区财经委员会拨款 30 万华中币作为扩厂资金。于金彪派王广霞等 3 名职工乔装成商人到上海，向卷烟商王永福购进了 4 部手摇卷烟机，又派人冒着生命危险，通过敌人 3 道封锁线，从淮南军区飞马烟厂调来 1 部卷烟机，产品也由 1 个"黑猫"牌逐步发展为"黄猫""金虎""飞虎" 3 个牌名。随着生产规模的扩大，产品除供应部队外，开始畅销苏北各地。因益林镇东临大海，1944 年 5 月 1 日，经上级批准，这个小烟厂正式定名为"东海烟厂"，于金彪同志被任命为第一任厂长兼党支部书记。

到 1945 年，东海烟厂已拥有职工 300 余人、卷烟机 5 部、厂房 20 多间，日产量 20 箱。1945 年 5 月 1 日，在东海烟厂的基础上又成立了中国东海烟草公司。公司在行政上隶

手工卷烟用的"手推子"

属于新四军三师后勤部，在财政上隶属于盐阜军区财经委员会。公司拥有自己的销售机构——发行所，发行所下设营业部和办事处。中国东海烟草公司是新四军在苏北解放区最早最完整的经营机构之一。

创业：烽火连天　铸就钢铁意志

2012 年 6 月 11 日，在蚌埠卷烟厂建厂 70 周年前夕，厂部党委决定组织寻根之旅小组，由张冰带队，前往企业发源地苏北地区开展寻根活动，探寻企业在战火洗礼中茁壮成长的光辉历程，为全厂干部职工忠实记录一段流金岁月。在阜宁县益林镇人民政府的大力支持下，寻根之旅小组找到了东海烟厂旧址。昔日简陋的草房早已不复存在，现在已经盖起了 2～3 层的居民小楼。虽然我们心中有点遗憾，但当年先辈们浴血奋战、驰骋疆场，不就是为了我们后人的幸福生活吗？

当寻根之旅小组正在实地录制视频时，从镇政府传来令人振奋的消息：找到一名当年为烟厂站岗的老民兵。在一条僻静的小巷里，我们见到了时年 85 岁高龄的万奇玉老人。老人家为我们讲述了当年东海烟厂在于金彪厂长的带领下，手工生产"黄猫""飞虎"牌卷烟的情景。他说，那个时候军民关系很好，有时候夜间站岗，为了防止困倦，烟厂还给他们提供没有包装的香烟……经过多方打探，寻根之旅小组又在益林镇附近的一个村庄，寻找到一位 87 岁高龄、在东海烟厂工作过的老工人邱德成，他是东海烟厂招收的第一批工人。他为我们讲述了当年他在烟厂工作的历史。据老人回忆，他于 1943 年至 1946 年在东海烟厂上班，具体工作就是为手摇卷烟机喂烟丝，当时一部手摇卷烟机是 3 个人操作，

东海烟厂招聘的第一代老工人邱德成（前右）

山东省滨海区李家桑园

1个人喂烟丝，2个人轮流摇，生产的卷烟牌号只有3种。虽然是手工劳动，工作很累，但大家干劲都很高……后来，因为烟厂随大军向山东北撤，邱德成因父母年迈，不得不留下来照顾，从此与烟厂失去了联系。

据建厂初期老工人回忆，当时中国东海烟草公司生产的香烟品牌有"黄猫""金虎""飞虎"3种，在苏北等地压倒了当时上海资本家生产的"天塔"和"骆驼"牌香烟，畅销苏北各地。一些投机商人为了破坏烟厂的声誉，进行投机取巧活动，用劣质烟生产"黄狗"牌香烟，包装与"黄猫"牌相同，蒙骗了许多消费者，使许多人将"黄狗"误认为"黄猫"，影响了部队烟厂的声誉。中国东海烟草公司发现这个问题后，立即配合政府没收了一些投机商人的香烟，"黄猫"又恢复了声誉，被当地群众称为"黄猫"打死了"黄狗"。

在腥风血雨的战争年代里，东海人不仅要在十分艰苦并且充满危险的条件下搞好生产，还要随时准备同敌人进行战斗，同资本家、投机商人、土匪作斗争。

1946年，内战硝烟又起，国民党军队向苏北根据地大肆进攻，益林镇陷入战争的威胁中。中国东海烟草公司奉命改编为2个分厂，第一分厂由范为和李辉带领随军北上，将设备和人员北撤到山东莒南县天齐庙，坚持生产；第二分厂由于金彪、黄天赋带领，先迁至益林附近的羊寨，年底又辗转迁至山东滨海地区李家桑园等地，后与第一分厂的人员在天齐庙会合。

站在益林镇路口，我们向北眺望，仿佛看见一支大军北上的背影。车辚辚、马萧萧，铁流千里，征尘无际，雄师劲旅踏上了北上的征程。

据有关史料记载，第二分厂职工刚送走北撤的第一分厂人员，益林镇便遭到敌机轰炸，被迫迁到了镇外的一个松林里生产，日防敌机轰炸，夜防当地土匪袭击。由于大家警惕性高，土匪3次偷袭都落了空。后来形势更加紧张，土豪地主势力乘机抬头，为了保证工厂的安全，第一分厂又迁至羊寨。

就这样，他们一边与当地的土匪斗争，一边坚持生产，目标只有一个：多生产香烟，满足部队需要，增加财政收入，支援解放战争。

1947年7月，根据上级指示，已经迁至鲁南地区的随军烟厂，在山东成立了东海烟草总公司，下设滨海、莱阳、烟台3个分公司，并将山东省的建华烟厂、建国烟厂和苏北的中国东海烟草公司合并为滨海烟草分公司，于金彪任分公司经理、党支部书记，直属滨海实业处领导。滨海烟草分公司在山东坚持了一年多时间。

1947年入冬，东海烟草总公司转移到滨海区李家桑园。根据老战士高明显回忆：1947年阴历12月中旬的一天下午，敌人紧追到距离李家桑园只有几里地的地方，为了不让机器落在敌人手里，"经过仔细商量，决定把机器丢进附近大塘里，并决定留下12名同志，带着12条步枪和一些手榴弹，在一些交通要道口埋下地雷，配合地方民兵，负责看护这些机器的安全，等敌人一滚蛋，马上捞出来安装生产。敌人走后，工人们便争着下水捞机器……冬天的西北风像小刀子一样地刮着，塘里水面上已经结了一层冰，同志们买来几瓶烧酒，我们拿起来咕噜咕噜地喝上几口，就把棉衣一脱，敲开冰面，跳进水里。鲁南的塘都挖得像锅底一样，塘中心水深有一两丈，机器丢时好丢，捞时难捞，我们是用倒猛子下去捞的……"

1948年，解放战争形势好转，山东战场取得了决定性的胜利。东海烟草总公司按照上级指示，分水陆两路，从山东解放区重新回到了苏北，并恢复了中国东海烟草公司名称，在洪泽湖岸边坚持生产，支援前线。

蚌埠市宝兴面粉厂旧址

1949 年 1 月 20 日，蚌埠解放。3 月 9 日，中国东海烟草公司全体人员在经理于金彪、指导员梁体祝的率领下进入蚌埠，在蚌埠宝兴面粉厂（原大来烟厂）旧址开工生产。原公司经理、党支部书记于金彪于 4 月 25 日主动离职，副经理范为代理公司经理、党支部书记职务，公司直属皖北企业公司。6 月，"东海牌"香烟设计投产，产品从一开始就在蚌埠居领先地位。中国东海烟草公司落户蚌埠以后，东海烟厂的历史翻开了崭新的一页。1964 年，东海烟厂更名为蚌埠卷烟厂，其开发生产的 40 多个牌号香烟，除在本地销售外，还行销全国各地。像"渡江""金叶""团结""百寿""黄山"等产品成为消费者喜爱的名牌，在广大消费者中享有很高的声誉。

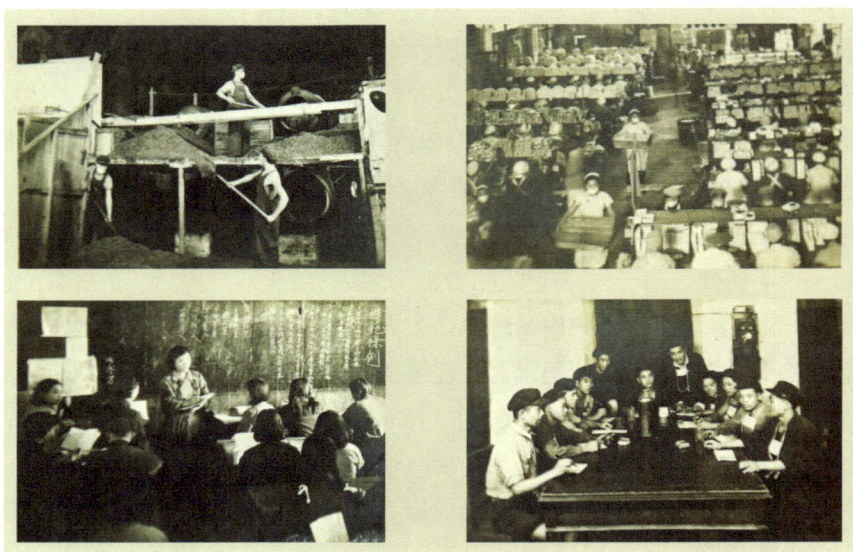

20 世纪五六十年代蚌埠卷烟厂职工生产和学习情景

20 世纪 80 年代初的蚌埠卷烟厂

2022 年，蚌埠卷烟厂迎来 80 周年大庆，80 年的风雨征程，铸就了 80 年的辉煌。这支随军烟厂经历无数次的历练和考验，完成了她凤凰涅槃、浴火重生的奇迹。蚌埠卷烟厂之所以能够茁壮成长为参天大树，不是时代的眷顾，而是靠一代代企业员工的顽强斗志，在艰难险阻中敢于开拓创新、英勇无畏的精神支撑，这种深深植根于企业血脉中的精神之根就是铁军精神。

20 世纪 90 年代的蚌埠卷烟厂

铸魂：铁军精神　锻造企业之魂

"求木之长者，必固其根本；欲流之远者，必浚其泉源。"优秀的企业文化是企业发展的持久动力，是企业核心竞争力的集中体现，企业文化建设事关企业百年发展大业。为此，蚌埠卷烟厂员工秉承先辈的光荣与梦想，不断传承、提炼、丰富新四军的铁军精神，为企业铸魂。

进入 20 世纪 80 年代后，蚌埠卷烟厂迎来了改革开放的春风，在时任厂领导的带领下，东海人率先在安徽乃至烟草行业开展了轰轰烈烈的企业文化建设，强化管理，埋头苦干，把"开拓创新、艰苦奋斗、廉洁奉公、同心同德"的东海精神作为企业精神，把培育企业精神作为锻造企业灵魂的有效途径；通过提炼企业精神内涵，激励全体干部职工在改革开放的大潮中，保持昂扬向上的拼搏进取精神，把新四军优良的革命传统注入企业职工的灵魂中，锻造出一支不畏艰难、勇往直前、敢为天下先的一流干部职工队伍，为企业克服市场经济中的艰难险阻，勇创"中国名牌"黄山卷烟，培育出肥沃的精神土壤和实力雄厚的人才队伍。

"作为一家有着 80 年光荣历史、拥有深厚红色文化底蕴的工厂，能取得今天的成绩，关键在于我们深入挖掘了铁军精神的新时代内涵，即开拓创新、团结奋斗，甘于奉献、勇攀高峰，并用其指导我们的具体工作，鼓舞干部职工的士气，砥砺我们在新时代的新征程中奋勇攀登。"谈到弘扬铁军精神、促进企业发展时，现任安徽中烟工业有限责任公司蚌埠卷烟厂党委书记、厂长赵立说。

蚌埠卷烟厂从诞生之日起，就深深地烙上了新四军的印记，在企业的血脉中一直流淌着新四军的血液，具有与生俱来的浓烈的红色文化底蕴和气息。这段特殊的历史赋予了蚌埠卷烟厂红色文化基因，在蚌烟人代代传承中，凝聚成共同的理想信念和企业的精神动力，绵延至今。

蚌埠卷烟厂走过八十载风雨岁月，不断发展壮大，靠的就是文化的传承和创新。红色文化和革命传统成为企业竞争中最有生命力的基因，凝聚起全体员工的共同信念，是企业不断克服艰难险阻的有力法宝。

在这一时期，企业新生事物呈现出爆炸式增长，各种创新举措层出不穷，企业文化建设一直走在行业和地方前列，率先在企业内部创办了《东海报》《东海文学》等宣传报刊，组建了东海艺术团，制作了厂旗、厂歌、厂徽，塑造了"拼搏"雕像。企业文化建设富有活力，富有成效，形式多样，内涵充实，极大地提升了企业核心竞争力。

直到今天，提起蚌埠卷烟厂的企业精神和企业文化，行业内很多人不由自主地赞誉道：蚌烟人身上天生就有一股拼搏劲头，敢闯敢干，敢为人先。敢闯敢干，源于建厂人员不畏艰辛、艰苦奋斗的创业精神和坚忍不拔、英勇果敢的铁军精神，这是企业文化之根，铁军精神已经深深植入企业血脉中，独特的企业文化品格已然成型。

优秀的企业文化是企业不断创新的精神土壤，是企业自强不息的生命源泉。经过几代人的努力和 80 年的积淀，蚌埠卷烟厂在改革的大潮中不断发展壮大。蚌烟人继承了先辈们的光荣与梦想，踏上了新的征程。

传奇：石破天惊　黄山潮涌神州

1993 年 6 月 8 日，香港《大公报》刊出整版号外——《石破天惊！黄山第一！××第二！×××第三！》犹如在平静的水面上投入一块巨石，一石激起千层浪，此举在中国卷烟行业乃至社会上都引起了轩然大波。黄山品牌的横空出世，震动了当时因循守旧的中国卷烟制造企业，带动全行业从规模数量型向结构效益型快速转变。品牌战略取得的巨大效益，更是引起了中国企业的高度重视。原国家烟草专卖局局长姜成康，高度评价黄山烟的问世，称其为中国烟草发展史上的一个重要里程碑，带动了整个行业的产品升级和效益提升。

黄山品牌凝聚着蚌埠卷烟厂的厚重历史积淀，是蚌烟人铁军精神的结晶。早在

1958 年年初，中央首长要视察蚌埠的消息，让全厂干部职工热血沸腾。为了迎接中央首长，企业决定研制一包高档产品，作为欢迎礼品。蚌埠卷烟厂组织全体产品研发人员，发扬新四军敢于攻坚克难的铁军精神，大胆进行技术攻关，历经半年的研制评吸，产品终于在刘少奇视察蚌埠卷烟厂前夕研制成功。为了向新四军老政委赠送最好的安徽礼物，该品牌被命名为"黄山"。1958 年 10 月 17 日，新四军老政委、时任国家副主席刘少奇视察东海烟厂。他高度赞扬了东海烟厂艰苦奋斗的创业精神，品吸了企业历史上第一个"甲一级"品牌——"黄山"烟，刘少奇副主席给予了高度评价，经他推荐，"黄山"烟成了中南海的特供烟，后来成为对台工作的"海漂烟""空投烟"，产品供应一直持续到 20 世纪 80 年代初期。

改革开放后，为了迎接市场挑战，蚌埠卷烟厂决定重新开发黄山品牌，使之成为大众消费品。为此，企业组织了三代科研人员进行技术攻关，在传承老的黄山品牌配方的基础上，经过 1000 多个日日夜夜的反复试验、100 多个配方的反复对比，在企业综合实力的有力支撑下，经过刻苦攻关、潜心钻研和大胆创新，1993 年 6 月 8 日，特制"黄山"卷烟石破天惊，隆重问世。"黄山潮"迅速席卷了大江南北、长城内外，"一品黄山，天高云淡"广告语更是风靡全国。黄山品牌连续 9 年荣获"全国名优卷烟"称号，2004 年 2 月被国家工商总局认定为"中国驰名商标"，为企业、行业、国家和消费者带来了巨大的经济效益和社会效益。2007 年，黄山品牌在安徽中烟工业公司品牌发展战略的推动下，年产销量一举突破百万箱大关，2012 年，黄山品牌产销量突破 200 万箱大关，为安徽中烟工业有限责任公司的持续发展谱写出新的辉煌篇章。

黄山品牌取得的良好社会效益和丰厚经济效益，正是蚌埠卷烟厂企业文化不断创新的巨大收获，是企业红色文化传承以来始终不渝、孜孜以求的结果，是灿烂的精神文明之花结出的丰硕成果。

"十五"时期技改后的蚌埠卷烟厂

现在的蚌埠卷烟厂

攀登：二次重组　跨越新的高峰

　　进入21世纪，蚌埠卷烟厂又迎来了前所未有的挑战，中国烟草行业进入重要调整期，全国只保留约20家中烟工业企业，品牌也进入了高度聚集阶段。是在竞争中被淘汰出局，让别人兼并，还是杀出一条血路？安徽烟草工业企业和黄山品牌又一次面临着严峻的考验。2003年4月，安徽烟草工业有限责任公司率先破题，在全行业率先进行工商分设。2005年3月，安徽中烟工业有限责任公司所属蚌埠卷烟厂、合肥卷烟厂、滁州卷烟厂分别取消法人资格，组建黄山卷烟总厂，完成第一步联合重组；2006年5月，芜湖卷烟厂、阜阳卷烟厂取消法人资格，与黄山卷烟总厂一同并入安徽中烟工业有限责任公司，完成第二步联合重组。黄山品牌成为安徽中烟工业有限责任公司主导品牌、共享品牌。二次重组，为黄山品牌二次创业插上了腾飞的翅膀，黄山品牌年产销量从10万多箱，迅猛攀升到200多万箱。

　　1993年，特制黄山横空出世，掀起"石破天惊"黄山潮，实现了一鸣惊人，是黄山品牌的第一次创业；2003年后，企业实现两步重组，黄山品牌通过整合扩张，规模放"大"，是黄山品牌的第二次创业；2013年，公司开展黄山品牌第三次创业；再到"十四五"时期新征程，黄山品牌已经成为中国烟草头部品牌，蚌埠卷烟厂开始向更高的山峰进行新的攀登。"人类因梦想而伟大，企业因文化而繁荣。"蚌埠卷烟厂员工又以攀登者的姿态搏击在新时代的新征途中。

筑梦：秉承荣光　追逐新的梦想

心有多大，梦想的舞台就有多大。面对波澜壮阔的时代大潮，安徽中烟人又开始重新筑梦。2021 年，公司吹响了"十四五"时期新征程的号角，按照国家烟草专卖局提出的"要把黄山品牌打造成中国烟草强势品牌"的要求，确立了黄山品牌新的战略规划，黄山品牌又将扬帆远航，实现安徽中烟人新的梦想。

蓝图已绘就，追梦正当时。实现梦想，需要全体员工的共同努力和辛勤付出。在攀登和追梦的路上，蚌埠卷烟厂干部职工义不容辞地担负起排头兵的作用，在攀登的路上，涌现出许许多多优秀员工，他们通过发挥自己的聪明才智，为企业发展做出了突出贡献。如全国劳模刘加树，从刚进厂的一名普通大学生，迅速成为维修电工高级技师、工程师和培训师，获得烟草行业职业技能鉴定专业专家等诸多头衔，并获得全国劳动模范荣誉称号。2010 年 4 月 27 日上午，刘加树光荣地参加了全国劳动模范和先进工作者表彰大会，在人民大会堂受到了胡锦涛、温家宝等党和国家领导人的亲切接见。

有梦就有希望，有梦就有追逐的方向。古人云，有志者事竟成。安徽中烟人的梦，就是跻身未来中国烟草强势知名品牌，这是安徽五家烟厂共同铸就的梦想。梦想是灿烂的，但追逐梦想的过程却不乏曲折坎坷、艰难困苦。在战争年代，先辈们在追逐"建立新中国"的梦想中，抛头颅洒热血，敢于牺牲，最终取得胜利。80 年来，蚌埠卷烟厂伴随着祖国前进的步伐不断成长壮大。同国家命运紧密相连的蚌埠卷烟厂的历史，是一部闪耀着光荣革命传统的历史，也是一部蚌埠地区烟草工业从无到有、逐步发展壮大的历史。

攀登路上，蚌埠卷烟厂坚定支持"双占位、双升级"品牌发展战略。2021 年，黄山品牌一、二类烟规模、批发收入双双跻身烟草行业"136""345"规模效益品牌集群之列，实现"双占位"，为黄山品牌高质量发展奠定了坚实的基础。

礼赞：光荣岁月　八十华诞礼赞

有一种创业叫奇迹，有一种意志叫拼搏，有一种前行叫攀登，有一种追求叫逐梦。回顾来路，蚌埠卷烟厂的发展足迹，无不凝聚着蚌烟人的忠诚与担当，倾注着蚌烟人的智慧与汗水，赓续着先辈们的光荣与梦想，蚌烟人展望明天，心中充满自豪和骄傲。

缅怀新四军前辈的丰功伟绩，感受企业 80 年发展的光荣与梦想，传承红色基因，发扬铁军精神，凝聚全员共识，以攀登者的豪迈激情，蚌埠卷烟厂员工在新征途中顽强拼搏，奋勇攀登，再创佳绩。自 1949 年扎根珠城以来，蚌埠卷烟厂就深受蚌埠人民的厚爱，承载着蚌埠人民的期望和重托，也凝聚了蚌埠市委、市政府和各级领导的关心与支持。

光阴似箭，岁月如梭，"黄山"作为安徽中烟的主导品牌，承担着助推企业高质量发展的新使命，以"焦甜香·石斛润"品类创新为发展引擎，大力提升产品品质，以"甜润的徽烟"新形象为引领，聚焦结构升级，聚力高端突破，精准施策、提升质效、开拓创新、赶超跨越，不断取得品牌发展历史性的新突破。

　　八十载搏击战犹酣，千百度锤炼铸辉煌。听！军号嘹亮，歌声飞扬，"十四五"时期新征程的战鼓咚咚作响；看！旗帜飞舞，铁流浩荡，蚌烟健儿再度出征，勇攀高峰。让我们齐心协力，精诚团结在安徽中烟公司党组和企业党委周围，以责任和担当，用赤诚与奉献，铸就企业更加辉煌的新篇章。

第 一 章

峥嵘岁月

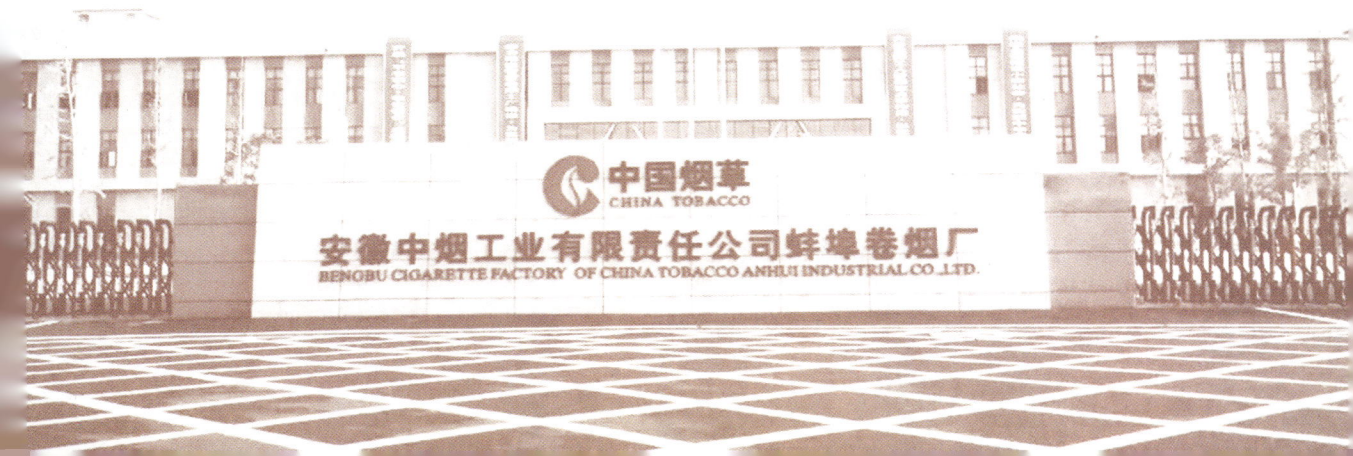

参加八路抗击日寇 戎马一生报效国家

——记蚌埠卷烟厂离休干部徐梦岐

张 冰

> "老兵不死，只是逐渐凋零。"抗战老兵作为一个特殊的群体，他们永远刻在中国人的记忆里，但作为个体的老兵正在淹没于岁月的长河中。对徐梦岐的采访，将老兵浴血抗战、实现民族解放的英雄壮举再一次重现，以此铭记历史，我们责无旁贷。这些向死而生的英雄豪杰，救国家于危难，扶民族于将倾，他们的光荣印记应该永远镌刻在历史的天空中。

初战遇日寇

虽然已经过去 70 余年，但原八路军山东军区 20 团 20 连战士、安徽中烟工业有限责任公司蚌埠卷烟厂离休干部徐梦岐仍经常想起自己参加过的第一场战斗：1944 年 6 月，徐梦岐所在的山东渤海一分区独立大队按命令伏击敌人的运粮队，不料，却提前走漏了风声，伏击战变成了反伏击。徐梦岐回忆：当时，他们正埋伏在一尺多高的高粱地里，等待鬼子的运粮队，却不料鬼子带领伪军已经偷偷摸到了他们身后。"那时我在家乡乐陵才参军不久，不到 19 岁，个子不高力气小，又是第一次参加战斗，既紧张又没有战斗经验，就在我不知所措时，鬼子一把就把我拽倒在地，对我举起刺刀。危急关头，埋伏在我附近的副班长王玉马举着枪对着鬼子头上砸去，其他战士也纷纷和日伪军展开肉搏，眼见一个鬼子要开枪，会武功的大老王眼疾手快，一个箭步冲上去，一刀就把鬼子砍倒了……"虽然之后随部队南征北战，先后参加过济南战役、淮海战役等，但徐梦岐老人却对人生中的第一场战斗记忆犹新。

"你问我打仗怕不怕？一开始肯定害怕啊！但是打着、打着就不怕了。你不打他，他就打你！你能不打吗？日本鬼子在我们这里杀了多少人？烧了多少房子？我们必须狠狠还击。"

与这光荣的"战斗记忆"一同留在老人脑海中的，是当时部队中紧俏的卷烟供应："当时战斗非常紧张，部队中几乎人人吸烟，但由于供应紧张，普通战士根本买不起、买不到烟。我 1944 年入伍时，一个月的津贴仅够买牙刷、牙粉，毛巾肥皂都买不了，更别说烟了。只有部队打了胜仗，才会分几包烟，但平时只能抽抽旱烟过过瘾，困难了就只能卷豆叶、树叶吸，特别呛人。"和平时期的人们已经无法想象，战争年代，卷烟意味着什么！战火纷飞的战场中，吸烟可以让战士们享受到难得的片刻宁静，放松紧绷的神经。在缕缕烟香中，同生共死的战斗友谊随之更加深厚。

公司党组书记、总经理王志彬（左）慰问徐梦岐

火烧鬼子楼

据徐梦岐回忆：1944 年 11 月，军区为了阻击日本鬼子在津浦铁路线上的运输，把他们大队调到了河北省南皮县，经常破坏铁路。

一天，家住庆云县赵王庄的一名战士家里来信，大意是驻庆云县张集镇的日本鬼子，纠集几百名日伪军来到赵王庄挨家挨户地搜粮食。没有翻到粮食的鬼子恼羞成怒，逼问村里 30 多位行动困难的老人粮食藏在哪里。见实在问不出粮食的下落，鬼子架起机枪，惨无人道地把老人们全都打死了。全村能抢的东西都装到马车上，不能抢走的就点火烧了，70 多户人家一间房子都没有留下来，全烧光了。

徐梦岐所在的大队有 6 名战士是赵王庄的，其中 3 名战士的爷爷奶奶被鬼子打死了。看到信后，战士们都哭了，要求回庆云县去给亲人报仇。大队领导向军区领导做了汇报，军区领导同意到庆云县召开控诉大会，等时机成熟再消灭他们。

经过一夜的急行军，他们到了赵王庄，在被鬼子烧光的废墟上召开了控诉大会。被害老人的家属们，痛哭流涕地控诉了日本侵略者的滔天罪行。不少老百姓提出，要部队收下他们的儿子或弟弟，并希望部队攻打张集镇的鬼子，为死去的亲人们报仇、为乡亲们雪恨。

住在张集镇的鬼子有 20 多人，在集镇外面单独建了一座小楼，五层高砖木结构，一层和二层没有窗户，三楼以上才有窗户，楼前只有一个装有吊桥的门，白天把吊桥放下来，晚上拉起来。周围有一圈平房，有一个班的伪军站岗。按照当时的条件，攻打鬼子楼是有困难的，区长刘玉龙提出火烧鬼子楼的方案，并准备了火球。大队领导同意了刘区长的方案，向上级做了汇报，提请上级再增加 100 名青壮年民兵，并提出增加 10 桶火球、15 架梯子的要求。

年轻战士徐梦岐

第二天晚上，部队进行了动员，参加投火球的民兵们还开展了实战演习。第三天，大队以军区章司令的名义，给住在张集镇里的伪军中队长写了一封信，告诉他，晚上有军区的大部队从这里路过，可能对鬼子警告一下，要求他们不准动。"打枪可以，但不准伤我们的人，如果伤到我们的人或告密，就消灭他们。伪军中队长害怕我们，就答应按章司令的要求办。"为了防止意外，区中队埋伏在村子和鬼子楼中间准备阻击敌人增援。

战前按照鬼子楼的窗户编号，分了 16 个小组，射击、掩护、投手榴弹、投火球，都有明确的分工，各小组都写了保证书。

晚上八点钟，战斗开始了，各种枪支一齐开火，参战人员一边进攻一边大喊，杀声枪声震天，气势很猛，几分钟后投手榴弹的、投火球的都攻上了外围的平房。鬼子们吓醒了，还没摸到武器，手榴弹、火球就从窗口飞进了炮楼，十几分钟后，看到炮楼的窗户和楼顶上都蹿起了熊熊的大火。这时司号员吹响了号声，参战人员立即撤出战场，来到预定的地点集合检查，所有参战人员无一人伤亡。"我们离开张集镇十几分钟，听到机枪、步枪齐响，估计是敌人的援兵到了，我们也不管他，连夜向南皮县去了，过后听说二十几个鬼子都被烧死了。"

说起这次干净漂亮的拔钉子战斗，老人满是自豪。抗战胜利后进入解放战争阶段。1946 年，部队进行了整编，徐梦岐被编入 66 师。从不足 19 岁成为八路军山东渤海一分区独立大队的一名战士，后成为山东军区 20 团 20 连班长，再到后来成为中国人民解放军 22 军 66 师特务连班长、副排长，参加了济南战役、淮海战役、渡江战役等多场著名战役、战斗。新中国成立后，徐梦岐调到了华东空军 11 师司令部工作。

老兵进烟草

20 世纪 50 年代末，徐梦岐从部队转业到蚌埠市地方工作。战争中的英雄，成了和平时期的建设者。1957 年，他先是在蚌埠淮河大旅社保卫科工作；1965 年，组织上又调他到蚌埠市糖业烟酒公司批发部（烟草公司前身）担任副主任一职。

1980 年，安徽省烟草工业公司（县处级）组建，归属安徽省轻工业厅，之后升格为副厅、正厅级单位。1981 年 4 月，蚌埠烟草分公司成立，王昌国任书记，刘兆南任经理。同一时间，徐梦岐随蚌埠市糖业烟酒公司 40 名干部职工，划归蚌埠烟草分公司。徐梦岐从烟酒公司主任一职，转任蚌埠烟草分公司批发部经理。1983 年，在与烟草结缘十八载

公司党组慰问徐梦岐老人

后，徐梦岐同志光荣离休。

在烟草工作期间，徐梦岐继续发扬军人本色，从不居功自傲，而是哪里有困难，哪里就有他，别人不愿做的事他抢着做，总是吃苦在前，享受在后。据安徽中烟一位退休干部回忆："徐梦岐是好人，非常正直。在烟酒公司那会，我在革命委员会生产组（后改为业务科），徐梦岐在批发部任主任。后来同时划到烟草公司，徐梦岐在烟草批发部工作。批发部在老厂幼儿园的西边，工作条件比较差，他从来不计较，总是认真地对待工作，与身边的每一个人和谐相处。"徐梦岐走到哪里都不忘一个老兵的本色，忠于职守，甘于奉献，乐于吃苦，勇于战胜各种困难。

2022年春节期间，公司总经理王志彬特意登门慰问了精神矍铄的徐老。徐老应邀拿出了珍藏一生的10余枚奖章和5本嘉奖证书，如数家珍。这些奖章和证书记载了老人家光荣的一生。王志彬满怀敬意地查看了那一枚枚沉甸甸的勋章，询问了老人的军旅生涯，又亲切地询问老人家有什么要求。徐梦岐激动地说："感谢党、感谢企业，给了我美满的幸福生活，我现在特别满足，希望我们的国家和我们的企业越来越好……"

岁月长河，先辈足迹不容磨灭；时代变迁，英雄精神依旧闪光；红色印记，穿越历史辉映未来。作为诞生在抗战硝烟中具有80年光荣革命传统的蚌埠卷烟厂员工，让我们致敬抗战老兵，牢记光荣使命，赓续红色基因，续写新时代新发展的新篇章。

一张 75 年前的入党志愿表

——记蚌埠卷烟厂离休干部尹计高

张　冰

> 蚌埠卷烟厂 1942 年诞生在抗日战争的硝烟中，是由 8 名新四军伤病员，在苏北益林镇新四军三师师部医院所在地创办的随军烟厂。历经 80 年岁月的洗礼，非常难得的是，我们企业有一位仍然健在的新四军老战士、96 岁的离休干部尹计高。这是我厂硕果仅存的一位新四军老战士，他和八路军老战士徐梦岐一样，是我们企业发展的见证者、建设者，更是我们企业难得的宝贵财富。

蚌埠卷烟厂党委书记、厂长赵立慰问新四军老战士尹计高（中）

近日，在一个阳光灿烂的下午，在尹计高的家中，面对前来慰问的安徽中烟蚌埠卷烟厂党委书记、厂长赵立，老人家十分开心，他激动地从随身携带的一大串钥匙中，准确地找到一把小钥匙，颤巍巍地打开一个一尺见方简陋的铁皮匣子，从中拿出一张泛黄的旧纸，中间折褶处已有多处断裂破损。这张破破烂烂的旧纸，如果丢在其他地方，绝对不会引起任何人的注意，却被老人视如珍宝，珍藏至今。

老人小心翼翼地把这张旧纸展开来，第一行赫然写着 5 个醒目的大字："入党志愿表"，整张表是由手工用钢板刻写、油印出来的。后面是填写日期：1947 年 7 月廿日。表格内填写着这样的内容，部别：电话队，职别：电话员，姓名：尹计高，年令（龄）：廿五岁，成分：贫农，出身：种田……

这不是一张普普通通的旧纸，这是一张已经跟随着新四军老战士尹计高 75 年的入党志愿表。它见证了这位鲐背之年的老人，一生对党的赤胆忠心；它见证了老人在 75 年光辉岁月中无悔的追寻；它见证了历经战火洗礼永不叛党的无比忠诚……

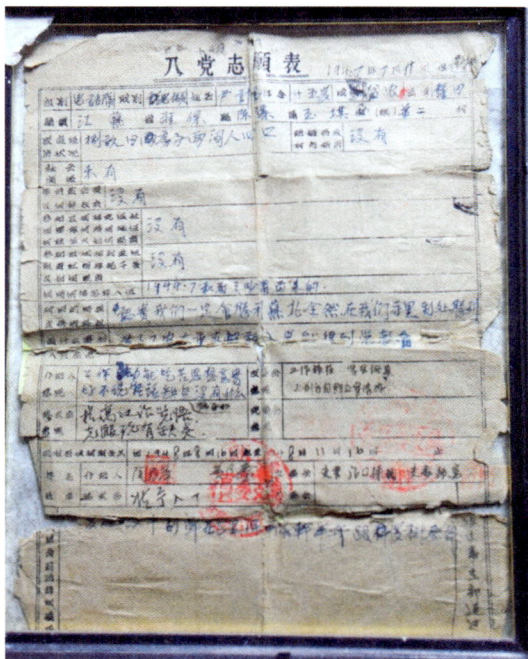

尹计高入党志愿表

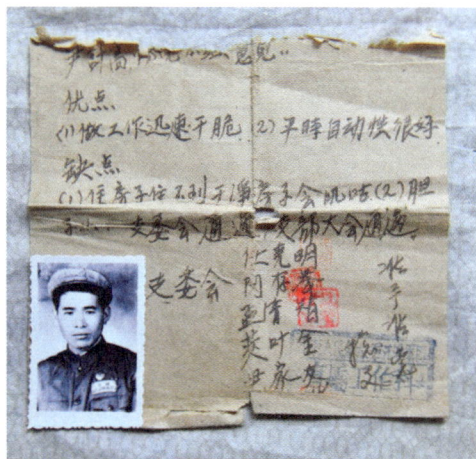

尹计高入党材料

据尹计高老人回忆：在战争年代，因为其所在的新四军部队不停地行军打仗、转移阵地，无法统一集中保管全部党员的入党志愿表，所以，部队经过登记后，就把入党志愿表下发给个人自行保管，随身携带。老人激动地说："没有想到，这样一来，一带就是一辈子，整整 75 个春秋，它跟着我南征北战，出生入死，它跟着我冒着战火上前线接电话线，好几次差点被子弹击中。"

老人眼里似乎浮起当年激战的场景，已经失聪的耳朵，似乎又听到了战斗的号角。他挥舞着手臂，大声地说："我行军打仗，（入党申请表）都装在背包里或者口袋里，如果牺牲了，它就能够证明我是一名合格的党员、一名光荣的革命战士。那个时候，我不怕牺牲，我们每一名党员都不怕牺牲，遇到战斗紧张的时候，我们都会勇敢地站出来，报名参加党员突击队。那个时候，我坚定地认为，我们一定会胜利！苏北全然在我们手里！我们到处都是胜利！"

　　听着老人的话，看着这张珍贵的入党志愿表，在场的每一位企业员工，无不肃然起敬。赵立同志郑重地捧起这张表，仔细地看了又看，沉声说道："尹老，这是一张珍贵的革命文物，这是一张无价之宝，请您一定收藏好，为我们企业保存一份弥足珍贵的党史资料。请您老人家一定要保重身体，安享你们浴血奋斗换来的今天的幸福生活。"赵立详细询问了老人的身体状况和生活状况，要求随行的同志：中华人民共和国成立前的老党员，不仅仅是党和国家的宝贵财富，更是我们企业的宝贵财富，一定要照顾好老党员，特别是困难老党员的生活，及时帮助解除老党员的后顾之忧，让他们共享改革发展红利，安享幸福晚年。老人面对组织和企业的关爱，站起来，庄严地敬了一个标准的军礼，大声说："感谢党！感谢企业！"

　　峥嵘岁月，七十五载，谁是我们的平凡英雄？什么是真正的革命信仰？这一张保存了 75 年的入党志愿书，从一个侧面证明了信仰的力量，在那个战火纷飞、金戈铁马的年代，无数仁人志士为了信仰，可以赴汤蹈火在所不辞，为了国家和民族，可以抛头颅洒热血；在那个出生入死、戎马倥偬的年代，他们用一生书写出对信仰的忠贞，用一生证明追求的永恒，他们才是我们身边的真正英雄！正是有了无数这样的无名英雄，才有了开国大典时的隆隆礼炮声，才有了我们共和国在世界民族之林挺直脊梁的今天，才有了国富民康、幸福和谐的美好岁月。作为新四军后人的蚌埠卷烟厂员工，更应该铭记英雄事迹，传承红色基因，弘扬铁军精神，不忘初心，牢记使命，让革命理想之花，永远绽放在这鲜血浇灌的开满鲜花的热土上。

新四军战士尹计高

投笔从戎献青春　矢志不渝报国恩

——记蚌埠卷烟厂离休干部李文忠

孙景凤

这个故事的主人翁是蚌埠卷烟厂原副厂长李文忠，知道我们要来，李老一早就迎在了门口。虽然已经 90 岁高龄，李老依旧腰板笔直、精神矍铄，举手投足间，尽显军人气质。李老引我们到沙发坐下，茶几上透明桌布下的老照片映入眼帘。

一张 2009 年拍摄于锦州的老照片引起了大家的兴趣，上面李老手写了每一个人的名字。"这是杜胜泉，贺龙元帅的警卫员；这是钟永顺，第三航校的政委；这是张俊升，飞行员教员，当时和我住一栋楼……"打开记忆的阀门，李文忠带我们走进他跌宕起伏的人生历程。

投笔从戎　一腔热血报国

"1949 年 8 月我由中学入伍，是解放军第三野战军 10 兵团 29 军 85 师 255 团 1 营 3 连 2 排 6 班战士，我那年 17 岁，正逢厦门战役。厦门战役是渡海登陆作战，我们部队大都是'旱鸭子'，哪见过一望无际的大海，虽然有的战友打过渡江战役，但是不一样，训练的时候，有的战友不适应都吐了。"故事的开始是一个硝烟弥漫的战场。

"集训一段时间后，战争打响了。那天风很大，接到作战命令，我们开船向岛上挺进。国民党兵发现后开始火力封锁，加上风浪很大，很多木船都被吹跑了。我们的船顺利到达预定的突破口，登陆的地方都是泥滩，敌人想不到我们会从这边登陆，兵力布防相对弱一点。到了淤泥滩，一脚踩下去，淤泥都能陷没膝盖，真的是寸步难行，我们只能把枪背在身上，一点点向前爬，上面都是海蛎壳，拉得身体到处疼。也顾不了那么多了，就是向前爬，等到岸上都打散了，我跟着战友就向山上一边喊、一边冲，最后冲上山的只有营长带着的十几名解放军战士。当时，我们都看到那个国民党守将汤恩伯的兵了，他们正坐着一个小船向大船跑。营长就喊：打！快打！但是太远了，我们随身携带的轻武器根本打不

李文忠（前排左一）看望老战友

到，让他们跑掉了。那次冲上山的战士都被授予三等功。到第二天我才发现，我的脸在海滩被弹片崩到了，上面的血都干了。"李文忠激动地描述着当年那惊心动魄的战斗场景。

厦门战役结束后，为了准备即将到来的金门战役，继而解放宝岛台湾，李文忠由陆军转为海军，投入紧张的渡海训练中，并荣立二等功一次。由于在战斗和训练中表现优异，1950 年 9 月，入伍刚满一年的李文忠就光荣地加入了中国共产党，并作为党代表在厦门参加了党代会。

空军飞行员时的李文忠

心怀不惧　从容翱翔天际

1951 年，全军开始选拔飞行员。经过驻厦门的 29 军、驻福州的 10 兵团、驻南京的"三野"的层层检查，最后李文忠顺利入围，成为一名空军飞行员，到辽宁锦州解放军第三航校开始学习训练。

"刚开始是当学员，我用一年的时间就学会了三种机型；然后是当教员，两次打下美国侦察机的张怀连就是我的学员，张怀连是受到毛主席和周总理接见过的二级战斗英雄，中央候补委员；最后我调到司令部当参谋。学员掌握得好不好、快不快，与教员有很大的关系，当时我和照片上的这个李银锡教员被称为'二李'，是教得最好的。我最自豪的是从来没有体罚过学员，也没淘汰过一个学员。我一直认为：做教员好比当医生，技术的好坏、能力的强弱，不是靠给病人吃什么药，而是找出病根，如果是思想问题，你给他吃什么药都不管用；教学员也是，为什么学员学不会？是思想问题，是记不住，还是看不出来……你要找出原因，找出他怕什么，加以训练和克服。心怀不惧，方能从容翱翔天际。"李老深情地回忆道。

"50米看地面，检查下滑方向，飞机是否对正跑道，跑道上有无障碍物；30米检查飞机运行状态，根据地面物体判断飞机运行速度，适当收小油门；7～6米开始拉平，随着高度的降低，逐渐减小俯角；1米高度转入平飘，收油门，飞机下沉的同时，相应增大仰角；0.25～0.15米，拉成两点姿势，主轮轻轻接地，最后安全着陆。"随后李老借助手势，生动形象地向我们演绎了飞机的着陆过程。

90岁的李老仍然清楚地记着每一个数字，当年，他精湛的技术可见一斑。"要揽瓷器活，先煅金刚钻。"李老也给我们上了一堂生动的教学方法课。

听李文忠（中）讲过去的故事

不忘初心　永葆军人本色

1978年10月，李文忠从部队转业。带着对故土的眷恋，他选择了离老家萧县比较近的蚌埠。脱下军装，他又一次迎来人生的转折，开始与蚌埠卷烟厂结下不解之缘。

"刚进入蚌埠卷烟厂，说实话我是迷茫的，前面27年几乎都是在和飞机打交道，突然转业了，一切归零。原有的思维和习惯都被打破了，在部队掌握的技能和积累的经验大多也无用武之地，随之而来的是对陌生环境、陌生岗位和陌生人际关系的适应。但是，我很快就调整好心态：我是军人，是一名老党员，那时我党龄都 27 年了，在哪都能为祖国做贡献。当时，我是干办公室副主任主持工作，开始从'新兵'做起，向书本学习、向身边的领导和同事学习，了解企业的情况，熟悉本职业务，他们给了我很大的帮助，很快我适应了企业的工作和生活。"李老停顿片刻后说。

"有一年卷烟销量很好，但是原材料供应不足。怎么办？厂部党委把任务交给我，我是军人我先上。我开始到全国各地采购原材料。当时交通跟现在没办法比，我们就开着一部桑塔纳轿车，从河南、山东、东北、云南等材料原产地来回跑。烟叶产量低、都在抢，怎么办？我们就和当地烟草公司沟通、协商。烟草公司也忙，为了能跟他们谈，有时候一等就是一天，好不容易见到了，谈条件、谈价格，有的是给得不多，有的一点都没有。当时大部分时间都是奔波在路上，有的时候甚至吃住在车上，一点都顾不上家。说实话，那时感觉对家庭、对孩子还是有些许亏欠的，但是，家人也都理解和支持。干的就是这个工作，作为党员，不能讲得失，要讲奉献。"李老眼中充满了坚定。

后来，李文忠先后担任了厂纪委书记、副厂长兼原料部部长、经营部部长、政工部部长，每个岗位工作都完成得很好。1992 年离休时，他结束了光荣且灿烂的军旅和职业生涯，但他那肯吃苦、又好学、讲奉献的精神一直得到身边人的传承和发扬。

虽离休多年，李老一直心系企业，一如既往地关心企业的发展，多次参加企业组织的各项活动和座谈会，积极发挥老干部政治觉悟高、实践经验丰富的优势，继续发挥余热，为企业的发展建言献策。同时，李老始终保持党员本色，牢记党的宗旨，发挥党员模范带头作用，主动交纳"特殊党费"支持抗疫，主动捐款捐物援助他人。"党的恩情，我们不能忘！"李老用实际行动证明：党员，永不退休；军人，永不褪色。

"在那么艰苦的环境下，你们一边打仗，一边建设国家，才有了我们现在的工作和生活环境，现在的你们是国家的宝贵财富，也是企业的宝贵财富。我们工作室在蚌埠卷烟厂建厂 80 周年之际，深入挖掘、整理老干部、老党员和劳模工匠的事迹材料，就是想把我们厂的红色基因、蚌烟精神用文字记录下来，传承下去，一代一代地发扬光大。希望您保重身体，你们的健康长寿就是对我们最好的安慰。"蚌埠卷烟厂文化创新工作室的张冰握着李老的手深情地说。

在文章的最后，借用蚌埠卷烟厂厂长赵立在李老八十大寿时赠送他的一首《渔家傲》词，来娓娓道出他的丰富人生："愿君寿比黄山松，耄耋矍铄称李翁。目似明镜耳犹聪，积德功，子孙福祉在其中；翱天游地显神通，呕心沥血任西东。棋局窥破悟禅宗，红尘中，寒来暑往听晨钟。"

离休不褪本色　皓首不忘初心

——记蚌埠卷烟厂离休干部顾雪帮

高　峰

> 22 岁那年，为了吃饱肚子，不再受地主的压迫和剥削，果断弃农从工，在老乡"周胖子"的"花言巧语"鼓动下，顾雪帮一行七八个人，毅然从苏北来到蚌埠，进入东海烟厂工作。他就是蚌埠卷烟厂 96 岁高龄的离休干部顾雪帮。

在女儿顾玲（蚌埠卷烟厂退休职工）的住处，我们见到了精神矍铄的顾雪帮。老人除了有点耳背，说话声大点，多年来身体一直很好，见到我们，特别地热情。当得知我们的来意后，顾老心中紧闭多年的记忆闸门瞬间被打开。

"1949 年 5 月 20 日，我们村子里有一个叫周志杰的老乡回家结婚，经别人介绍，我和

蚌烟党委书记、厂长赵立（右）慰问顾雪帮

他算认识了。后来得知，他 1945 年就跟着新四军三师打仗去了，当时在安徽蚌埠的一家烟厂工作，问我要不要跟他一起去？当时的苏北地少人多，大部分人还没有自己的土地。我们家当时租地主家的土地耕种的，也就是能有一口饭吃，遇到灾年就要欠地主的租子了。我和父母亲一年累下来，连最基本的生活都无法保障，我想了想，决定跟着周志杰干。父母听到这个消息后，也没反对。在 1949 年的 5 月 28 日，周志杰带我离开了苏北益林镇，三天的日夜兼程，来到了蚌埠，走进了东海烟厂，让我这个农村来的穷小子、文盲看到了一片广阔天地。"顾老深情地回忆说。

"我首先要感谢的是中国共产党和蚌埠卷烟厂。没有党的指引，我也不可能成为一名中国共产党党员，不是蚌埠卷烟厂的培养，也不可能扫掉我头顶上文盲的帽子，把我培养成对企业有用的中层干部。其次要感谢的是周志杰，是他带我进入蚌埠卷烟厂这个大家庭，让我成为一个对国家、对企业有用的人才。"顾老说。

当我询问中华人民共和国成立之初的企业情况时，顾老陷入片刻的沉思中。据老人回忆：当时东海烟厂位于现在的宝兴面粉厂里面。全厂不到二百人，分手工制丝和手工包烟两个车间。当时厂里生产的品牌有"飞虎""飞马""工农""大铁桥"四个牌号。车间职工上班全都是 12 个小时，两班对倒，也没有一个人叫苦喊累。"我进厂后被分配到手工包烟车间，那时候我年轻，有一次为了赶产量，我连续 48 个小时吃住在厂里，累了困了就在车间茶水间垫两个烟包麻袋片休息。大家只有一个信念，多、快、好、省地生产出自己的产品，供应市场，满足市场需求。"

当时，企业的福利还是很好的。全厂职工吃饭不要钱，为了生产，食堂的师傅们每顿

爱读书看报的顾雪帮老人

饭安排得都很好，米饭、面条、白面馒头、各种小菜和一荤一素。厂里还为外来员工提供两人一间的职工宿舍，室内所需均是厂里安排，另外还给每个人配了写字台和椅子，说是学习用，对于我一个文盲来讲，写字台倒成了我临时堆放杂物的场所了。顾老说到这，有些激动了。

可刚过两个月，有两件事让我重新认识到自己的价值。顾老思路清晰地说："第一件事是我把厂里上个月发给我的工资，留下少部分自己用，一大半工资寄回老家。父母亲委托识字的人寄来信说，这是我们家几年收入的总和。第二件事是厂里为了企业今后的发展，新进了两台手摇式包装机，车间领导考虑我年轻、工作扎实肯干、有上进心，调我去当修理工。可我是文盲，又看不懂图纸，怎么办？我把自己的困难汇报给车间领导。当时的支部书记沈有钧说：'这好办，白天跟着师傅学技术，晚上去上厂里的扫盲班，我给你一个期限，一年之内你要达到小学毕业生的水平，否则，还回去包烟。'"

"从那时起，我白天上班就跟在师傅屁股后面，师傅修机器我就递工具，认真听师傅讲解机器的工作原理；下班后，我再去厂里扫盲班学习文化。就这样，一年时间很快地过去了，我也从扫盲班毕业了。"

"由于我刻苦学习、善于钻研技术，师傅又待我像亲儿子一样，把一身的维修技术全教给了我，让我受益匪浅，自己都不敢相信自己的变化如此之大。1953年7月1日，经支部书记沈有钧介绍，我光荣地加入了中国共产党。当天我十分激动，真的是没有共产党，就没有新中国。没有蚌埠卷烟厂，就没有我顾雪帮。"说到这，我看到顾老的眼睛里饱含着泪水，证明了党在顾老心里有多么重要。

1958年，全厂从宝兴面粉厂旧址迁至红旗一路，同时，又新增了五台包装机设备。"为了完成好搬迁任务，厂里决定：提拔我担任包装车间副主任，负责包装车间的搬迁工作。"

"我带着车间一帮子年轻人，从设备拆除到机器安装、调试，仅用了不到10天的时间，就让车间重新恢复了生产，并且创造了月生产新纪录。"随着岁月的更迭，蚌埠卷烟厂生产的产品牌号也由当初的几个发展到了几十个。"百寿""春秋""大铁桥""团结""奔月"等新产品的出现，逐步取代了"飞虎""飞马"等老产品。"到20世纪80年代中期，我退休后，蚌埠卷烟厂又不断推出"渡江""黄山"等品牌。特别是1993年6月，黄山品牌的横空出世，让蚌埠卷烟厂又进入了一个新时代。"

说到此，顾老铿锵有力地说，"我是蚌埠卷烟厂培养的，每天读书、看报、学习是我终身的习惯，虽然人是离休了，可我的心仍然是和蚌埠卷烟厂连在一起。因为，我自豪！"

谈到顾老的愿望时，顾老想了想："我现在不愁吃、不愁喝、有房住、有衣穿，这都是蚌埠卷烟厂给予的。"说完这句话，他又对我们说，"你们等一等，"然后转身回到屋内，不一会，双手捧着一套洗得掉了色的20世纪60年代的厂服，送到我们面前，激动地说，"这套厂服跟了我五六十年，我现在捐给厂里，也算是我为企业尽点微薄之力吧。在有生之年，我想有一套新的厂服，并有机会再去厂里看一看。"

采访顾雪帮（右二）

　　听到顾老的这番话，我的眼里顿时噙满了泪水。这仅仅是对企业的热爱吗？看着春风和煦的阳光下微微弯曲身体的顾老，我心情非常复杂，耄耋之年，他的岁月，满载着光荣与理想，奋斗与拼搏，可谓无憾！他的深情，全数赋予他钟爱的企业，可谓无悔！

以霹雳炮火捍卫和平

——记抗美援朝老兵钱长学

张　冰

　　在蚌埠市龙湖家园小区，笔者在蚌埠卷烟厂离退办工作人员的陪同下，找到了钱长学的家，钱老先生热情地欢迎我们的到来。

　　钱长学告诉笔者：我今年88岁，1952年18岁参军，经过新兵集训，分配到24军70师209团炮营82迫击炮连，1952年9月随所在部队入朝作战。老兵说，他们先驻防的是元山，1952年10月14日至11月25日，中国人民志愿军与"联合国军"打了一场著名的战役"上甘岭战役"。1952年11月，24军接到命令，70师开赴中线，接替第15军45师在上甘岭、金化和平康地区的防御任务。

　　1952年12月，部队从驻地元山港出发，元山至上甘岭、平康地区距离400余里，群山和江河密布，天寒地冻，很多战友的耳朵和双脚冻坏了。由于当时行军过程中，医疗条件跟不上，不少冻伤严重的战士落下了终生残疾，有的连队因冻伤和饥饿失去了战斗力。"加上敌机的狂轰滥炸，受伤人员很多，我们新兵没有经验，一看飞机来扔炸弹，就往树林里钻，连长是个战斗经验丰富的老兵，大喊'原地卧倒'，我的腿上被炸弹崩了一个洞，裹一裹坚持战斗，伤痕一直留到现在。那个时候怕也没有用，只能拼了，往前冲。"

老兵钱长学

　　"我是炮兵，5个人一门82迫击炮，2门炮10个人，加上班长、副班长，12个人一个班，4个班一个排。我们每人随身携带几枚手榴弹，班长和副班长才有枪，我的班长叫陆庆喜，山东人。我们驻防的地方就在上甘岭后面，美军的飞机太猖狂了，我们就挖坑道，一般

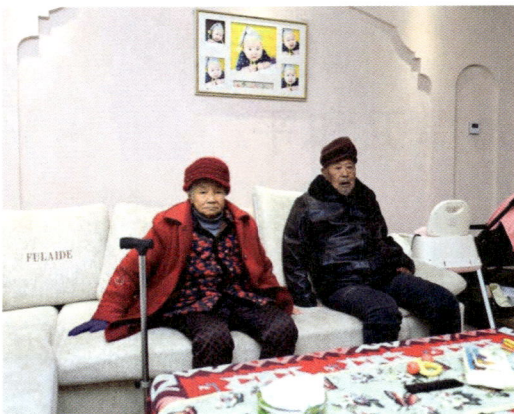
钱长学（右）幸福的晚年

一个排住一个坑道，坑道长 20～30 米，里面有个横弯，吃喝拉撒全在里面。重炮目标大，根本拉不上来，我们把 82 迫击炮扛进坑道，随时支援一线步兵作战，我们炮兵抵近作战，发挥了巨大作用。战后总结上甘岭胜利的三大法宝，就是坑道、火炮和手榴弹。"

"由于美军的封锁，我们的弹药和供给都很紧张，尤其是缺水，大家的小便都留给重伤员喝。一次实在没水喝了，班长安排我和一位战友，深夜爬下山去找水，在一个巨型弹坑里，我们发现有水，爬下去就大口大口地喝个饱，在灌水壶的时候，才发现弹坑里有两具志愿军战友的遗体，他们是喝水时遇到了狙击……老兵说到这里，伤感地叹了一口气。我们没有把水吐出来，而是把仇恨记在心里。那个时候，每时每刻都有可能牺牲，我们的代价很大，光是上甘岭一场战役，志愿军伤亡 1 万多人，但我们却取得了胜利。战争后期，我留守上甘岭一段时间，经常从山上往下看，上甘岭烈士陵园很大、很大，里面一排排地躺着我们无数的战友和兄弟。"老兵说着说着，眼里湿润了。

"越是艰苦的战斗，越是激发我们的斗志，我们的部队分成小股战斗小组，白天蹲在坑道里休息，晚上分上半夜和下半夜两个班，轮流上去摸敌情。敌人在交通壕里，有吃有喝，我们上去的战友，有的摸进敌人窝里牺牲了，有的迷失了方向失踪了，但更多的是给了敌人有力的打击，晚上经常把阵地夺回来。"

1953 年 7 月 27 日上午 10 点，朝鲜停战协议签订，12 小时后才生效。"在签字后的 12 个小时内，战场上猛烈的枪炮声撼天动地，炮火把天空打得通红，双方不仅仅要证明自己顽强的斗志，也省得把弹药往回搬，而且，再不打就没有机会了，尤其是最后 40 分钟，我们一口气把炮弹都打到对方阵地上去。晚上 10 点，战线突然奇特得没有声音了。静了一下之后，前沿阵地上双方官兵从战壕中探出头来，然后大家都蹦起来，欢呼起来。"

"战争结束后，在坚守和保卫阵地的过程中，我们有机会去了朝鲜老乡家里。朝鲜人民对我们真的很好，我们一开始不会说朝鲜话，比画着喝水的动作，他们却把家里珍藏的米酒拿出来给我们喝，后来还教会我们一些日常对话。"70 年过去了，老兵随口就说出了"吃饭、喝水"等朝鲜话。老兵说还是和平好，当年他们用生命和炮火去战斗，就是为了今天的和平生活，"现在我们一家四世同堂，安享晚年，希望天下太平，人民幸福。"

第 二 章
大国工匠

安徽中烟工业有限责任公司蚌埠卷烟厂
BENGBU CIGARETTE FACTORY OF CHINA TOBACCO ANHUI INDUSTRIAL CO.,LTD.

指尖上的巾帼工匠

——记"全国先进生产代表"钱德英

包 围

> 一副金丝眼镜，目光清澈淡然，温润的珍珠项链衬托着红润慈祥的面庞，碎花衬衫与布鞋搭配得干净利落。见到钱德英老人之前，我在脑中不停地想象着她的形象，当她拄着拐杖，在门前迎接我们的时候，谜底随即揭晓。这就是我们采访的对象——蚌埠卷烟厂第一位全国先进生产者、88 岁高龄的钱德英老人。

手中有尺 能工巧匠出巾帼

1949 年 3 月，新四军三师随军烟厂迁入蚌埠。当年的烟草行业处于起步阶段，作业环境差、劳动强度大、自动化程度低，几乎所有工序都要靠双手完成。

钱德英

虽然年事已高，但回忆起当年的工作情景，钱德英老人仍然记忆犹新："当时我比别人矮一截，大家都坐在凳子上，我得垫上两块板才够得到工台。"她边说，边用手比画着，脸上露出认真的表情。当时招工要求低，人员技能水平参差不齐，十几岁就参加工作的钱德英是学得最快的一个。"那时候都是手工包烟，掐一把，数出 20 支，再用纸包起来。包不好，散了破了就得重来。"看着别人熟练地操作，钱德英觉得，自己最年轻，没理由比别人差。于是她铆足一股劲，非要干出点名堂不可。她给自己定下一个目标：烟支数量必须一把过，不多不少 20 支。上班的时候练，休息的时候也练，19 支、25 支、22 支、20支、20 支……功夫不负有心人，这精确的"一把抓"真让她练成了。

　　在苦练精准度的基础上，钱德英继续开动脑筋，琢磨起手工包装问题。当时由于没有统一的包装规范，依赖的是个人经验，缺支、变形，甚至返工时常出现，小包美观度也难以保证。钱德英心想，磨刀不误砍柴工，慢工总比返工好。经过反复试验，不断调整，她终于发明了"6653 包装法"，把包装流程分成四个步骤、每个步骤取放固定数量的烟支，推动了手工包装工艺从各行其道向细化分工规范统一转化，形成了包装车间最早的"手工包装标准化"雏形，不但大大提高了生产效率，而且小包成型美观度也得到显著优化。"6653 包装法"得到迅速推广，劳动力水平得到进一步提高。整齐的工作台前，灵动的手指就像蝴蝶挥动的翅膀，仿佛在为企业发展壮大积蓄能量。

　　大家开玩笑地说，这个垫着两块板的姑娘还真有两把刷子。慢工出细活，精工出巾帼。钱德英的手中好像有一把无形的尺，丈量着数量，也丈量出一名工匠不畏困难、开拓进取的铿锵步伐。

平凡之路　工匠精神永传承

　　"一把抓"的名号逐渐响亮起来！大家都夸钱德英包烟"又准、又快、又好"。凭借这一手绝活，经过层层选拔，钱德英在 1956 年荣获"全国先进生产者"称号，并在人民大会堂受到毛主席接见。

　　"我那时候就是个小丫头。远远地见到毛主席站在台上，我就不停地跳着向主席挥手。"虽然近些年的事情已不大记得，但谈到当年接受表彰的情景，钱德英老人还是显得格外激动。

　　交谈中，钱德英老人很少主动提及获奖的事，但介绍起工作的情况却乐此不疲。当被问到想对青年员工说些什么的时候，她不住地重复着"好好工作"。是啊，看似简单的四个字，坚持下去绝不简单。采访中最打动我们的就是她的这份朴实和乐观。她并没有因为自己是企业全国先进第一人而骄傲自诩，更没有因为自己直到退休还是一名操作工而气馁失落。在她看来，她只是做了一名普普通通的操作工应尽的本分。她确实平凡，职业生涯没有变换过角色，没有惊天动地的壮举，一个岗位一干就是一辈子。她又确实不平凡，爱

钱德英与采访者合影

岗敬业从未改变过底色，把一项简单枯燥的工作做到极致就是一种精彩。她用执着、创新、坚守编织了人生的美丽画卷，在心中构建出一座属于自己的荣誉殿堂。

临别时，钱德英老人不舍地握着我们的手。这双手见证了蚌烟人不断拼搏、勇于创新的开拓之路。我们感受到的是一份重量，更是一份嘱托、一份责任。我们必须承接好、传承好，把企业发展与个人价值紧紧相连，让厚德崇智、共创共享扎根在每一个人的心中。

此生不悔爱蚌烟

——记"全国劳动模范"彭学山

王显禄　许　巍

彭学山，中共党员，1949 年出生，1969 年从门台子烤烟厂调入蚌埠卷烟厂工作。1990 年获厂"东海标兵"称号、1991 年获安徽省"五一劳动奖章"、1995 年被评为"全国劳动模范"，中央电视台《神州风采》栏目专题报道过他的事迹。

身残志坚　顽强拼搏

1969 年，刚来厂时，彭学山还是个临时工，由于他政治上求进步、工作上求上进，过了一段时日，便转为了固定工，进入车间大修组。在大修组里，彭学山自嘲地说自己是最笨的修理工了。但是他明白一个道理，那就是"笨鸟先飞"，只要比别人更加勤奋、更加用心，一定能干得好工作。于是，每天提前上班、下班后还在研究技术的"小彭"把自己磨炼成为一把维修好手，得到了领导、同事的一致认可。彭学山说："我那时候就想干维修组长，为什么呢？因为维修组长能接触更多的设备，我想学习更多的东西！"他就那样朝着自己的梦想不断努力。

天不遂人愿，1979 年的一场事故让彭学山永远失去了自己的左手，这个打击对于 30 岁的彭学山来说痛不欲生。在家休养了一年多，彭学山向组织申请回厂里上班。组织为了照顾这个年轻人，就给他安排了比较轻松的活，彭学山就不愿意了，说："以前我能干的现在还是能干！"一次，烘丝机拔汽弯头需要更换，钣金工调走了，彭学山只能自己上阵，画线、下料、左臂扶料、右手扩板，就算是正常钣金工这个工作量也是很大了，对于没有左手的他来说，就更不容易了。但是那天的彭学山格外开心，因为他并没有因为失去了左手就失去了自己的价值，依然可以当好一名维修工。

彭学山

爱厂如家　硬朗如昨

"劳模"称号不光是对个人成绩的肯定，更要发扬其精神。随着年龄的增长，46岁的彭学山要把自己这一身技术和意志传承下去的想法也愈发浓烈。他这么说过："医生给病人治病，人命关天；修理工维修机器，事关生产。"两者都马虎不得。

在他的带领下，修理组制定了"工作、工作、保证生产、再工作"的工作目标，和"随坏随修、随喊随到"的服务宗旨。修理组内"学文化、钻技术、懂设备，精维修"蔚然成风。1995、1996年度全厂维修工文化技术考核中，彭学山所在的修理组两年均获总平均分第一名的优异成绩，1996年又获"厂模范班组"荣誉称号。

不躁不骄　向梦而行

彭学山一直没有放弃自己最初的梦想，迎战困难、拼搏而上。终于，他等来了一个好消息：被提任为原六车间制丝工段大修组组长。这是领导和同事对他的信任，他感到自己肩上的担子又重了一些。在本职工作完成的情况下，彭学山开始研究如何提质降耗、如何节约经费。1989年，他带领其他同志积极开展QC攻关活动，对滚刀式切丝机磨轮架和刀门墙板进行改造，使配件使用期提高了好几倍，年节约费用达16560元；1993年，他又提出对一车间的烘梗丝机旋灰除尘系统进行改造，该项目为厂里节约资金 30 余万元；同年，他还参加了制丝车间莱格烘梗丝机热风循环系统改造，为厂里节约数十万英镑外汇。身残志不残，这就是彭学山，1995 年被评为"全国劳动模范"，他当之无愧。

有人说："彭学山，你现在是全国劳模了，可以躺在功劳簿上享福了。"可他不这么认为，"何谓功劳，功劳就是为国家、为企业、为同志们做点工作、分忧解难罢了。功劳就是工作，一天不工作就没有功劳可言。成绩属于过去，只有更好地工作，才能报答国家和企业对我们劳模的关心和爱护，才能报答同志们对我的支持和鼓励。"彭学山不仅是这样想的、这样讲的，更是这样做的。

退休后的彭学山依然积极乐观，在蚌烟 30 多年的工作生涯让他对生活充满热爱，经常参加社区活动，坚持锻炼健身。接受采访时，已然 73 岁高龄的他硬朗得像个年轻小伙子，身手敏捷，健步如飞，口齿清晰，与采访人员谈笑风生。这位失去了左手的老人，为蚌烟奉献了自己的全部青春，言谈及此，老人只说了短短 6 个字："不悔，此生不悔。"

赓续红色基因　创新企业之路

——记"全国五一劳动奖章"获得者李国栋

高　峰

"一个人在年轻的时候，就要树立一个理想。人为什么活着，就是一生中为追求理想的成功而不懈努力。"这是日前笔者参加蚌埠卷烟厂文化创新工作室一次采访活动中，李国栋同志的开场白。

李国栋，蚌埠卷烟厂原党委书记、厂长，先后荣获全国优秀党务工作者、"全国五一劳动奖章"、全国"安康杯"先进个人等荣誉称号。但李国栋始终把荣誉看得很淡，潜心于企业的发展。当笔者问起李国栋在企业的成长经历时，李国栋向笔者敞开了心扉。

追求技术进步　展现自身价值

"我是 1983 年从安徽机电学院分配到蚌埠烟草分公司的，后被安排到一车间当机械维修工。那个时代大学生是包分配的，当时，我还找到分配办的负责人，问别人都分到市里各大局，为什么我分配到蚌埠烟草分公司？该负责人告诉我，各大局下面还有部门。你学习成绩优秀，对机械又精通，我相信你一定会做出成绩、实现自己的梦想。

"来厂里报到后，我才知道，1982 年国家刚成立中国烟草总公司，蚌埠卷烟厂的厂门口挂着三块牌子：蚌埠烟草专卖局、蚌埠烟草分公司和蚌埠卷烟厂。真正是三块牌子一个门、三顶帽子一个人。我的一生可以说是伴随着中国烟草而成长，见证着烟草企业的发展。"李国栋如是说。

1983 年，刚进厂时，正赶上新厂设备调试，我这个学自动化控制的人，就有了用武之地。白天跟着师傅们对新设备进行调试、安装，晚上，回到宿舍整理学习笔记和心得。遇到关键难点先记录下来，第二天再向师傅请教。工作使我养成了带笔记本的习惯，也让我学会了发现问题、处理和解决问题的逆向思维。我个人认为：那几年是我在基层工作学

蚌埠卷烟厂原党委书记、厂长李国栋

到最多、受益匪浅的时光，为后来我担任车间分管设备的副主任打下了坚实的基础，受用终身。

在谈到当时企业状况时，李国栋说："20 世纪 80 年代初，改革开放刚开始，车间生产环境、工艺水平、机械设备等，确实存在脏、乱、差现象，职工素质也有待提高，设备正由国产转向进口。当时，我一心扑在新设备调试上，新梗丝线调试刚完成，由于使用人员操作失误，把控制系统里的原始程序全部清除了，无法保证生产的可靠性。车间领导找到我，让我用最短时间找出解决办法，尽快恢复生产。我接到任务后，开始了'恢复'之路。我查图纸、找资料、翻记录本。当时还没有电脑，所有资料全靠手写，经过两天一夜的反复试验，终于把丢失的原始数据重新找回，使梗丝线重新启动了控制程序。当我回到厂里刚分配给我的房子里时，我倒头就睡着了，直到第二天中午才醒。"

追求技术创新　注重人才培养

高调做事、低调做人，儒雅而又作风硬朗，执着专注，这就是李国栋的人生独白。

20 世纪 80 年代末，是中国烟草进入快速发展的一个时期。随着市场需求量的加大，各烟草企业开启了拼设备、拼人力的社会化大生产。一时间，企业从社会上大量招聘临时工，刚提任为副主任的李国栋立即动起了"歪脑筋"。

企业每年分到车间的几个大学生，没有几个真正学技术出身的，干了几个月就调到科室或者离厂了，如何为企业技术队伍留住人才、保持新鲜血脉是企业一件大事。我当时就从刚进厂的青年中挑选了十个人，由一线技术"大拿"带队，组成三个课题攻关组，每年每组自选课题，对车间设备进行小改小革。另外，每班培养两名跟班维修工，处理生产期间出现的状况。就这样，短短两年时间，车间维修人员的维修技能提升较快，个别年轻人已经可以和师傅"并驾齐驱"了。

1990年夏季，一天晚上十点多，刚出差回来的我正准备休息，家里的电话响了起来，接听后，我立即动身来到厂里，刚进车间，就看见出故障的设备旁围了许多维修工。我上前查看情况后，询问大家对设备故障如何处理？大家都认为需要立即停车进行维修，只有青年维修工小张立即提出设备故障症结所在，并详细说明了问题原因。在得到我的允许后，仅用了半个多小时，就让机器重新运转起来。我当时从心底感到高兴和自豪，也证明我"搏"对了。

几年后，这个没有本科文凭的维修工小张在行业、省、市青工技能大赛上，屡获佳绩，为企业争得了荣誉；同时，也涌现出像刘加树、宋在伟等一大批全国劳模和行业技术能手。他们始终以带领团队传承工匠精神为己任，为企业默默奉献着。时代需要劳模，但更需要传承工匠精神的人。李国栋说到这里有些激动。

追寻红色血脉　增添党建活力

2009年，李国栋被任命为安徽中烟蚌埠卷烟厂党委书记兼厂长，面对行业竞争和内部改革双重压力，他深感责任重大，不敢有丝毫懈怠。

李国栋坚持围绕企业发展加强党建工作。每年年初，党委、厂部都将党建工作和企业发展的两个目标、两项任务一起部署、一起下达，年终一起检查、一起考核、一起奖惩。为了把党建工作变成一项"硬"任务，量化指标考核，使党建工作目标明确、任务具体。为了把党建工作同企业发展有机结合起来，围绕节约成本、提高质量，打造一系列活动载体，在基层通过设立党员先锋岗、党员责任区等形式，开展"我为党旗添光彩"主题实践活动。党员王良青潜心钻研技术，大胆进行技术创新，使企业产品质量明显改善。卷接包蒲公英QC小组开展"提高效益，降成本、练技能、当能手"活动，生产过程费用得到了有效控制。一系列党建活动的开展，带来了明显的经济效益。2010年全厂生产卷烟65.3万箱，同比增长5.36%；卷烟产品市场抽检合格率100%；市场投诉率为万分之0.0138，较同期下降43.77%。

"2011年的一天，我正在参加市企业家协会举办的一个活动，休会期间，听其他企业两位厂长在谈论企业寻根，我随口讲了一下，我们厂是新四军三师创办的随军烟厂，旁边一位坐着的人说，我可以帮忙，我父亲原来就是新四军三师的人。回来后，我思绪万千，想了一夜，2012年是蚌埠卷烟厂建厂70周年，我们要不要来一次'寻根之旅'传承企业红色基因呢？"第二天，我将此事汇报给上级领导，在得到公司领导的首肯后，我让政工科牵头速办，抽调张冰、郭虹、张宏巍、周杰、高峰五名人员，组成寻根之旅小组，并为他们做了出发动员。

李国栋（右三）为寻根之旅小组出发送行

天道酬勤，短短的一个星期，寻根之旅小组通过各种渠道，千辛万苦，终于在盐城市益林镇找到了在东海烟厂工作过的老职工以及当年旧址，并在益林镇志上看到了记录。今年是蚌埠卷烟厂建厂八十周年，我相信十年前的寻根之旅，对今天乃至今后企业的发展都有着重要的意义。李国栋说。

十年间，李国栋和党委一班人切实保障职工群众的主人翁地位，保证广大职工充分享受企业改革发展的成果。他上任以来，在保障职工权益方面进行了一系列改革。一是保障职工的合法权益，坚持和完善以职工代表大会制度为基本形式的民主管理制度，扩大职工的参与权、知情权、监督权、表达权，充分参与企业的管理和决策。二是丰富职工的精神文化生活，通过演讲比赛、智力竞赛、辩论赛、红歌嘹亮大合唱比赛、职工运动会、"五好文明家庭"评选等大量集娱乐和教育于一体的活动，陶冶职工情操，鼓舞职工士气。三是在日常生活中对职工关心无微不至，他对职工群众始终怀着深厚的感情，想问题、做事情都从全心全意维护群众利益的高度出发，使广大职工感受到了企业这个大家庭的温暖。正是在他的带动下，人心思齐，人心思进，士气高涨，一种"爱岗敬业，务实创新"的优良作风蔚然成型。

作为"一把手"，李国栋始终保持着班子团结，自觉维护中烟公司的统一领导，自觉以党性要求自己，以肩负的重要责任鞭策自己，特别在决策、用人等敏感问题方面，带头坚持民主集中制，坚持集体决策。他自觉摆正自己在领导集体中的位置，既不忘记自己是领导集体中的一员，又不忘记"班长"的责任，坚持民主集中制原则，坚决执行党委议事

李国栋（右二）接受文化创新工作室采访

规则，以实际行动维护班子的团结和威信，坚持重大问题集体讨论，努力使决策民主化、科学化。

李国栋坚持"做官先做人"，时时处处以身作则，发挥表率作用，以他的清正廉洁在职工中形成了极强的人格魅力，带领全体干部职工，赓续红色基因，创新企业之路，为企业实现持续健康发展做出了重要贡献。

深耕维修技艺　传承工匠精神

——记"全国五一劳动奖章"获得者郭继文

于　翔

作为工人，他爱岗敬业、钻研技能，用"干一行、爱一行，干一行、精一行"的态度，迅速成长为企业工匠和行业标杆；作为师傅，他严格要求徒弟、灵活传授施教，通过"传帮带"为企业培养了一批年轻技术骨干；作为专家，他是行业技能鉴定高级考评员、竞赛裁判员和题库编写成员，用知识哺育着烟草"后来人"，他就是蚌埠卷烟厂卷接包车间维修工郭继文。

自1985年参加工作，郭继文就不停与卷接包车间的各种设备打交道，精心呵护、朝夕相伴，他把热血和汗水挥洒在维修一线。让我们走近这位全国劳模，聆听他的感人故事。

"郭师傅您好，我是昨天约了跟您采访的小于，我看您不在办公室，就来现场找找看。"

"哦！是你呀，你稍等一会，我把手头的问题处理完就过去。"

等了不久门开了，进来的是一位文质彬彬的师傅，还没等我开口。他就笑着说"这设备呀，你永远都不知道它什么时候会跟你闹脾气，别站着啦，赶紧坐。"我和郭继文师傅的对话便拉开了序幕。

热爱维修　来源不只是新鲜好奇

1982年，16岁的郭继文考入了蚌埠烟草技校，从此开始了他与烟机设备40年朝夕相处的历程。参加工作后，由于勤学好问、刻苦钻研，维修技能突出，不久他就肩负起车间维修组组长的重任。没承想，他这一干就是40年。

"郭师傅，人们常说做事贵在坚持，但也难在坚持。支撑着您40年如一日扎根维修的精神动力是什么？"我好奇地问道。

郭继文

"要说上升到精神层面，我觉得可能就有点高大上了，四十年是一个很长的时间跨度。老话说，'人这一生能有几个十年？'而我把其中最美好的四个十年都用在和设备打交道上，归根到底还是对设备的热爱，而这份热爱来源却不尽相同。起初，对新事物的新鲜感和好奇感驱使我不断学习，因为我对设备每个零部件都非常好奇，总想学懂弄通它们的价值和作用；后来，随着对设备的慢慢熟悉，这种新鲜感慢慢消失，使我坚持走下去的动力便是维修后的成就感，望着同事们肯定的目光，听着设备正常运转的声音，我更增强了要与设备打一辈子交道的动力。再往后，便是责任感，保障设备正常运行，是车间维修组的责任，更是我这个带头人的责任。而现在，这份责任感上又多了一份难以割舍的情感，在和设备打了四十年交道后，它们就像自己的孩子，一颗时时刻刻都放不下的心永远牵动着我。"

的确，任何事情就是这样，郭继文把热爱奉献给了设备，与设备产生了一种不可言喻的默契，难以割舍的情感牵动着他事业的全部。

"全国五一劳动奖章" 带来的不只是荣誉

许多人难以理解，能获得"全国五一劳动奖章"已经是无上光荣的事了，为什么快到退休年龄，两鬓斑白的郭继文还要如此拼命，我带着好奇心问道："'全国五一劳动奖章'是一项巨大的荣誉，它对您意味着什么？"

面对这个话题，郭继文思索了片刻，打开了话匣子。

"获得这份殊荣后我非常兴奋，同时那段时间我又感到莫名的压力。有压力是因为自己深知不能满足停滞，这种压力感让我一度背负了很重的思想包袱。我能不能保持'百尺竿头更进一步'的进取心？渐渐地，我把这份压力转化为工作的动力，也更加坚定了要在维修的道路上越走越远的意志。企业培养了我，自己就有义务为企业的发展做出贡献，这是互相成就的过程，也是良性持续的循环。工作至今这40年，正是祖国改革开放的40年，围绕'以经济建设为中心，大力解放和发展生产力'，我们这样的基层技术工人便有了大展身手的机会。回想起工作之初，那时无论如何也想象不到自己会住上大房子，开上私家车。这些荣誉和物质变化离不开党和国家的政策，离不开企业的培养。"郭继文满怀感激地谈道。

从 7000 到 7500　改变的不只是数字

在郭继文被评为"全国劳模"的时候曾说过："我不是因为干活多才被评为劳模的。做工作，不仅要把本职工作做好，更要创新，不断提高工艺水平。"

他有一项创新成果为企业带来了巨大的效益，这就是提高了蚌埠卷烟厂 PROTOS－70 卷接机的速度。PROTOS－70 卷接机的设计速度是 7000 支/分，包装机是 8000 支/分。这就意味着包装机在一段时间里只是空转，机器没有得到充分利用。一段时间以来，这个问题并没有得到很好解决。2007 年年初，郭继文大胆地决定，要想办法解决这个问题。他找来很多资料，并与烟机研究所、烟机制造商联系，反复论证，改造了几个主要的部件，经过一年多的试验，终于将卷接机的速度提高到 7500 支/分。2008 年 10 月，蚌埠卷烟厂在全厂对该技术进行了推广。

我好奇地问郭继文："像这样成功的创新，是不是会有不少烟厂来学习？""也确实有一些厂家前来学习，但是他们都很难持续推行下去……"

这时我才明白，从 7000 到 7500 不只是简单改造几个部件把设备开快了，而是有郭继文坐镇的强大的维修团队作为保障，才能使设备安全平稳地运行。

"热爱工作，热爱生活。我想这就是我成功的秘诀吧，把工作当成爱好一样，这样你能体会工作的快乐，也能影响身边的人。你们不比我们欠缺什么，相反，你们有比我们这些老师傅更多的知识、更聪明的头脑。只要你们把热爱投入工作中，一定能比我们做得更好。"

因为突发的维修任务，此次采访时间并没有持续很长时间，我也没有过多深入地了解他对往事的回忆。但看着郭继文离去的背影，我不禁反问自己，40 年后，我能否像他一样依然对工作充满热爱。

一份专注，淬炼出时光的品质；一份坚守，琢磨出情怀的厚重。郭继文的成功之路不是偶然的，是他对工作、对维修的无限热爱，靠着传承和钻研，凭着专注和坚守，郭继文成为平凡事业里的一盏明灯，这就是我身边的"工匠精神"，值得我们年轻人传承和学习。

匠心为本　久久为功

——记"全国劳动模范"刘加树

郁　晗

> 刘加树，个子不高，戴副眼镜，说起话来笑眯眯的，儒雅又睿智。他出生于1970年10月，目前是蚌埠卷烟厂高级工程师、高级电工维修技师，烟草行业职业技能鉴定制丝专业专家。他先后获得"蚌埠市劳动模范""安徽省青年岗位能手""全国职工创新能手""全国五一劳动奖章""全国劳动模范"等荣誉，多次荣获"优秀共产党员""先进生产者"和"技术标兵"等称号。

知不足　以勤补拙

1997年7月，刘加树从合肥经济技术学院工业自动化专业毕业，成为蚌埠卷烟厂制丝车间的一名电工。

出了校门走进工厂车间，看着那些与书本上完全不一样的电气设备，刘加树才切实地认识到，自己以前所学到的那些知识并不能够解决实际工作中可能遇到的问题，只有扎根生产一线，立足岗位实践，才能早日成为一名合格的烟草专用设备电工。"别人能做到的，我也能，绝不能给企业拖后腿。"刘加树在心里暗暗地下定了决心。

那时候，车间就是他的第二个家。刘加树每天紧紧地跟在师傅们的身后学习维修技术，随身带着本子和笔，随时随地记下每个新的知识点和程序逻辑关系。其他人都去吃饭休息的时候，他就拿出笔记对照机器线路自己钻研。下班以后他就泡在书堆里，如饥似渴地填充自己。凭着深厚的理论基础、对电气专业的热爱和踏实肯干的工作作风，犹如小荷才露尖尖角，刘加树逐渐成为车间设备电气维修的技术好手。

2004年10月，蚌埠卷烟厂"十五"技改工程引进了全自动制丝生产线，为了能够掌握核心技术，使设备尽快正常运行，刘加树每天和几位电工与生产厂家的外国工程师一起对设备进行安装调试，一边调试一边学习。半尺多高的图纸一张张查阅分析，每一个安装细节一遍遍仔细推敲。当设备正式投产、调试人员全部撤离时，刘加树已经掌握了设备系统的核心技术，并且能够根据生产需要自主修改程序了。

刘加树

敢作为　守正创新

"他呀，有想法，敢作为，没有路就自己造一条路出来。"身边的同事这样评价他。长期的一线维修经历让刘加树深深地体会到：要想设备少出故障，提高在线产品质量和品质，就必须主动出手，攻坚克难，发明创新。为了解决设备作业过程中一个又一个的疑难杂症，他在实践中反复摸索，从失败中吸取经验，自学电气、机械修理等方面的技术，一方面通过查阅专业书籍，另一方面向有经验的老师傅请教。

"不要以为创新是多么复杂的事，只要敢想、敢做，创新无处不在。"这是刘加树对技术创新的理解。从业以来，他多次主持并参与各类 QC 课题和微创新活动。先后获得了 1 项发明专利和 23 项实用新型专利，发表 19 篇技术研究论文，组织机电维修人员开展了 71 项机械项目和电气小改小革，解决了部分进口设备烟丝结团问题、加香精度提高等多个技术难题，使蚌埠卷烟厂制丝线工艺制造水平更上一层楼。

传帮带　薪火相传

刘加树认为，自己的成功并不算真正的成功，作为一名共产党员，不仅要有坚定的理想信念，更要乐于奉献，具有引领示范作用。只有大家一起进步向前走，企业才能稳健长远地发展下去，刘加树愿意做这个"引路人"。

面对其他同事的求教，他毫无保留，有问必答，将自己的知识和技术倾囊相授。在做好自身工作的同时，他连续多年担任教练，辅导厂里参赛选手的操作竞赛和技能鉴定，指导的学生多次在国家、省、市技能比赛中获奖。通过导师带徒、技术交流和组织学习培训等多种方式，开展"传帮带"，他培养出了一批踏实能干的技能型人才，桃李满天下。他的徒弟安建红获得了"全国烟草行业劳动模范"荣誉、宋在伟获得了"省五一劳动奖章"、孙永亮获得了"烟草行业技术能手"称号，做到了劳模身边出劳模，工匠身边出工匠。

一路走来，没有什么捷径和窍门，刘加树始终以饱满的热情对待工作，用实际行动践行大国工匠梦。在"十四五"征程上，他将继续传承和发扬工匠精神，在生产一线上为安徽中烟高质量发展而奋斗，这里是他的战场，也是他的舞台。

工匠精神展初心　脚踏实地铸芳华

——记"全国青年岗位能手"胡林胜

程冰妍　钱中钰

　　"想做一支电笔，为车间的设备保驾护航。"说出这句话的人叫胡林胜，是荣获 2021 年度"安徽工匠"称号的人员之一，他的为人就像他说出的这句话一样朴实而又真实。

　　来自安徽中烟公司蚌埠卷烟厂的电工胡林胜，是"全国青年岗位技术能手"、蚌埠市"优秀共产党员"、"珠城工匠"、企业"东海标兵"；曾获得全省电工（维修工）青年职业技能大赛一等奖，在第十五届"振兴杯"全国青年职业技能大赛上荣获了电工组第 20 名的好成绩。他优秀但不爱张扬，总是默默付出，用一支电笔绘出了青春匠心。

三年磨一剑：扎根岗位　认真刻苦

　　胡林胜在大学期间就因成绩优异加入了中国共产党，2010 年进入蚌埠卷烟厂制丝车间工作，平凡的岗位，不平凡的追求。在同事的眼中，胡林胜是个敢于担当、善于作为、实绩突出的技术人。胡林胜上班十年，先后在薄板烘丝机、切片机和开包机岗位上工作。再乏味的工作，他都能沉下心去。在开包机岗位上一干就是三年，任劳任怨。岗位工作虽然枯燥乏味，但他主动学习、积极思考，刻苦钻研设备技术，利用业余时间编写了 2 万多字的《开包机系统简介》，成为开包机岗位的详细教程。他还乐于将工作中的所学所得与同事一起分享，带动身边青年员工互相交流学习、共同进步。

蚌埠卷烟厂制丝车间电工胡林胜

九年钻一行：技术能手　屡创佳绩

　　2013 年 9 月，为了充实车间电工队伍，胡林胜从开包机操作岗位上选拔进入电工组，他的电工职业生涯从此开启。但他的电工之路并非一帆风顺。刚进电工房的时候，他缺乏自信，在硬件维修上总是不敢上手，害怕能力不够，修不好设备耽误生产。这可让时任电工房组长的王良青有点着急，"小胡踏实好学，是个干电工的好苗子，就是胆子有点小，过于谨慎，该从哪培养起呢？"一旁的安建红师姐说道："我刚开始干电工的时候恐高，不也是一点点克服过来的嘛，其实他的能力很强，只是不够自信，我建议啊，让小胡先从他擅长的软件做起，培养他的自信心。"王良青觉得这话在理，于是将车间唯一一台西门子编程器交给小胡来学习研究。为了克服"胆小"的毛病，他跟师傅约定，出现故障先让他独自处理，实在解决不了再请师傅帮忙，经过一段时间磨炼，解决的问题多了，就越来越自信了，软件硬件一起学，电工技术不断提高。

　　如今，他已经是经验丰富的电工老手了，不管是软件还是硬件问题，处理起来都得心应手，除了做好各项本职工作，在创新道路上他也从未停歇。目前，他主持并参与了 7 个

QC 课题、40 余项微创新、4 个科技项目、3 个管理创新等一系列活动，先后发表 7 篇论文，获得 20 项专利授权。其中，他主持的 QC 课题"原料配方高架库夹包机夹紧检测装置的研制"获中国烟草总公司 QC 发布"一等奖"，"滚筒防脱轨及复位装置的研制"获安徽省质量管理协会 QC 发布"一等奖"。

经年成一匠：大国工匠　劳模精神

胡林胜是第五届"珠城工匠"，也是 2021 年度"安徽工匠"，质量之魂，存于匠心。在胡林胜看来，工匠代表的是一种严谨认真、精益求精、追求完美、勇于创新的精神，是对从事的工作和手中的产品负责任的态度。

"一个人强不算强，要做好'传帮带'和伙伴们一起进步。"胡林胜担任机电维修组副组长一年多以来，从不吝惜将自己的经验和技术分享给团队的伙伴，带动整个团队创新能力持续提升。

为人谦逊、踏实可靠的胡林胜在单位是一名好员工，在生活中是大家的好朋友，在女儿面前更是一位好爸爸。在单位加班时，女儿经常会打电话过来询问爸爸什么时间下班，是否还回家吃饭之类的问题，他深深感受到女儿对爸爸能够多陪伴自己的渴望。"自己这几年整天在厂里忙，对她们娘俩照顾得太少，尤其是易地技改时期，更是顾不上她们。"言语中，胡林胜带着几分对家人的愧疚。

"有事儿找小胡。"是车间工人师傅们的口头禅，源于对胡林胜电工技术的信任，一遇到问题大家都会找他。他时常利用业余时间坚守在岗位上，及时解决问题，保障生产。但是除了设备，除了生产，家人也需要他的陪伴，如今，胡林胜的女儿已经三岁了，每日较长时间的工作使他更珍惜和家人在一起相处的时光，陪伴女儿共同成长进步的时间变得格外宝贵。

华夏从来多匠人，情怀悠悠默无闻。怀匠心，铸匠魂，守匠情，践匠行，胡林胜一直耐心地坚持着，在实际行动中充分发挥着"电笔"作用，诠释着工匠精神所蕴含的执着、技精、崇德、求新。无数个守正创新、追求卓越的工匠，是安徽中烟从"制造"走向"智造"的必要支撑，更是推动安徽中烟实现高质量发展的重要动力源泉。

第 三 章

行 业 先 锋

心有万千锦绣　化作事业彩霞

——记"全国财贸轻工纺织烟草行业先进女职工工作者"黄锦霞

张　冰

> 四月中旬一个阳光明媚、春风和煦的上午，蚌埠卷烟厂文化创新工作室一行四人，在厂离退办同志的陪同下，敲开了厂退休干部黄锦霞的家门。一见面，我们就被她那爽朗的笑声所感染，那笑声犹如瀑布泻银似的冲进我们的心坎，让我们如沐春风。听了离退办工作人员冯雪花介绍来意后，她稍稍整理了一下思路，慢慢地打开了话匣，为我们讲述了一段段企业辉煌的历史。

灿若朝霞

日出东方欲晓，紫气辉映朝霞。

黄锦霞1980年幼师毕业后，分配到蚌埠卷烟厂幼儿园工作，那时，正是风华正茂的

黄锦霞

年龄，干起工作仿佛有使不完的劲，这一干就是十几年。之前幼儿园基本上没有专业教师，她们是蚌埠市第一批幼师毕业生，幼儿园从此有了专业教师。1983年，幼儿园搬到张公山以后，园里软硬件条件得到了极大改善，1984年黄锦霞被任命为园长，前后当了15年幼儿园园长。

黄锦霞（中）正在指挥蚌埠卷烟厂职工进行大合唱表演

黄锦霞回忆说，我对幼儿园工作充满感情，当时我们园一共有700多个孩子，绝大多数是我们厂职工孩子，老师大概有六七十个人。很庆幸，在这么多女人窝里，我能把大家带得心特别齐，除了要提高自己的管理水平外，还必须有人文关怀，凡事我都处处替大家考虑，一颗心都用在工作上，慢慢地把大家拧成了一股绳。那个时候，工作特别开心，各项工作完成得都很出色。讲真的，其实这就是一种好的文化氛围，当时企业里东海精神和企业文化蓬勃发展，处处充满朝气。直到今天，我们当初的那群人，心仍然都特别齐。多年的基层锻炼，为我后来在其他岗位上开展工作，奠定了扎实的功底，这与幼儿园这段工作经历有非常大的关系。

为让位于企业"十五"原地脱壳技术改造，厂幼儿园在2002年之后进行缩编，最后解散了。三四十名老师分流到厂里各部门，她们不论在什么岗位，工作能力都不错，工作态度也不错。厂领导说：你们幼儿园老师真好，到哪里工作都能挑得起来。现在，我们那群老师还常常找机会聚一聚。1999年，我离开幼儿园，到行政科上班，担任党支部书记、副科长，分管幼儿园和食堂工作。

2002年，厂里进行中层干部竞聘上岗。我在时任厂领导的鼓励下，参加工会副主席岗位竞聘，这是我们厂设立的第一个竞聘岗位，说工会主席就应该来自职工的认可。我上去演讲，然后领导和职工代表投票，当时全厂大概有100多个职工代表参与，我以最高票当选。从此以后，我当工会副主席，一直干到离岗休息。

黄锦霞说：这个阶段，厂部党委对工会工作要求非常高，活动开展得非常多，经常给我们提思路，提要求。具体怎么搞呢？自己想去。这就给了我们一个发挥的空间，这空间就是锻炼。2002年到2010年我离开岗位这8年时间，厂工会开展了一系列大型活动，企业文化建设上了一个新台阶。

回忆起当年的场景，黄锦霞历历在目。她说：我们工会那些年开展的许多活动，在公司、在厂里影响都是非常大的，虽然我们干的是最累的，干的是最多的，但是也是最开心的，这都是我亲身经历的。我觉得我在工会工作期间感悟最深的就是这几点：第一个，特别能战斗，俺们工会五个人特别团结，要做什么事，大家不睡觉、不吃饭，第二天也必须给拿出来，要说特别能打硬仗，工会绝对是当之无愧的；第二个，特别能创新，我们绝不搞老套陈旧的活动，所有的活动都力争创新；第三个，队伍建设特别好，各分会建设得都很好，平时我们一个小分会就能搞一台节目，为什么？就是我们既有好的队伍，又能战斗，又能创新。

做节目虽然不能等同于企业文化建设，但也是企业文化建设的重要一环，我们围绕企业文化建设开展系列工作，比如开展送表彰活动，我们就敲锣打鼓到机台，给先进人物佩戴大红花。别小看这种氛围渲染，这氛围能激发职工们的工作热情，这种温暖，最主要的是精神层面上的激励，诸如此类，就让职工有了凝聚力。再比如送温暖工程，我们每年都要走访好多困难职工，一到过年，我们忙得脚都不沾地，只要是困难家庭，我们尽量都去。制丝车间有个女工因伤去世，我就对她母亲说：她是我们的姐妹，只要我们在，我们每年都会去看望您。我一直坚持到离岗，这个女工母亲对我说，我很感谢烟厂，烟厂领导很有人情味，女儿走了这么多年，你们仍然记得我。所以，我们工会把温暖真正送到了群众心坎里。

黄锦霞任工会副主席期间组织的"金婚银婚"活动深受职工喜爱

满天彩霞

情系东海爱黄山，一片丹心化彩霞。

在工会那些年，黄锦霞带领工会同志，在技术创新和职工素质提升方面，配合各部门积极开展技术比武和素质培训工作。在公司层面，她们根据竞赛要求，找出自己的弱点和强项，有针对性地开展培训。黄锦霞说，那个时期，我们厂在公司竞赛中，几乎每次都能获得好成绩。我这个人做事，不喜欢落在别人后面，换句话说，就是发扬我们企业敢为人先、敢争第一的精神，鼓励大家争先进位。每年我们的竞赛活动都很多，既有技术比武，也有各种专项竞赛，比如行政科搞竞赛，谁地拖得干净，谁碗刷得干净，也可以搞竞赛，怎么不可以呢？不光是车间开展竞赛，二线也可以竞赛，每一个部门都动起来，这种激发员工提高技能和敢于进取的精神，就是一种文化建设。

这样的活动多了，大家工作起来非常有激情。除此以外，就是以文体活动为抓手，这些活动开展得都非常好，最好的一个例子，就是安徽中烟公司第一届职工运动会开幕式。黄锦霞说，直到现在，我只要到公司去，见到我的人都对我说：你们的活动搞得太好了，那个开幕式后，谁都很难超越。

第一届开幕式在蚌埠举行，我记得公司领导非常重视，当时公司工会副主席朱化凤对我说，交给你们蚌埠厂我最放心。为了搞好开幕式，全厂都动起来了，入场式我们设计了各种方阵，厂里所有的中层干部组成一个彩旗方阵，还有花环方阵，比方滁州卷烟厂方阵等等。那些天，厂里所有中层干部下了班就去训练。正式开幕那天，因为我是总策划、总导演，我就在站台底下，拿着对讲机很紧张地看，手心里全是汗。虽然每一个节目我都排了几十遍，但一个个方阵走过来的时候，我仍然激动不已。开幕式效果特别好，受到了公司领导和全厂职工的一致好评。我记得清清楚楚，因为场馆内没有风，彩旗方阵的旗子和国旗不能飘起来，晚上我睡不着觉就使劲想，忽然想到食堂不是有吹地的吹风机吗？我就把吹风机提前安排到场馆进行演练。开幕式的时候，当国旗哗啦啦飘起来的时候，就像天安门广场升国旗一样，全场观众都站了起来，我激动得热泪盈眶，每一个人心中都充满了无比的自豪。

开幕式以后，我们又安排了文艺演出，效果也是特别棒。这个开幕式，目前已经在公司层面脍炙人口。而我个人，本来是要调到蚌埠市烟草专卖局去工作，调令都下来了，因为开幕式我就没有走。要不然，到专卖局我就能工作到55岁，同事们都说我为企业做出了牺牲，我想说任何事情都没有完美的，运动会开幕式精彩纷呈，这给企业争得了多高的荣誉啊，这种美好的记忆，我觉得值了。

在婚育新风进万家活动中，省市领导非要把先进个人的荣誉给我，因为在计划生育管理方面，过去是一票否决，我管计划生育这块，在指标上面非常过硬。但是怎么更好地开展计划生育工作？还有职工逐渐老龄化怎么办？怎么才能把新的婚姻观念贯彻下去？我们就想了很多办法，举办了家庭才艺展等。因为活动组织得好，还被推举到中央电视台参加神州大舞台选拔赛，中央台选中两组。年轻人出成绩了，我就想我们厂退休工人那么多，而且他们的子女很多都在烟厂上班，我们能不能给他们搞一个好的活动呢？怎么举办？我也没做过，我们就天天开会研究，你一句他一句反复讨论，最终拿出了职工"金婚银婚"纪念活动方案。

"在老厂西门广场，我记得最清楚。"黄锦霞说，"银婚是结婚 25 年的职工，金婚是结婚 50 年的职工，我们把符合条件的企业职工全部找出来。搭了一个大舞台，女同事全部是旗袍，男同事西装革履。当他们充满喜悦地踏上红地毯一对一对走过来的时候，全场掌声雷动，那个场景我到现在都忘不了。"说这句话时，黄锦霞的眼睛闪闪发亮。

许多老职工都退休几十年了，怎么也想不到企业会给他们做旗袍和西装，隆重地为他们举办庆典。活动后，我们又带他们到公园拍了许多照片，后期到一些职工家中去慰问，发觉不止一家职工客厅墙上挂着"金婚银婚"纪念照片。他们说，我们的儿女都没想起来给我们纪念金婚银婚，你们领导能想到，这太有纪念意义了，感谢企业，我们要教育孩子热爱企业，好好工作。那是发自职工内心的声音。后来国家计生委的人到蚌埠市视察，来到我们厂，我们把活动录像放给他们看，领导们个个都非常激动。

活动其实就是凝聚员工的集体荣誉感，像大合唱就是培养职工的团队意识。2010 年，公司举办首届"攀登者"文化艺术节，五个单项我们拿了五个一等奖，全部都是第一名。其中有一次，我们到合肥参加大合唱比赛回来，天很晚了，大家都没吃饭，但每个人都抑制不住兴奋的感情，走一路唱一路。我记得到蚌埠都快晚上九点了，就安排大家就餐，辅导老师也来了，我们意犹未尽，有人提议："我们没唱够，黄主席，你指挥我们再唱一个不带伴奏的。"于是，我们就在大厅里面唱起来，每一个人都特别投入、特别开心。市里面来慰问的领导看了，激动地说："我从来没看到，哪家企业文化搞得这么好，让人特别震撼，让人热血沸腾。"

黄锦霞总结说，我在烟厂工作这么多年，我们工会的每一个人都非常努力、非常尽职，聚是一团火，散是满天星。很早以前，厂里领导认为工会是一个养老的闲职部门，最后在我们这一届干成了核心部门，有很高的位置，这印证了一句什么话呢？就是"有为才能有位"，工作业绩要靠我们自己一点一滴地干出来。

绚丽晚霞

浩荡东海水，绮霞映晚晴。

2010 年，按照当时的企业政策，她光荣离岗休息了。2012 年，适逢蚌埠卷烟厂 70 周年大庆，黄锦霞应邀参加了 70 周年大庆一系列策划和筹备工作，这让她觉得十分自豪。

安徽中烟公司第一届运动会在蚌埠成功举办

70周年厂庆，黄锦霞全程参与策划、组织、导演和排练工作，经常忙到深夜，经常喊哑了嗓子，事无巨细、事必躬亲，从道具到台词、从音乐到视频、从主持词到大屏幕背景图案，一点点地仔细推敲，最终呈现给领导和职工们一台记忆深刻的庆典节目。节目展现了蚌埠卷烟厂职工不忘初心、牢记使命，传承铁军精神，牢记光荣与梦想，勇做新时代攀登者的风采。当时参加观看的一位领导，激动地站起来鼓掌欢呼，那种打动人心的力量，让我们久久不能忘怀。

"当年就是凭着这种工作激情，我们拿下一个又一个荣誉，所有全国性的荣誉，蚌埠卷烟厂几乎都拿到过。"黄锦霞说，个人荣誉那就更多了，"全国五一劳动奖章"等等，我们那一届工会选树了很多的典型人物。我清楚地记得，有一年年终干部评比，时任厂党委书记乔宗华对我说："你是全厂唯一一个评满分的中层干部，你要好好干。"人不就这样吗，其实荣誉并不很重要，重要的是工作成绩得到认可。我在这个位置上，我就要把这个工作干好，这是我的本职。

说到此，黄锦霞感叹道："人生怎么讲呢？不能绝对地圆满，谁都不可能绝对地圆满，作为烟厂职工，我感觉非常自豪，我认为我没有愧对这个企业，我在自己的岗位上，做出了自己能力范围内应有的贡献。"

回忆起往事，黄锦霞说，我非常感谢幼儿园，那么多女同志，大家能够很好地团结一心，支持我的工作，我遇到了一个好的环境。在工作中，我会尽量给基层职工多一些关爱，大家对我慢慢就信任了。我讲个例子，2016年前后，有个职工天天到厂里上访，当时的厂长王茂林给我打电话："有个上访职工反映和你关系好，请你来做做工作。"我说我都退休了，人家能听我的吗？但我还是接受了任务，那个员工虽然认死理，但他干活非常认真，我在行政科的时候，走廊的地面交给他，他拖得非常干净，我经常表扬他，他就喜欢我、信任我。厂里让我到他家做思想工作，我说十几年也没跟他联系了，我到哪里去找他？后来单位同事带他过来，和他谈话后，解决了他的思想问题。

黄锦霞语重心长地说：我想我从来没做过惊天动地的事，但在人文管理方面，我尽到了自己的职责。我很幸运，无论在幼儿园还是行政科、工会，大家对我都很支持，同事之间关系非常融洽，在这种环境中工作，会特别舒服。不管地位的高低，人与人之间应该是平等的，心与心之间应该是相通的，不要高高在上，歧视别人，大家人格上是平等的，要学会换位思考，这样才能得到人家的尊重……

2012年，建厂70周年演出剧目之一

心有万千锦绣，化作事业彩霞。

采访归来，我们心中仍然充满着一种温暖和感动，这温暖和感动，来自黄锦霞对企业的一片赤诚之心、来自她对企业的深深眷恋之情。她在工作中是一个闲不住的人，雷厉风行，办事果断；她是一个什么事都想力争做好的人，尽心尽责，力求最好。她以自己的爽朗笑声，感染身边的人快乐工作，她用坦荡的言行举止，彰显一名优秀女职工的风采，她以心怀职工的实际行动，把企业的关爱送到职工的心坎上，她用自己辛勤的劳动和无私的奉献，甘做企业文化建设的幕后英雄！

指间舞出瑰丽人生

——记"烟草行业劳动模范"安建红

王 超

> 有人说，她是"学霸"，各种新设备、新工艺，她都能快速掌握；
> 有人说，她是一名新时代"女工匠"，做任何事情都追求完美极致。
> 她就是全国"烟草行业劳动模范"安建红。

追求完美的"女汉子"

安建红，今年 44 岁。2002 年 6 月毕业于安徽理工大学，同年进入蚌埠卷烟厂制丝车间工作。

"做事，就要做实、做好，把每一项工作落到实处，这就是工匠精神。"这是安建红常说的一句话。

刚进车间工作，安建红被分配到电工班，从事电器维修、剪线、折线、紧螺丝。"这是个体力活，最好是个男生！"有人说。

然而，安建红是个不服输的女孩，她以女性特有的细腻，发现电器维修既是个体力活，也是个"细致活"。每一条线都讲究横平竖直，这不只是美观，还有利于及时发现问题。为此，她每次排故维修时，都格外细致，确保每一项工作完成得近乎"完美"。

为了追求"完美"，安建红硬是将电器维修这项看似简单的体力活，当成是制作一件精美的艺术品一样去完成。每一个配电箱包含电表、接线盒、终端、控制元器件四部分；每一条线、每一个螺丝，都要做到装接美观、让人赏心悦目，还要便于操作，这着实需要下一番功夫琢磨。为此，她全身心扑在实践上，一个环节又一个环节地去练习，去改进。

为了练习，安建红经常晚上 10 点才回家，她把空余的时间都花在生产现场，手磨出水泡都是常事。反复实践，不断练习，她最终摸索出一套最适合自己用的拆卸安装方法，将配电箱拆卸恢复时间从一个半小时缩减到 45 分钟。行云流水的操作，不仅让她"完美"

安建红

地超越了其他同事，更让她一次次在内部技能比赛的舞台上绽放。

历经多年的生产实践，熟记操作和计量规程 40 多本。如今的安建红，只要一把剥线钳、一副螺丝刀、一支电笔，就能在最短的时间内将拆卸后的配电箱恢复、让电接通、让设备运作起来。

爱一行　才能精一行

2005 年 6 月，安建红被车间调去从事计量管理工作。这一岗位囊括了资产管理、检验检测、运维排故三大职能。

"有理论不够，还要有实践。"在啃完各大专业书籍后，安建红开始到运行班组、设备现场调研，遇到不懂的就问，碰到不会的就学，坚持理论学透，实践搞深。

安建红是个好学的人。在上班的路上，她会一边背着知识题，一边仔细回想生产中遇到的实际问题。为提高松散回潮烟片含水率，她从控制系统中，批量导出 1 万余条存在反向电量数据的信息，并盯着屏幕查看，不错过任何蛛丝马迹。连续奋战 1 个月，她终于找到最有可能完善的模块，并逐一解决，实现了松散回潮后烟片含水率提升 2%、提高了热风温度控制水平。

做实、做细，一直是安建红对待工作的态度。在她看来，只要是交给她的事，就要努力干，而且一定要干好。为解决精准生产、节能降耗等问题，她深入调研，反复与操作工沟通，利用假期调试设备，把各生产线设备划分成若干单元，按照预热时间的长短，对各单元进行先后启动，既不影响生产，又能节约大量能源。在她的努力下，该成果当年为公司节约 86.88 万元的能源消耗费用，降低了生产成本。

"我不是'学霸'，更不是'大师'，我只不过是认真干好每一件事罢了。"面对同事们的赞誉，安建红表现得十分谦逊。

2016 年，已是妈妈的安建红，接到了公司一项攻关课题的研究任务。为有效把握课题进度，高质量完成课题，在课题攻坚阶段，她每天与课题组成员研讨，一干就是 10 多个小时。课题组每一个人都被安建红的敬业态度深深折服。最终"松散回潮工序加工能力的提升"项目圆满结题，并获得公司科技创新三等奖。项目中提出的蒸汽直喷式烟叶松散回潮工艺，开启了烟草加工探索的新方向，不仅稳定了物料流量、提升了松散回潮工艺的加工水平，还节约了蒸汽的使用量，并推广应用到叶片加料工序。

传帮带"工匠精神"薪火相传

安建红这位年轻的"老师傅"已经着手培养优秀的技师和青年后备人才。但与众不同的是，她并不想单独带徒弟。

"所有同事都可以是我的徒弟。"她认为企业发展，最重要的就是人才，与其单独带一两个人，不如发挥团队优势，大家一起进步。操作、维护、排故、创新，每一项工作都应该有高水准技术人才。在她的倡导和建议下，制丝车间劳模创新工作室应运而生。

目前，她所在工作室已开展近 10 次涉及操作、维修、创新类培训，来自制丝车间一线的普通工人，通过工作室培训与考核后，回到班组均能成为班组的骨干力量。"储柜底带内部在线自动清洁装置的研制""滚筒防脱轨及复位装置的研制""EVO 切丝机铜排链拆装装置的研制"等一个个获得省级荣誉的课题都有她和工作室的身影。

安建红工作的 20 年，也是烟草行业发展巨变的 20 年。如今，随着数字化车间建设的实施，这名用手指舞出瑰丽人生的"女工匠"和她的团队正在投入新的"战场"。

医者仁心　大爱无疆

——记"烟草行业抗击新冠肺炎疫情先进个人"李刚

高　峰

李刚，1993年9月参加工作，2004年3月加入中国共产党，现为安徽中烟蚌埠卷烟厂行政科医务管理员。他始终以共产党员的标准严格要求自己，以高度的责任心，认真做好本职工作，牢固树立全心全意为职工服务的思想，爱岗敬业，乐于奉献，充分发挥共产党员的先锋模范作用。曾荣获企业"东海标兵""共产党员十大先锋""先进生产（工作）者""优秀共产党员"以及"优秀党风廉政信息员"等荣誉称号。

努力学习理论知识　坚定理想信念

作为一名党员，他积极参加"三会一课"活动，强化政治思政学习，深入领会习近平总书记系列讲话精神，贯彻党的路线、方针、政策及决议，遵守党的纪律，通过"两学一做"学习教育活动，他进一步增强"四个意识"，坚定"四个自信"，坚决做到"两个维护"，自觉在思想上、政治上、行动上同党中央保持一致，在党员中起到了先锋模范作用。

作为党小组长，他认真履行职责，每月带领小组成员开展党的理论知识学习。为了确保党小组学习效果，他经常加班加点将党章、应知应会知识等学习内容制作成PPT课件，与小组成员共同学习并做好记录。党小组活动从不走过场，不流于形式。如"党员义务进社区""为生产一线送健康""为退休职工宣传补充医疗保险政策""党员奉献日"等活动，既围绕部门党建中心工作，又丰富了活动载体，切实把"敬业、爱岗、奉献"精神体现到实际工作中。

正在查看职工医保结算情况的李刚

牢固树立宗旨意识　爱岗敬业奉献

多年来，他爱岗敬业，始终本着"职工利益无小事"的服务宗旨，对待工作有着高度的责任心。为了充分做好全厂工伤人员的就医工作，他持续建立和完善了工伤人员的电子档案资料和文本资料，以便于遇到工伤职工就医，能够第一时间查询到所需要的信息并和医保工伤科联系，帮助职工按照程序就医，解除职工的后顾之忧。

在全厂职工的补充医疗保险工作中，他把职工的理赔材料建立成详细的电子档案，并定期核对理赔结果，及时解答和反馈，确保每位职工的理赔数据准确无误。在每次的体检工作中，他都牺牲了许多节假日或周末休息时间，不讲条件、不计报酬，默默地承担着岗位应有的职责。

在工作中，他严于律己，任劳任怨，带领医院班组人员严格遵守和履行企业各项规章制度，积极做好工伤保险、医疗保险、生育保险以及补充医疗保险等工作，各项任务完成的都很出色。他这种认真对待工作的态度，既维护了企业的利益和广大职工的切身权益，又把企业的关爱充分传递给职工。

坚持求真务实　提升服务本领

对待工作，他始终保持较强的事业心和责任感，坚持"干一行、爱一行"，在学中干，在干中学，对待每项工作，力求精益求精、尽善尽美。为此，从未接触过 QC 小组活动的

疫情期间，李刚在厂区开展消杀

他，通过学习，带领身边人员连续三年结合本职工作申报了"保持补充医疗保险持续有效开展""提高内退养职工体检参与率""提高职工健康知识知晓率"三项课题，并分别荣获厂 QC 成果发布二等奖、三等奖和优秀奖。2017 和 2019 年，在"互联网＋"创意竞赛活动中，其参赛方案《微服务 360App》荣获三等奖。

作为部门能源体系联络员，他认真学习能源管理体系的相关知识，并多次参与到公司能源体系内审活动，既积累了宝贵的经验，也增强了业务能力，更为部门的能源管理体系持续推进发挥了积极作用。

抗击疫情　勇于担当

2020 年春节前夕，面对突如其来的"新冠肺炎"疫情，他接到了厂疫情防控领导小组下达的起草疫情紧急预案、购置疫情防控物资的任务，果断放下家事，联系供应商、垫付订金、制订防控方案。

自正月初三起，他每天早出晚归，与部门同事一起不断修改、完善疫情防控措施，力求做到万无一失；与市内外多家供应商联系，在疫情形势日益严峻、多地封锁高速公路出口之时，随车从外地运回大量防疫物资，为厂区消毒和之后的复工复产提供了物资保障。

当时，蚌埠市确诊病例日日攀升，不断传出某某小区封闭的消息，路上行驶的车辆、行人越来越少，但面对疫情越来越严峻的形势，他从没考虑过自己感染了怎么办，而是以强烈的责任感、使命感冲在一线。

"我不仅是一名医务人员，更是一名共产党员，疫情防控期间正是企业需要我的时候，必须迎难而上，坚守防疫第一线，真正体现出关键时刻党员敢于担当、敢于奉献的精神。"他是这么说的，也是这么做的。

复工前，他利用企业 OA 开展疫情防控健康教育知识宣传、组织相关人员进行防疫工作培训，协助保洁班组制定复工复产厂区消毒计划，明确区域和责任人员，并与支部其他党员、骨干一起参与到厂区大环境、生产车间、办公区域的消毒实施过程当中。

复工后，他义不容辞地参与到进出厂区人员的体温检测工作中，监督、协调各个防疫环节的工作，坚决把好企业复工复产的第一道防线，为了厂区防疫工作，放弃假期和休息时间，白班和夜班"连轴转"。

作为一名党员，他始终怀着一种"功成不必在我，功成必定有我"的敬业态度，踏实认真地做好自己的工作。在抗击疫情的关键时刻迎难而上，不畏惧、不怕难、不退缩，始终坚守抗"疫"一线，疫情不止，工作不息，牢记共产党员的光荣使命，为全厂防疫工作做出了自己的贡献。

雪茄匠人

——记全国评烟委员会委员夏永峰

高　洁

> "手工制作一支全叶卷雪茄是一个复杂、耗时的过程，优秀的雪茄工人要磨上好几年。"推了推眼镜的夏永峰，一边选着烟叶，一边抬起头，认真地对我们说。

四四方方的操作台上，整齐摆放着卷制的工具，他熟练地轻捏起一片油润的雪茄叶，像对待初生的婴儿那般小心翼翼。他笃定，"上等雪茄烟，烟芯必须是片状的。这跟你们

雪茄大师夏永峰

做烤烟不一样，雪茄烟芯如果用机械切成丝后，烟叶的纤维组织及化学成分会有很大的变化，会降低品质。"说着，他便轻轻将烟叶撕成了小片，小片很均匀，泛着油亮的黄褐色，透着浑厚的植物香。他夹起 4 张填料叶，对着光看了看，然后头尾相连地排列起来，紧紧卷制成茄芯，用内包叶将茄芯包裹住。那双常年接触烟叶的手似乎已经被烟油染黄了颜色、模糊了指纹，但是，是它们为已经被摘下的烟叶又重新注入生命的温度，他的手与烟叶之间是有答有应的两个存在，浑然一体，不可分割。那支刚刚完成的"束"，静静地躺在木头模具里，诠释着大师手上的万里挑一、毫厘间的精益求精、刀具下的雕琢岁月，还有对这个雪茄匠人的无声致敬。夏永峰，是手艺人，更是守艺人。

1964 年，夏永峰在安徽省亳州市蒙城县出生。他从部队退伍后，1985 年进入当时的蒙城雪茄烟厂，跟随师傅葛恒山学习雪茄烟的配方技术。当时的蒙城雪茄烟厂为传承光大民间传统工艺，还请回已退休多年的刘氏作坊传人刘俊美老先生，系统地教授传统手工雪茄制作技艺，夏永峰有幸成为其嫡传弟子。在两代师傅的谆谆指导下，夏永峰成为众位弟子中的佼佼者，最终成长为"王冠"手工雪茄技艺传承人。

三十七年的烟草路布满了雪雨风霜，使他对雪茄品牌、风格品质、工艺技术具有深刻的研究与丰富的经验。每一根雪茄都是从烟叶的种植起步，除了土壤对质量、口味和颜色有较大影响外，不同光照下的叶子带来的手感也千差万别。我们中国地大物博，而夏永峰的脚步几乎踏遍了华夏的锦绣山川。他珍惜每一次交流机会，无论是先进的原料分级管理，还是烟叶除杂降低刺激性的先进技术和经验，他都像海绵一样吸收着、引入着。"云南、四川、福建、贵州、浙江、江西该跑的地方我都跑过了，国外也走了不少地方，去的地方越多，见识得越广，越觉得我还有太多东西不知道，要学。"他谦虚地说着，当与他诚恳的眼神相遇，你很难相信这话出自一个全国评烟委员会委员、雪茄烟感官的评委之口。

拿起桌上一支包装好的雪茄，他开始向我们展示一整套品吸的流程，这个场面极具仪式感，精致的工具与烟支间的互动，跳跃在指尖的火光与萦绕的香气，沉默地震撼了在场的我们。夏永峰用指腹轻压着烟支，然后放到耳边，开始听。他笑着说，"这烟要是软了，说明水分偏大，不好；要是硬呢，有沙沙的声音，说明水分偏小。只有弹性适中、不软不硬的雪茄，才不会太苦、太刺。"一支烟的油分、水分、温度这些指标，只要几秒，他便一清二楚，像对孩子了如指掌的母亲。

夏永峰抽了一口，轻轻吐出了烟圈，那股雪茄独特的香瞬时溢满房间，不同于烤烟的味道，它厚重又刺鼻，但是爱它的人闻到，便如饮啜清泉，沁心入脾。"有点呛吧？"他笑道，脸上的皱纹也跟着笑了。"雪茄烟叶从种植，田间管理、采摘、精选、加工、发酵，到最后卷制成雪茄需要最少 3 年时间、200 多道工序。每一个环节都是精工细制，陈化过程需要 1 至 3 年，有时候甚至更长。搞雪茄，看起来磨人，但你要是真钻研进去，太有意思了，坐不住、心不定的人，没办法干这个活。"说着，夏永峰用专门的打火枪点燃一根，递给我。我很生疏地拿着吸了一口，被告知雪茄不宜吸入肺中，要通过口腔去感受香气的

夏永峰与文化创新工作室成员合影

变化。醇香萦绕在口中，浓烈，原始，没有任何化学添加物质与香料的味道，是历经岁月陈化而来的天然香气。他说，看到这烟圈了吗，最早在南美，部族的祭司是将雪茄当作与神沟通的灵媒。看着火点，我萌生了对神明的敬畏。

　　一个人经过不同程度的锻炼，就获得不同程度的修养，不同程度的效益。好比香料，捣得愈碎，磨得愈细，香得愈浓烈。琳琅满目的雪茄陈列在展柜里，摆放的是夏永峰半生的心血。那双透过镜片的眼睛，闪着熠熠的光彩，他骄傲地告诉我说："你看这些，智者、国粹、古剑三绝、梅兰竹菊、黄山松、味美思……是最适合我们中国人抽的雪茄。"他将精力倾注在雪茄上，历经岁月的沉淀，迸发出耀眼的火光。他结合传统烟叶发酵法，创立了中药汁辅助发酵法，将中国古法卷制工艺与加勒比雪茄手工卷制工艺相结合，为中式雪茄的"中国味道"增光添彩。他用生命守护着艺术，更用智慧创立着艺术。

　　安徽雪茄的良好市场态势并非一日之功，它源自悠久的历史积淀，以及以夏永峰为首的工匠们对雪茄文化的参悟和对品质的追求。东方哲学永远都是一脉相承，而匠人精神，一定是回归初心，为那些精湛的技艺薪火相传，安徽中烟需要更多夏永峰式的名匠涌现，让融合东情西韵的中式雪茄成为艺术的载体，让孜孜探求的匠心绵延在我们奔流的血脉里，生生不息。

燃烧的冰

——记《东方烟草报》优秀通讯员张冰

王宝杏

> 他是企业发展历程的记录者，用手中的相机定格着企业的一个个精彩瞬间，用笔记录着企业发展历程中一个个好故事；他是企业红色基因的挖掘者，历时 10 年理清企业红色基因脉络，让红色文化不断深植于企业的血脉中；他是青年宣传骨干的领路人，言传身教带队伍，甘做铺路石，把一批批青年员工培养成企业的宣传骨干。他就是《中国烟草》杂志社特约通讯员、中国诗歌学会会员、安徽省作家协会和安徽省摄影家协会会员，蚌埠卷烟厂党建工作科张冰同志。

用镜头定格精彩瞬间　用笔尖记录闪光历程

他把记录企业发展历程和重要变迁，定格为一个个精彩瞬间，当作义不容辞的工作职责。企业各项重要活动中，总能看到张冰穿梭其中按下快门的身影。企业内外各类媒体上，总能看到张冰负责采写的企业宣传报道。自 1993 年从事企业宣传工作以来，他拍摄了约 30 万幅新闻图片资料，围绕企业生产经营和企业文化撰写了近百万字各类文章，宣传范围覆盖行业内外多家纸媒、网媒，仅 2021 年，他在外宣平台就发表了各类作品 33 篇。

每当有人问他端着几斤重的相机摄影、挑灯伏案奋笔赶稿累不累时，他总是笑呵呵地说："我的工作和兴趣爱好是一致的，辛苦是肯定的，但更多的是收获和快乐，我是乐在其中。"当问起他摄影和写作诀窍时，他亮出他的四字秘籍：真、新、细、勤。要言之有物，要捕捉新鲜事，从新角度拍摄、写作，要对细节反复推敲，要勤走、勤动、勤写。历年来，他的摄影作品先后多次获国家局《中国烟草》杂志社和《东方烟草报》报社一、二、三等奖；曾连续三年获《东方烟草报》优秀通讯员称号，先后在行业及省市刊物上发表短篇小说、散文、诗歌、杂文、报告文学、电视剧剧本、政工论文等上百篇作品，其中多部作品先后入选有关专著出版。

张冰（右一）和团队成员一起践行攀登者企业文化理念开展登山活动

厘清红色基因脉络　厚植红色文化根脉

据厂史记载，蚌埠卷烟厂原名东海烟厂，1942 年诞生于江苏省阜宁县益林镇，是当时新四军的随军烟厂，企业血液里流淌着红色基因。那么蚌埠卷烟厂的诞生旧址还在不在？当年创建企业的新四军部队现在在哪里……这些问题一直萦绕在张冰的脑海中。没有具体资料记载，也没有人能回答，他想要亲自去寻找答案。这是企业史无前例的工作，时隔 70 年，历经时代变迁，难度可想而知。面对未知的谜题和挑战，反而让不轻言放弃的他，更加笃定了寻找答案的决心。

在企业领导的支持下，2012 年，张冰带领"寻根之旅"小组，多次赴企业发源地苏北益林镇，开展实地走访探寻活动。经过多方打听，几经辗转，终于找到了企业原址和第一代老工人等多名历史亲历者，通过查找益林镇地方志确认了相关史实。他们拍摄的新闻纪录片在行业里传播，撰写的长篇通讯在《安徽中烟报》上专版发表。寻根小组通过研究战史和军史，查到了创建东海烟厂的新四军三师后续部队有关历史资料。恰巧此时，蚌埠军分区领导来企业参观访问，张冰向军分区司令员当面汇报了有关情况，请他们帮助联系部队。部队派出某团副政委金伟参加了企业建厂 70 周年大庆。历经烽火硝烟，历经岁月洗礼，部队和企业在建厂 70 周年之际，重新架起了友谊的桥梁。2019 年，他带领软科学项目组成员，前往哈尔滨到部队寻找与企业相关的红色基因资料，受到了该部政治部领导的热情欢迎。前后历时 10 年，张冰通过寻根之旅，理清了企业的红色基因脉络，在企业文化中厚植红色根脉，小组据此开展的软科学研究课题"蚌埠卷烟厂红色基因的挖掘与运用"获得了公司首届软科学评比二等奖。在张冰十年持之以恒的坚守下，目前，蚌埠卷烟厂红色文化的挖掘与厚植工作，取得了一定的成绩，丰富了企业红色历史，树立了企业良好的社会形象，蚌埠卷烟厂红色文化建设在全行业乃至于社会上都得到了高度认可。

张冰（中）与文化创新工作室部分成员一起研究本书创作问题

言传身教培育新人　甘做青年成长的铺路石

未来是年轻人的未来，企业未来的宣传重任需要年轻人来肩负。长期以来，张冰把培养企业青年宣传骨干视为己任，言传身教，不断发现、培养、举荐青年人才。蚌埠卷烟厂文化创新工作室在张冰的带领下，吸引了一大批来自全厂各部门有志于企业文化宣传的青年员工。他组织一系列课题研究和红色文化宣贯传承活动，给青年员工搭台子、压担子、指路子，利用工作室平台交流写作经验，探讨问题解决思路，做青年成长路上的开路人、引路人、同路人。

一篇好文章不仅需要良好的文字功底，还需要有敏锐的"嗅觉"。当发现新的宣传素材时，他总是把最好的采编机会让给年轻人，让他们去写，然后手把手辅导修改稿件，一步一步帮助、引导年轻人成长。他带领文化创新工作室团队围绕企业助力脱贫攻坚工作，多次赴企业驻点扶贫村——五河县井头村采访，多角度讲述企业、扶贫干部和村民的脱贫攻坚故事，展示了烟草企业和烟草人的担当。他带领团队挖掘企业黄山品牌专线工艺测试获得高分背后的故事，采编的"88.18 分背后的故事"系列报道获得了公司的高度赞扬，并刊登在行业网站上。

　　他笔耕不辍，总结写作和摄影经验和规律，制作培训课件，不但在企业内部开展培训，还受邀为兄弟企业授课，毫无保留地把自己的经验传授给年轻人。在他充满激情的感召及带动下，企业文化创新工作室形成了奋发向上、比学赶超的良好工作氛围，在2021年企业"十四五"新征程工作通讯写作竞赛中，外部专家评选出的15位获奖选手中，有13位来自该工作室。

　　2022年是蚌埠卷烟厂建厂80周年，他正在组织文化创新工作室团队抢救性挖掘中华人民共和国成立之初企业老员工的资料，并带领团队成员集中收集、整理、采编蚌埠卷烟厂建厂以来80余名历代先进人物的故事和事迹，准备编辑出版书籍，以便把企业精神铭刻进历史，让先进人物的故事永久流传，并以此向企业80周年华诞献礼。

　　张冰作为企业发展的记录者、红色基因的挖掘者、企业文化的培育者、青年宣传骨干的领路人，他满腔激情，脸上总是洋溢着热情和自信。这份热情和自信来源于他对企业文化工作的一心热爱，更来源于他对企业的一片赤诚。这份热爱与赤诚是点燃张冰的火种，让他在企业文化宣传道路上一路燃烧一路领航！

年轻人　加油

——记"全国烟草行业技术能手"孙超

孙景凤

> "孙师兄，您好，我是孙景凤，我们文化创新工作室对全厂劳模进行采访，我负责采访您，您看哪天有时间？"
>
> "你好，这几天我都有时间，上午事情比较多，最好是下午。"
>
> "择日不如撞日，今天下午可以吗？"
>
> "好的，下午你直接找我就行了。"
>
> 如约我见到孙超，跟随他成长的足迹，开启了一次精彩的心灵之旅。

初识蚌烟——儿时回忆

"2007年，从安徽职业技术学院机电一体化专业毕业，我进入蚌埠卷烟厂卷接包车间工作，从辅助工到机司再到机械维修工，转眼间快15个年头了。"采访一开始，孙超介绍了自己的工作经历："说起蚌烟，我是一个'烟二代'，我的父亲曾是一名蚌烟员工，所以说我是一名吃烟草饭长大的孩子。也许是和蚌烟的缘分，我毕业那年，蚌烟正好开始招大学生，当时我在外地实习，我父亲就给我打电话：'烟厂招人了，你可回来？'我不假思索地说：'回去！'听到这个消息后，我特别开心，后来也顺利考进我们厂。"

"叔叔上班时，我们厂的情况你了解吗，当时，他回家是不是经常跟你讲厂里的事情？"看着孙超脸上洋溢着激动的表情，我不禁问道。

"当时父亲给我的印象就是上班、上班，那时候还是12小时，每天见到父亲的时间都不多，更别说陪我了。当时我就在想，怎么老是上班，就不能多带我出去玩玩吗？后来，随着年龄的增长，我慢慢体会到父亲的辛苦，很多次父亲夜里被叫到厂里去维修设备，有的时候甚至是整天整夜不回家。有一次，我实在忍不住了就问父亲：'你们怎么天天这么忙？这样上班，太辛苦了。'父亲高兴地说：'忙点好啊，忙点说明生产任务重，产品销量

正在专心维修卷接包设备的孙超

好，作为设备维修人员，我们最重要的是保证设备高效运行，为企业发展多出一份力，累一点不算什么，休息一下就好了。'父亲的话虽然当时我听得不太明白，但是看着他的表情，我知道虽然辛苦，但他干得很开心。直到进入蚌烟，我才感同身受，深刻感受到他们老一辈蚌烟人不怕苦、不怕累的精神，也一直激励着我前进。"

"正是由于老一辈蚌烟人的奋斗拼搏、默默奉献才有了今天的蚌烟，才有了我们现在的工作和生活条件。"旁边的修理工汤思嘉忍不住发出感叹！

初心不改——找准定位

"听了你的工作经历，很快掌握各种机型的操作和维修，成长为一名优秀的机修工，作为一个大学毕业生，你是如何做到快速成长的？"

"说起如何成长，路径很多，我认为首先要找准定位，找出自己的初心，只有认清自我，才能真切体会到真实的目标是什么。就拿我来说吧，在我干机司时，我记得当时生产的是渡江烟，用的是水溶性嘴棒，是一种纤维丝素，特别容易拉丝，导致刀片上有大量机胶残留，甚至打坏电机，设备无法正常开启；而且嘴棒很重，吸不稳、容易掉，进而造成设备堵塞停机。班产量也从原来的 60 多箱降到 40 多箱，产量降了很多，但工作量却大大增加，几乎每 2 个小时都要停机处理。说实话当时感觉压力很大，有点迷茫，不知道怎么办。但是，看着身边忙碌的师傅们，很快我就转变了思想，刀片有机胶残留我就尽量搞干净一点；嘴棒重、容易掉，我就勤夹一下，再加上我们那台车是进口的，相对先进一点，在六台车中，我们那台车产量遥遥领先，也从未出现质量反馈。这件事情给了我很大的动力，我清楚地知道了自己前进的方向，并为之倾入我全部的努力，很快我熟练掌握了各种机型的操作技巧和维保方法。"

"是的，就像三毛在书中说的：'人生一世，也不过是一个又一个二十四小时的叠加，在这样宝贵的光阴里，我必须明白自己的选择。'"

为爱坚守——持之以恒

"第一届公司'黄山杯'烟机设备修理职业技能竞赛卷接 ZJ17 项目一等奖、全国'海洋王杯'QC 成果发布一等奖、安徽中烟微创新一等奖、'全国烟草行业技术能手'、安徽省'最美青工'……取得这么多的成绩，孙师兄，你成功的秘诀是什么？"

"找准定位后，在自己的岗位上为爱坚守，持之以恒，成功会悄然而至。"孙超伸出食指，坚定地回答，"2010 年我开始干机修，得益于干机司时养成的习惯，每天我都会去走动、去思考、去总结，今天的哪一步操作能做得更好？这个故障怎样处理更得当？下一步我该怎么办？在设备出现新故障、新问题的时候，即便从零开始，我也会一点点摸索，实在不懂我就查资料、问师傅、问专家，直到把它搞明白，才肯罢休。我的维修技术也在持之以恒的学习和探索中得到了很快的提升。尤其是我在参加几次大赛的过程中，感触很深。作为大学毕业生，刚进机修组没多久，我很清楚自己没有什么优势，只有通过反复的练习、总结、再练习，白天练、晚上练、上班练、休息练，感觉就连睡觉的时候我满脑子都是在过一个个的动作。结果还不错，有几次竞赛都取得了第一名的好成绩。"

"的确，持之以恒，付出就会有收获，或大或小，或迟或早，始终不会辜负你的努力。孙师兄就是很好的例子，是我们大学毕业生的榜样。"

随后，孙超又介绍了新进高速机组的优点，以及 QC 和技术创新的重要性。采访也随着孙超给大学毕业生的寄语告一段落：找准定位、持之以恒，从点滴做起，走好当下的路，不负青春不负己！

"盛年不重来，一日难再晨。及时当勉励，岁月不待人。"时代在变，我们的攀登是星辰大海，发展蚌烟、辉煌蚌烟，年轻的你、我或许都该有这样的追求。年轻人，加油！

名副其实的"亮哥"

——记"全国烟草行业技术能手"孙永亮

毛爱莉　孙景凤

> 他叫孙永亮，蚌埠卷烟厂制丝车间修理技师，是安徽中烟"黄山杯"技能竞赛制丝 SQ31 型项目的第一名，是烟草行业技术能手，是"蚌埠青年五四奖章"获得者，是蚌烟青年口中的"亮哥"。
>
> 为什么叫他"亮哥"？
>
> "亮哥"的由来，可不仅仅是因为他叫孙永亮，更主要的是因为他敢于"亮剑"——亮出了干劲，亮出了执着，亮出了担当，让我们一起欣赏"亮哥"精彩的"亮剑"瞬间。

百炼成钢　亮出干劲

"别看他毛胡脸，笑起来可真腼腆。"制丝车间机电维修工孙永亮的师傅张正凤回忆道。2011 年，进厂刚满一年的孙永亮因表现优异被调入修理组。刚进修理组的孙永亮爱笑但话不多，每天早班维保、检修切丝机和切梗机的时候，我们总能看到他忙碌的身影。切丝机是梗线、叶丝线、膨胀线生产中极其重要的设备，维修难度与强度也相对较大。特别在生产任务重时，高频率的生产节奏会对切丝机进刀系统、磨刀系统、排链运行等产生负面影响，小到一个螺母的松动都会引发切丝工作不稳定。为保证设备高效运转，孙永亮不是在生产现场就是在前往生产现场的路上，他一直牢记师傅的话："想干好切丝机维修，有干劲当属首位。"孙永亮经常为一个故障排除工作，跟师傅反复剖析、共同探讨，甚至在设备前一蹲就是半个钟头。功夫不负有心人，孙永亮很快就熟练地掌握了切丝机维修方法，无论是刀门系统、还是传动系统出现故障，他都能够快速地找出问题所在，并及时解决。

"很多大学生刚刚进厂，考虑的就是我将来能干什么？我到底该走什么路线？我该如何去实现？做职业规划是对的，但是，刚开始就给自己定位好，反而会束手束脚。百炼成

正在技术比武的孙永亮

钢，铁制的刀剑过于柔软，炼制一把宝剑，首先需将块炼铁反复加热折叠锻打，使钢的组织致密、成分均匀，从而提高钢的质量。所以，对于新进厂的大学生来说，当下最重要的是立足于本职岗位，多学、多干。当你一步一步扎实干下去的时候，你的专长自然会显现出来，然后去选择，前面的道路才会越来越广！"说起这段话时，孙永亮的眼睛里仿佛涌起波澜，他的眼神传出一种振奋的力量。

八年磨剑　亮出执着

"2018年，安徽中烟'黄山杯'烟机设备修理职业技能竞赛SQ31型切丝机竞赛第一名是蚌埠卷烟厂孙永亮！"比赛结果宣布的那一刻，大家都开始鼓掌欢呼，孙永亮默默地坐在那里，微微笑着，长舒一口气，辛苦的付出有了回报。

"备战时间很短，只有3个月，但是自己的工作不能放下，所以我就上午工作，下午在师傅指导下训练，晚上自行练习。当时还有另外3名同事和我一起备战，4个人但只有2套设备，我们就2人实操训练2人理论复习，轮流进行，合理地利用时间。"孙永亮回忆着，"我印象最深的就是7月底，那段时间是我们训练的最佳时机。全厂还在停产休息，我们就赶紧来训练了，一练一整天。因为空调断电，屋内温度估计得有40℃。一起训练的刘文东不知从哪里搬来了一个生锈的破风扇，转起来还'咯咯'直响，那风扇虽然破旧，却是我们的降暑神器。'咯咯'声也成了我们每天训练的伴奏曲，仿佛在一旁不断地为我们加油打气，那段时间的训练就靠它了。"

"简单的事情重复做，你就是专家；重复的事情用心做，你就是赢家。"不同的时间，重复的用心去做一件对你而言相对困难的事情，当你解决它的时候，你不仅会收获更大的进步和成长，还会收获更加强烈的幸福感和满足感。设备维修工作看似烦琐，有的甚至枯燥，但是，他们就像一块磨刀石，只有经过执着的磨砺，才能崭露锋芒，这也是孙永亮成功的关键。

利刃出鞘　亮出担当

"蚌埠卷烟厂易地技改时，厂家调试人员有意大利的、美国的、马来西亚的，虽然他们都说英语，但很多是专业术语，加上他们自带本国口音，我们根本听不懂，导致无法沟通。当时我们用手机里的翻译软件现场录音翻译，结果因为口音太重，翻译出来的都是乱码。"接受采访的孙永亮哈哈大笑起来。

现在轻松有趣的说笑内容，在当时可是让孙永亮极度头疼的问题。2018 年 12 月，孙永亮作为车间技术骨干，被派到新厂参与调试新线 EVO 切丝机。因为是进口设备，说明书全是英文，如何把握说明书中的主要内容，和厂家进行沟通交流成了孙永亮最头疼的问题。从那天开始，孙永亮几乎每天都要拿着资料研究，看不懂的就用软件翻译，一些重要且难记的专业术语，他就记录在随身带的本子上，以便反复翻看。经过两个星期的努力，对新型切丝机说明书研究透彻的孙永亮再与这些厂家交流时就顺畅了很多，安装调试工作进展得也很顺利。

"我们是第一批到新厂参与设备安装调试的职工，当时联合工房辅楼那块还没砌墙，四处透风，现场没有桌椅板凳。因为设备还在安装，我们需要将盒饭带到现场吃，吃得慢了，饭菜就被寒风吹成冰碴碴了。虽然那段时光真的很艰苦，任务多、压力大，但是收获也是可观的。之前我缺少主观意识，师傅让怎么干，我就怎么干；技改之后，我的主观意识有了很大提高，思考问题的方式也发生了很大转变。现在，我发现问题，会主动从原理出发，进行深度思考，最终找到最佳解决办法。"孙永亮眼中闪烁着自信的光芒。

如今，孙永亮担任切丝机主修，生产中遇到任何切丝机故障，他总是以最快速度找到问题、解决问题。他是郑州院授权意大利 garbuio EVO 切丝机中国烟草行业操作维修教材主编，在全厂乃至安徽中烟都是第一次。孙永亮对于切丝机犹如一把利刃，无坚不摧、无所不能。

"利剑出鞘，雷鸣电闪！剑锋所指，所向披靡！"亮剑，亮出的是一种精神，是干劲、是执着、是担当，它给时代注入了灵魂，给我们提供了前进的力量。看！他手持利剑，披荆斩棘，一往无前。他就是"亮哥"，名副其实。

第 四 章

安 徽 英 才

平凡却不甘于平凡的人生故事

——记"安徽省社会主义建设积极分子"李秀珍

袁麒凯 朱 瑞

五十年代的质量能手

照片里的女工们一排排坐着，身系白色大围裙，头顶白色工作帽，脸戴白色口罩，整齐规范地坐在工位前。李秀珍老人就是左边第一位个头最小的那个，她向我们讲述着20世纪50年代卷烟厂包装车间的包烟场景。坐在工位上，摆在她们面前的是一个个木质的烟盒模型，由手摇卷烟机制作出来的烟支摆在桌上，将包装纸放进盒模，抓20支烟按7－6－7的顺序放进带有包装纸的盒模中，把包装纸折好后抽出，塞入事先用糨糊粘好的烟盒中，在顶部贴好印花，一包完整的烟包就包装完成了。李秀珍老人向我们介绍完这些后，认真地说："如果现在让我去包烟，我依然能记得当初的工作场景、步骤和方法，我依然能干得好这些工作。"李老告诉我们，当时她们都是计件工，烟盒包装得越多工资越多，即便会耽误速度，但是她们依旧注重质量。当时手摇卷烟机的技术不够成熟，很多烟支会有空头，这些都需要工人们一支一支地挑出来。李老说："有时一包烟里有五六支空头烟，谁也不想买到这样的烟，所以我都会一支一支地挑出来，不能让买烟的人不高兴。"

李秀珍自1950年入厂以来，工作认真负责，她包装烟支又快又好，她注重质量、关注消费者、关心品牌口碑，她的出色表现，领导和同事们都看在眼里。1956年，李秀珍被评为"安徽省社会主义建设积极分子"，即我们现在所称的"安徽省劳动模范"，同年在合肥大剧院颁奖并合影留念。

1956年，19岁的李秀珍加入中国共产党，成为一名光荣的共产党员。社会主义初级阶段时期，在党的领导下，李秀珍扎根基层、兢兢业业、勇于奉献，用党员的标准用心做实事。1957年，年仅20岁的李秀珍就作为安徽省社会主义建设积极分子的先进人物代表，进京参加国家举办的轻工业系统代表大会，由毛主席亲自在怀仁堂接见先进人物代表。大会后与毛主席、朱德总司令、全国总工会主席等领导合影留念。

劳模李秀珍

积极投身社会主义建设

20 世纪 50 年代末，国民经济发展迎来了第二个五年计划，各地社会主义建设如火如荼。身在东海烟厂工作的李秀珍，第一次转变了身份。她白天在厂里上班，下班后便成为志愿者，投身于城市基础建设之中。50 年代淮河遇到过洪水，毛主席批示"一定要把淮河修好"，此后筑牢淮河防汛墙便成为一项长久且艰巨的任务。李秀珍回忆，被派到淮河边上修筑堤坝时，面对繁重的体力活，一时间她变得不知所措。然而这位省劳模的小小身板中却蕴含着无穷的能量，她时刻牢记自己是一名共产党员，从不叫苦叫累，服从分配、勇挑重担。随后的几年时间里，她还参与过津浦大塘的建设等大工程，为社会主义建设立下了不可磨灭的功劳。

20 世纪 60 年代中期，李秀珍又一次迎来了身份的转变。厂领导发现她做事认真仔细，罕有差错，恰巧市工业交通局缺人，便把她推荐给工交局，从事起整理档案工作。档案工作看似轻松惬意，但想要把条目复杂、数量庞大的档案工作做得一丝不苟、不出差错，则需要莫大的耐心和责任感。李秀珍不曾想过，在这里她一干就是十多年。后来，她结识了在一建公司工作的对象，情投意合的两人很快便组建了家庭，开启了崭新的人生篇章。

白衣天使的华丽蜕变

当李秀珍老人拿出她的医师证摆在桌前时，我们不敢想象，这位曾经在机台包烟、在政府从事文员工作的女同志，会成为厂医务室一名优秀且专业的医生。

在谈及如此之大的转变之前，不得不说的是李秀珍对蚌埠卷烟厂难以割舍的眷恋。在借调到市工业交通局后，李秀珍有大把的机会留在政府机关工作，这在很多人看来是非常难得的人生机遇。然而有一天，她却向领导表达了想要回到蚌埠卷烟厂的真情实感。最终她如愿以偿，回到企业当起了办公室的一名文员。我们问到她回厂的心情时，她用了"落叶归根"这个词来形容自己当时的感受，在她看来蚌埠卷烟厂是她的家，是梦开始的地方，她想在这里工作，想在这里退休，想完成她永远是一名蚌烟人的朴实愿望。

在厂办工作了几年的李秀珍，因工作需要调到了厂医院从事药房管理。她并没有满足于此，便向领导申请白天上班，晚上去卫生学校学习，想尽快成为一名合格的医生，填补当时厂医院主治医师的空缺。正是依靠夜以继日、年复一年的工作和学习，医学零基础的李秀珍，在 20 世纪 80 年代中后期，顺利从卫生学校毕业，还取得了主治医师的资格。这巨大的蜕变给了她信心和力量，在厂医院工作期间，服务了数以千计的同事，为保证他们的身体健康做出了积极贡献。1992 年，时年 55 岁的李秀珍光荣退休，如今的她正享受着含饴弄孙的天伦之乐。

从刚进厂时的豆蔻年华，到桃李年华时荣膺省劳模称号，从借调出厂为社会主义建设添砖加瓦，到工作生涯后期成为一名为保障职工健康发挥作用的医生，李秀珍讲述了她心系企业、平凡却不甘于平凡的人生故事。采访最后，在谈到寄予企业祝福和个人心愿时，她衷心祝愿蚌埠卷烟厂朝着百年工厂方向不断努力、蒸蒸日上，表达了想在有生之年去蚌烟新厂参观的愿望。几十年风雨沧桑、几十年翻天覆地，如今已入耄耋的李秀珍老人，已光荣在党 66 周年，此时的她，正静静地端详着眼前的一幅幅照片，回忆着属于那个时代的点点滴滴。

择一业 成一事 终一生

——记"安徽省社会主义建设积极分子"鲍忠凯

郁 晗

八十年峥嵘岁月，八十年砥砺前行，蚌埠卷烟厂今天所取得的成绩，是千千万万个敬业爱岗、顽强拼搏、求实创新、无私奉献的蚌烟人努力的结果。恰逢蚌埠卷烟厂建厂八十周年之际，我们采访了一批离退休职工，看一看，他们是如何用自己的一生见证蚌烟的成立、发展和壮大。

近期，蚌埠卷烟厂文化创新工作室组织了一次采访活动，前去拜访有着41年工龄的退休老干部鲍忠凯。来到蚌埠市高科花园小区，我们远远地就看见一位头发花白、面色红润、身体笔直的老人等候在门口，很难想到老人96岁的高龄还能有这样的精神面貌。看到我们到访，鲍老很是开心，说道："真是太不容易了，一转眼，蚌埠卷烟厂已经走过八十个春秋，当年厂里的好多事情都还历历在目呢！"

人物简介：鲍忠凯，原蚌埠卷烟厂副厂长。1926年出生，中共党员。1951年进入蚌埠卷烟厂，于1992年2月正式退休。

从青春年少到鲐背之年

20世纪50年代初，由于原料限制及通货膨胀，在上海这个繁华的城市，一度达到100多家的华商烟厂，已有18家陷于停产，其他厂家也奄奄一息，鲍忠凯就是其中的一名失业工人。在政府的组织下，1950年，鲍忠凯响应号召，报名来到安徽参与土地改革培训班，一年后分入东海烟厂。

因为之前有在烟厂工作的经验，进厂后没多久，他就快速适应了工作环境和内容，成为一名机司，开上了卷烟机。在当时，整个厂只有三部"新中国"型号的卷烟机，由于机械化程度不高，加上工作环境很是恶劣，生产效率低，劳动强度大。鲍忠凯说："当时没有澡堂，一天工作下来，身上全是烟灰，外面的人啊，闻着味道就知道我们是烟厂的职

劳模鲍忠凯

工。"后来他又先后进入包装车间和生产科工作，在不同的岗位上倾尽了一生。提起他从事了一辈子的烟草事业，鲍忠凯满脸的自豪。他说："我们这个单位啊，非常辛苦，工作环境差不说，还总是需要加班加点地完成生产任务，我连结婚的当天都在加班抢修机器。但是所有的工人都爱厂如家，以工作为主，只要是交代的任务，必须完成。"

蚌埠卷烟厂包装机第一人

"我是厂里第一个开包装机的人。"鲍老自豪地告诉我们。

1954年，为了提高生产效率，厂里要新进包装机设备，用机器包装代替手工包烟。可全厂没有人会开包装机，曾经在上海接触过机器的鲍忠凯顶着压力接下了这个任务，带着两名同事到上海卷烟厂开始了为期两个月的包装机知识和操作的学习。其他两个人在此之前完全没有接触过包装机，面对这样的困难，鲍忠凯并没有退缩，他们出色地完成了任务，用机器代替手工包烟，开启了蚌埠卷烟厂机器包装的时代。三部新设备进厂以后，为了尽快将机器投入使用，他利用一切时间组装调试设备，困了就在机器旁眯一会，出现问题又立刻投入紧张的工作中去，半个多月都不曾回过家。

1956年，鲍忠凯获得"社会主义建设积极分子"荣誉称号。说起这段经历，鲍老不好意思地笑着说："可能是因为我不分日夜地守在机器旁工作，组织认为我还挺能干的，所以给了我这样的荣誉，其实厂里还有很多像我这样的人。"

"不管到哪，我离不开机器的"

　　1956年年底，由于鲍忠凯在工作上的突出表现，组织让他担任包装车间主任一职，可他却打报告向上级请辞。这样一位专业技术过硬的人才却不想当"将军"，只想当扎根机台的"士兵"。鲍老说道："我一直都在和机器打交道，我离不开它，我就做这个最在行。当时包装机才进厂没多久，交给别人我不放心。"两年后，由于厂里的工作需要，组织再次让鲍忠凯担任车间主任。这次鲍忠凯接受了任命，主抓车间的生产与设备，并且每天都去车间巡视，遇到机器出现问题还会和修理工一起研究、一起上手解决。

　　鲍老一直把机台工作挂在嘴边，他说："我们蚌烟人是一支不怕苦、不怕累的队伍，我希望每一代年轻人都能从基层做起，真正了解蚌烟。传承老一辈艰苦奋斗、爱岗敬业的精神，这样我们的厂才能发展得更好，今天永远比昨天好。"

　　从青春年少到鲐背之年，在鲍忠凯的记忆里和生活里，更多的是他和蚌埠卷烟厂一起成长、一起度过的点点滴滴。在几十年的职业生涯里都是在与机器和香烟做伴，他把最宝贵、最富有激情的青春年华留在这里，并为此感到骄傲。他希望在有生之年，能有机会再到新厂去看一看终身引以为傲的蚌埠卷烟厂崭新的企业面貌。

不为繁华易匠心

——记"安徽省社会主义建设积极分子"姚学标

李　昆　孙景凤

> 那是一个阳光明媚的午后，按照蚌埠卷烟厂文化创新工作室安排，如约我们见到了姚学标老人。阳光穿过窗户洒在老人身上，透着些温馨、静谧和安详。姚老静静地坐在那里，岁月的沧桑糅进温暖的阳光之中，慢慢地品味着他的人生。
>
> 开始，姚老言语不多，当知道我们来自蚌埠卷烟厂时，只见他正襟危坐，眼中仿佛有一道光，映射出遥远的往昔，娓娓道来属于他的故事。

择一事　终一生

"我叫姚学标，1930 年出生，1946 年参加工作，开始就职于江淮烟厂二车间，卷烟机操作工，公私合营后，1951 年进入东海烟厂二车间，从此就与二车间结下了不解之缘，直到退休。"姚老拉着我们的手亲切地向我们讲述着他的工作经历。"工作没有什么困难，就是脚踏实地地干，工作苦不怕，因为我干的是自己喜欢的事；工作累不怕，睡一觉就缓过来了。"在谈及工作中有哪些困难，是怎样解决的时候，姚老是这样描述的，"山高挡不住太阳，困难难不倒英雄，虽然我不是英雄，但是我有一颗敢于挑战的心。"

在姚老的记忆里，仿佛只有工作，其他事情都是过眼云烟。"刚进入东海烟厂，跟大家都不熟悉，设备也比江淮烟厂的好，当时就有一个想法，一定要尽快赶上大部队。因为有基础，所以上手也快一点，工作之余，我总是喜欢和大家讨论卷烟机的知识：'今天产量怎么样，开得顺利吗？设备有没有什么故障，是怎么解决的？这里是不是可以改进一下，加一个挡板……'很快我就和班组人员打成一片。日积月累，卷烟机问题我见得多了、听得多了、了解得多了，慢慢地成了大家的好帮手，很多人在设备出现问题解决不掉时，都跑过来问我，也正是这样，后来我被调入大修组。"十年磨一剑，姚老在这重复的日常工作中不断地磨炼自己、提升自己，得到了大家的一致肯定。1956 年，对于姚学标

劳模姚学标

说是一个平凡的年份，又是一个特殊的年份，这一年他被授予"安徽省社会主义建设积极分子"荣誉称号（后更名为安徽省劳动模范）。姚学标用自己的行动证明根基坚固，才能繁枝茂叶，硕果累累。

担其任　尽其责

"进入大修组，和机台操作不同，更多的是机械维修，我又一股脑钻进了卷烟机设备和技术的研究中，不懂的、不会的，查资料、问师傅；在设备维修的时候，跟在师傅后面，多观察、多学习、多总结。一遍一遍学习、一遍一遍演练、一遍一遍总结，后来很多设备出现问题，我从旁边走过，就能听出来。"说起维修技能，姚学标洋溢着澎湃的激情，"后来，根据车间安排，我担任大修组带班长，在领导和同事的支持与帮助下，我带领车间机修班组，齐心协力、团结协作，顺利完成了各项工作。当然，我知道，作为大修组代班长，担子很重，当时机器没有现在的先进，产量低，还很容易出现故障。我们机修班对设备出现的故障都是第一时间做出反应，认真分析原因，及时解决。当然，更重要的是防患于未然，我们没事的时候就是在车间里转，到处看、到处听，看有没有故障，听有没有问题，及时安排设备轮保，减少设备维修频次，提高设备有效作业率。"

随后，姚老又讲了很多他们班组的故事：为一项设备维修，两天两夜坚守在生产一线；为一个技术难题，查阅几十本材料书籍；为一个创新项目，试验了上百次……姚学标带领机修班组积极参加厂里组织的各项活动，他自己就是厂篮球队的一名得力干将。姚学标说："空闲的时候，下班后我喜欢打打篮球，特别解压，第二天能更好地投入工作中。周末的时候我喜欢跟老伴一起看看电影、陪陪孩子，释放一下工作压力。"工作就是他的使命，一切都是围绕着工作。1990 年，60 岁的姚学标光荣退休，他把多年的维修经验毫无保留地传给了班组员工，让它们得以传承和升华，持续为蚌烟的发展发光发热。

听党话　跟党走

"我父亲对于我们的人生选择没有过多要求，但是对于党，他始终要求我们要热爱党、听党话、跟党走，甘于奉献、不计得失。"谈话间姚学标的小儿子说道，"这是父亲对我们说过最多的话。"拿出"光荣在党 50 年"纪念章的盒子，姚老小心翼翼打开，轻轻地抚摸着奖章，静静地说："100 年来，中国共产党从枪林弹雨中走来，从小变大、由弱变强，历经千锤百炼，经过艰苦卓绝的斗争，推翻了三座大山，建立了社会主义新中国。在党的领导下，我们与祖国同成长、与时代齐奋进，奏响了'咱们工人有力量'的主旋律。我一直努力向党组织靠拢，很荣幸于 1954 年加入了中国共产党。我严格要求子女讲奉献、有作为，他们也很听话、很努力，在各自的岗位上兢兢业业、勤勤恳恳，现在也都退休了，经常回来陪我，这也是我最欣慰的事情。"

1954 年入党，姚老已在党 68 年，68 年党龄，68 载光荣，深深地浓缩在沉甸甸的纪念章里，诠释了他那段不平凡的光辉岁月。我们小心地把奖章放进盒子，又和姚老谈了现在蚌烟的发展情况，希望姚老有时间到新厂去看看，给青年员工讲一讲他们那个年代的故事。他欣然答应，并鼓励我们脚踏实地、认真工作，为企业发展做贡献。

告别姚老，我们思绪万千：而今已是耄耋之年的姚老，对他心心念念的"二车间"有着满满的回忆，对蚌烟的未来有着满满的憧憬，对蚌烟新青年有着别样的期许。在飞速发展的今天，蚌烟的新青年如何迅速成长、接过守匠心和讲奉献的接力棒？我们坚信：一生择一事，一事守一生，坚守信念，跟随时代的脚步，在工作中不断地淬炼，一定能书写不一样的人生，创造不一样的奇迹，铸就属于我们的工匠精神。

默默奉献中绽放

——记"安徽省五好职工代表"洪士才

孙景凤　王　超

"请问是洪士才师傅吗？我们是蚌埠卷烟厂文化创新工作室的。"

"是的，你们好，快进来。"

"好的，打扰了。"放下手中的伞，我们走了进去。

几句简单的对话，拉开了文化创新工作室对洪士才的采访序幕。

"1940年，我出生在江苏仪征，1956年，进入蚌埠电工器材厂工作，先后担任蚌埠柴油机厂车间主任、蚌埠铸造厂厂长、蚌埠生物厂厂长，1986年，进入蚌埠卷烟厂。在蚌埠卷烟厂一直从事工会工作，后担任工会主席，直到退休。"下面，让我们一起走进他的丰富人生。

埋头实干　甘做"老黄牛"

"成功没有捷径，靠的就是实干。"谈到成功的秘诀，洪士才伸出食指，坚定地说，"我1966年3月入党，党龄已经有56年，我深刻感受到社会主义是干出来的，幸福是奋斗出来的，作为一名共产党员首先要有实干精神，想干事、能干事、干成事，甘做老黄牛。但是，实干不是蛮干。"话锋一转，洪士才接着说："毛主席说，不解决桥或船的问题，过河就是一句空话。实干也要结合实际情况，好钢一定要用在刀刃上，我当年能评上'安徽省五好职工代表'，跟实干、巧干就有很大的关系。"

"当时，我在单位干车间主任。每天上班的第一件事就是到车间里查看班组的生产记录、物料损耗和产品质量达标情况。天天转、天天看，看多了，我就发现一个问题，铁丝损耗特别大。什么原因呢？原来是当时有一个铸件，因为非常薄，需要很多的铁丝去固定支撑，支撑过的铁丝因为生锈就直接报废掉了。我就喊来技术人员讨论铁丝怎么能重复利用，讨论了很多方案，进行了很多实验，因为有泥和沙子，铁丝特别容易生锈，所以都失

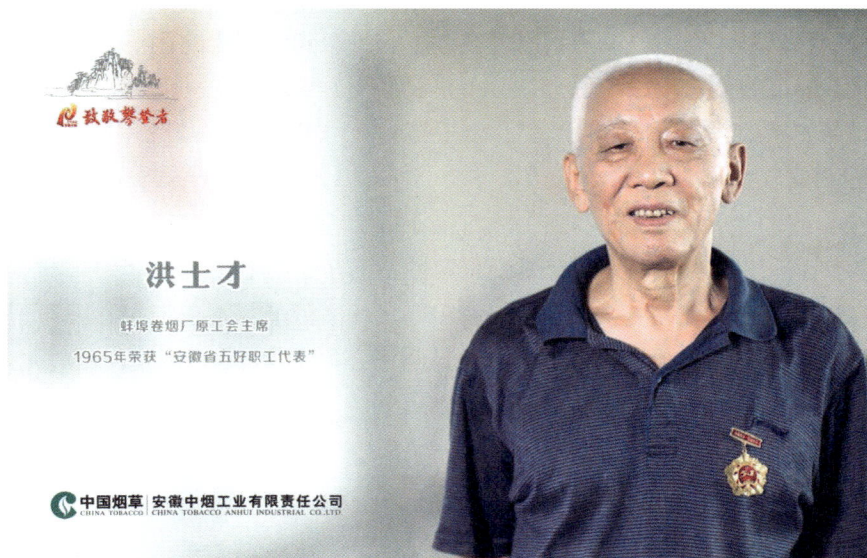

"安徽省五好职工代表"洪士才

败了。我就天天泡在车间里研究铸件结构，想方法，最后根据铸件结构我设计出了一种卡扣，操作简单、收纳方便，做好防锈，还可以重复利用，为厂里节约了大量的铁丝，因此，当年被评为'安徽省五好职工代表'。"

"是的，正是由于老一辈蚌烟人埋头苦干、真抓实干，蚌埠卷烟厂才会有今天的成绩。"我们异口同声地说。

暖心服务　当好"娘家人"

"前段时间，蚌埠卷烟厂组织退休工人到新厂参观，我也去了。现在的设备太先进了，自动化程度太高了，生产条件太好了。"洪士才激动地说，"拆箱、装箱、物料运输都是用机器人了，这是我们当时想都不敢想的。我到蚌埠卷烟厂时，条件还是很艰苦的，现场环境灰蒙蒙的，又热、湿度又大，一进车间一股热浪夹杂着烟草味扑面而来，当时的很多工序都是靠人工的，工作现场特别热闹。"

"到蚌埠卷烟厂，我就干工会工作。因为第一次干工会工作，我就想：做职工群众的工作，连这个群体都不够了解，靠拍脑袋想出来的政策能行吗？服务能做到人家心坎里吗？所以，我就经常泡在车间里，在工人空闲的时候，和他们一起聊，聊工作、聊家庭、聊孩子，了解他们的思想动态，倾听他们的意见和建议。"越说越起劲，洪士才的脸上洋溢着一种兴奋的笑容，可见他对工作的满腔热情。"干工会要搞好几点工作：做好职工的福利发放工作，切实维护职工权益，助力职工成长成才，尽力为职工排忧解难。当时，我们组织基层分会召开月度例会、职工代表大会，及时传达厂里的精神，掌握部门的动态，了解职工的思想。辛苦的岗位工资不高怎么办？职工遇到工作上的困难怎么办？职工身患大病怎么办？职工的孩子没人带怎么办……是我们当时讨论的主要问题。"说起工会工作，洪士才可谓是如数家珍，体现出企业工会干部对工作的满腔热情和对职工群众的深情厚谊。

临别时，天空已经放晴，带着洪士才对企业殷切的希望和沉甸甸的嘱托，我们思绪万千：在这个加速前进的时代，人们总是脚步匆忙，而在这喧嚣与躁动之中，一直有这样一群劳动者，他们发扬"老黄牛"精神，脚踏实地、埋头苦干、不忘初心、服务于民，他们成长的故事赋予了劳模精神新的时代内涵。他们在默默奉献中绽放，照亮了我们前行的路。

我的实干爸爸

——记"安徽省劳动模范"石干

高　洁

　　我叫"石海林",我爸爸叫石干。我的名字是爸爸取的,爸爸的名字是爷爷取的。小时候,我并不知道自己为啥要叫海林。不过,我倒是常听爷爷说,他给爸爸取名字时,就希望这唯一的儿子,石干石干,踏实又肯干。

　　我的爸爸扎根烟草营销一线快三十年。营销工作特殊,要长期在外,每个月只有几天能和家人团聚。小时候,我只知道他在外地卖烟,其他什么都不清楚。三岁生日的那天,他慌忙地从片区赶回家,推开门,在一桌子的美味佳肴前,"轰"地一把抱起了我。妈妈问:"海林,看看谁回来了?"我只怯生生地说了句:"叔叔好。"亲戚们都笑了,爸爸也笑了。他攥着我的手在蛋糕上插蜡烛,一边拍手、一边唱生日歌。烛光里,他的笑容既幸福又心酸。

　　我的卧室里收藏着一张破旧的地图,爸爸每去一个片区,我都会在那里画上一朵小红花。二十多年过去了,我们搬了几次家,但我始终不舍得扔掉那张泛黄的、卷着边的地图。一开始爸爸跑省外市场:吉林、黑龙江、辽宁、内蒙古、山东、河南,后来爸爸又调到了省内工作:合肥、巢湖、六安……小红花的每一笔,都是爸爸丈量祖国山河的脚步,都是为烟草营销流下的汗水,都是一个女儿埋在心底的牵挂。

　　初三毕业,我去爸爸所在的六安片区过暑假。这座四面环山的皖西小城,包裹着爸爸日常工作的风餐露宿。周末,我们爷俩去爬大别山,吃吊锅煮的食物,在万佛湖划船、游佛子岭水库。工作日,我就坐在他的自行车后面,在六安的大街小巷里穿梭,跟着他一起走进烟酒店。看着爸爸跟一家家老板沟通,询问产品的销量、介绍黄山的新品。一上午,他忙得来不及喝口茶,衣服湿湿地贴在汗透的背上。我拿了矿泉水小跑着递给他,心疼地说:"爸爸,喝一口吧。"爷俩这才坐在树荫下的路牙石旁。

　　"怎么样,累了吧。"爸爸转过头来问我,豆大的汗珠顺着他的脸往下滴。我喝了一大口水,默默地点了点头,"太累了。爸爸,你太傻了,也不知道偷偷休息一会。"爸爸点了

劳模石干

支烟，"这才哪到哪啊。"他打开了话匣子，"有一年，安徽水灾，下着大雨，出门打伞都没用，没走两步，人就淋得滂滂潮。那时候寿县缺货，急得很，我们要把烟送过去。可是当时雨下了那么多天，活生生把寿县围成了一座孤岛。我们开着车到寿县边上，眼看前面一片汪洋，不知道深浅，大家心里都没底。怕烟出事，你爸我卷起裤子就下了车，开始蹚水引路。这一蹚就是七八百米啊，深的地方水都没过了膝盖，脚被那脏水泡得又白又皱。幸好我下去了，这一小截有好几个大坑，真用车开啊，一定会翻的。好不容易安全到了公司附近，嚯，门口雨水快积成河了。没办法，公司安排了一条小船，我和你几个叔叔，硬生生地用小船把烟一趟趟运进去，从下午一点运到凌晨两点。"听到这里，我仿佛看了一场由爸爸主演的灾难片，那些细节，在我的脑海中被生动地想象了出来。我赶紧呈上准备好的马屁，晃着他的肩膀说："老爸，真！厉！害！"他"噗嗤"一笑，摸摸我的头，说了句："没啥，这有啥的。"阳光从交叠的树叶中渗下斑驳的光影，稀疏地打在这块不平整的路上。我想，这条路，爸爸一定走过很多次，晴天走，雨天走，在烈日下，在冷风中……

　　时间的手，急迫地推着我们一直往前走。我一天天长大，爸爸一天天变老。转眼间，我大学毕业来到烟厂上班，成了爸爸的同事。电话里，爷俩的闲话家常偶尔会围绕着企业展开，他常常叮嘱我要好好工作、快找对象，我总是提醒他要照顾好自己的身体。日子平静安稳，爸爸和我们虽在两地，却在各自的轨道中努力积极地生活着，一起等待月底一家人团聚的时候。

没想到，那天来得那么突然，以一个出人意料的方式。

我被查出了颅咽管瘤。发作时，我的脑子里像有一支高强度工作的电钻，疼得昏天暗地，几欲炸开。医生说，要想活命，必须立刻去做开颅手术，把我的头切开，瘤子拿掉。我们家集体崩溃了，命运的一粒尘落到我家，变成了一座令人无法喘息的大山。没时间伤感，立刻收拾东西去上海。万幸，肿瘤是良性的；万幸，我的手术很顺利。

我迷迷糊糊睡了一个月，当我能够看清爸妈时，他们足足老了十岁，鬓角、头顶全是白发。妈妈偷偷地对我说，自我生病，爸爸在夜里偷哭了很多次，有时候静悄悄的没声音，可早上枕头是湿的。我愣住了。我以为，那个伟岸的、乐观的、忙碌的爸爸，老黄牛一样挑起生活的重担，永远可以把一家老小护在身下。可是，生命这条奔涌的大河，在我们一家与时间赛跑的路上，化成了爸爸脸上两行低垂的眼泪。

药物作用下，我开始记不住事情，哪怕刚看过的文字，也转眼便忘记。可是，我却记得那个月的饭菜味道，是爸爸专门为我做的康复餐。每天，他在晨光熹微中和繁华的上海一起醒来，买菜、做饭，严格按照医生的要求不放一粒盐，那辆小小的自行车，载着他奔走在人群川流不息的街头，载着他一日两点一线穿梭六次，载着一个父亲揪心的、沉甸甸的爱。

我身体一天比一天恢复得好。在妈妈的陪伴下，曾经只知道埋头苦干的爸爸，也终于有了喘息的机会，过着慢节奏的退休生活。他依旧早早地起床，去照顾老人、去整理家务、去浇花、去遛狗，给我做"难以下咽"的康复饭。

他开始变得唠唠叨叨，仿佛要把前半辈子没来得及说的话一股脑儿都说给我们听。爸爸常常给我们显摆那个小红本本。获得安徽省劳动模范的那年，他 38 岁，我 6 岁。爷俩一个背井离乡冲在一线埋头苦干，一个在妈妈的庇护下戏耍着童年。那时的我们，谁都不可能想到有一天爷俩会一起为烟草事业奉献。

此刻，我们一同生活在这座普普通通的小城，小心翼翼地守护着这份普普通通的幸福。虽然这份幸福因为爸爸的缺席迟来了三十年，可它终归是来了。波澜之后的平静，我们都倍感珍惜。

扎根一线的"万金油"

——记"安徽省烟草系统先进个人"陈永义

朱 瑞

> "工作不认真是不行的,心一定要在质量上。"这是我和陈师傅一起工作时,他常常挂在嘴边的一句话。

先进者 务实敬业

陈永义,1985年进入蚌埠卷烟厂卷接包车间,今年60岁的他在企业度过了37个年头,在这数十年的时间里,他凭着一股不断学习的务实精神,在平凡普通的岗位上演绎着自己的人生。37年扎根于卷接包车间一线,用爱岗敬业的奉献之心聚起力量,用不惧艰辛的劳动之肩扛起责任,在日复一日的平凡工作中诠释着不平凡。干一行、爱一行,干一岗、爱一岗。他多次获得厂先进生产工作者、东海标兵等荣誉,1993年,获得安徽省烟草系统先进个人称号。

"1993年的颁奖大会上,领导给我戴上大红花,颁发奖状的时候,我的心情真的非常激动!"陈永义在回忆起当年颁奖现场的时候,脸上笑容灿烂,激动与喜悦之情溢于言表。

全面手 多岗多能

在翻箱机和运输小车轰轰运作的烟丝库中,陈永义穿着一身整齐的工作服,穿梭在狭窄的过道之间,时不时看看、听听运作中的翻箱机是否存在异常,喂丝机管道吸取烟丝是否通畅。他说:"这是我每天的工作内容之一,不多走几遍烟丝库,心里就感觉不踏实。因为没有什么生产设备是永远不出问题的,设备一旦出现故障就意味着会停下来,烟丝就不能及时供给,会耽误生产的,只有烟丝库稳定,整个卷接包车间的生产才能稳定。"

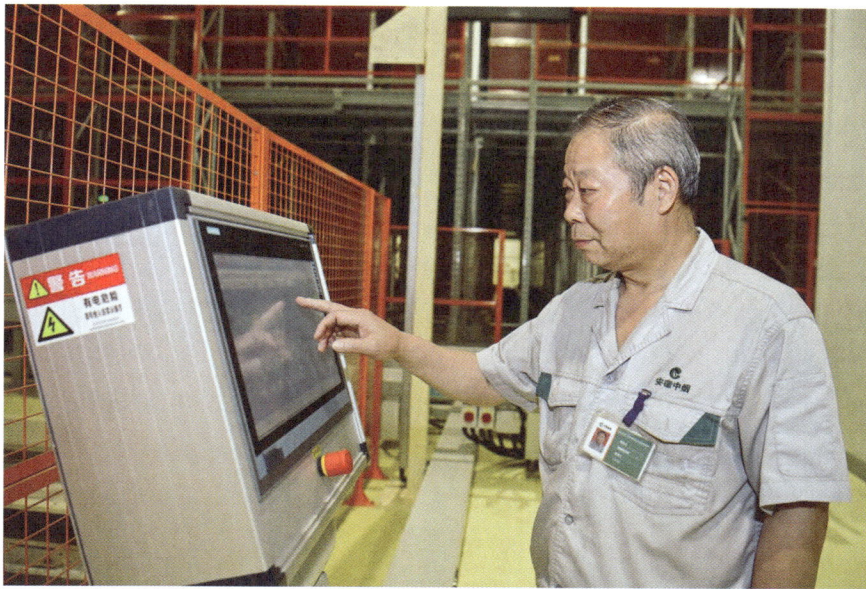

正在检查设备运行情况的陈永义

37年来，陈永义服从车间安排，从事多个岗位，恪尽职守，对工作做到"心中有数"。他像一颗螺丝钉，哪里需要就去哪里。他是"手指磨出了血，却忙得忘记了疼"的掐烟工；他是"别人都喜欢和我一个机台，跟我干，拿钱多"的卷接机辅助工；他是"今天欠了产，明天就一定要补回来"的卷接机机司；他是"干什么都要干好，干什么都要认认真真"的烟丝库操作工。37年来，他不断学习，沉着应对，用虚怀若谷之心和敢于迎难而上的勇气，担起各个岗位的压力和责任。用之能上，上之能胜，陈永义保证了生产稳定顺畅的同时，也练就了一身过硬的本领，他是操作多能手，也是技术全面手。

临别时　功成身退

"时间过得可真快啊，转眼之间我已经到了要退休的年纪，奋斗了一辈子的企业，说要离开，还真是舍不得啊。"1962年出生的陈永义，还有几个月就要退休了。面对文化创新工作室的采访，他表达了对蚌埠卷烟厂的不舍与眷恋。"剩下的几个月，我想为厂里再多做一些贡献。"

光阴似箭，岁月如梭。"退休是我一生中必须经过的一个过程，意味着我为企业工作和奉献的使命告一段落了。有退就有进，我们老同志退休了，会有更多年轻的学生迎上来，这是更新、也是发展。工作这37年，我是企业发展变化的见证者、也是参与者。厂房越来越新，环境越来越好，现在的年轻人很幸福，希望他们都能珍惜现在的工作环境，珍惜现在的生活。"陈永义感慨道，"我很感恩企业给了我这么好的工作，也感谢家人在背后的默默支持，让我无后顾之忧地干自己热爱的事业。最后几个月，我会做好本职工作，贡献自己最后的力量。退休以后我也会继续关注和支持蚌埠卷烟厂的发展，希望企业越来越好，也希望以后有机会能常回来看看。"

忆往昔峥嵘岁月，看今朝百舸争流。陈永义 37 年来坚守工作岗位，把热血青春和满腔赤诚奉献给蚌埠卷烟厂，用岁月和激情与卷接包车间员工一起尽心尽力，攻坚克难，同进步，共成长，坚持奋斗到退休前的最后一刻。

陈永义说："其实这么多年以来没有什么特别的，我只是尽我自己的本分，做好自己的工作而已，认真地对待每一天。"许许多多看似平凡却一点都不平凡的师傅们，在生产一线默默为蚌埠卷烟厂奉献了他们的一辈子，在平凡的岗位上，为设备的正常运行保驾护航。正是因为他们的用心守护，车间设备才能稳定运行，企业才能越来越好。他们数十年如一日，兢兢业业，积极奉献，无怨无悔，用心呵护"黄山"品牌，为推动企业高质量发展贡献了自己的一份力量。

雪茄事业的坚守者

——记"安徽省劳动模范"胡新淮

汪伟刚

> 1979年，22岁的胡新淮进入蚌埠卷烟厂工作，2012年被评为"安徽省劳动模范"。他曾任蚌埠卷烟厂五车间主任、金黄山凹版印刷有限公司副总经理、蚌埠卷烟厂雪茄烟生产部部长。近日，蚌埠卷烟厂企业文化创新工作室对胡新淮进行了采访，他的党员觉悟、敬业精神以及丰富经历给笔者留下了极为深刻的印象。
>
> "欢迎欢迎，请进。"胡新淮和他的爱人亲切地把我们工作室一行人引进门，胡新淮的声音饱满洪亮，语气坚定有力，听到他的一句话感觉就像是看到了一排合金铸造的铅字一般。当我们在他整洁舒适的家中坐定之后，胡新淮便带着我们走进他的回忆之中。

聚拢人心　创稳定局面

世纪之交，原蒙城雪茄烟厂破产重组，在国家烟草专卖局的指导下，成立了蚌埠卷烟厂雪茄烟生产部，由蚌埠卷烟厂派人管理。2003年，原金黄山凹版印刷有限公司副总经理胡新淮被任命为雪茄烟生产部部长，由此开始了他与蒙城雪茄长达九年的不解之缘。

"我刚去那会儿啊，雪茄部的工作开展可以说是很艰难的，你们可能想象不到。"胡新淮眉头微皱，仿佛眼前正面对着当年雪茄部各条线的繁杂事务，"别的不谈，干事创业首先以人为本嘛，我首先要解决的就是人员稳定、队伍建设问题，当时最头疼的也是人的问题。"

2003年的蒙城雪茄部仅有60多名工人，由于当时的雪茄烟销售不畅、人员工资低、厂房设施老旧、工作条件恶劣、劳动强度大，再加上人员编制等一系列问题，可想而知，如何稳定军心，让蒙城雪茄部有一个稳定的发展局面，是当时的胡新淮需要攻克的一大难题。

劳模胡新淮

　　"那会儿，工人们都没什么干劲的，一到午收、秋收就有人回家干农活去了，这边产量任务再紧人家都不来。"见到我们惊讶的表情，他继续说，"有人每天上班很晚，就是因为要送小孩上学，哈哈，你们都感觉不可思议吧！"

　　"想一想都好头疼，一边是大家被待遇、环境、编制这些现实问题困扰，一边还得靠这同一批人来开展工作。"我们感叹道。

　　如何提高雪茄部的凝聚力，让大家心往一处想，劲往一处使，胡新淮从正反两方面入手开始了破局之举。

　　一方面是从正面入手，加强正向的激励与引导，切实提高工人待遇。提高待遇四个字平平无奇，但是背后需要做大量的工作。由于雪茄部是独立结算、自负盈亏的部门，所以雪茄烟的销售基本是靠自己。为了打开销路，提高销售业绩，他带队在国内各处奔波，经过不懈努力，蒙城雪茄的销售情况得到大幅改观。雪茄部工人的工资收入上来了，人心也就渐渐聚拢起来了。

　　胡新淮继续说道："除了经济上的激励，思想上的凝聚也特别重要，首先是从这60多人中选拔出三个带头人，然后予以重用，用人不疑，将心比心！他们后来都成了雪茄部的骨干。"

　　另一方面便是适度加压。一是加强管理，完善管理制度，增强员工的责任意识。二是通过争取，获得公司的支持，引进了制造雪茄的机器设备。

　　"引进机制雪茄，也是考虑到能加强人员管理，增强人员的危机意识，看到这边机制设备'突突'响，那边手工雪茄不得再加把劲呐？"胡新淮开玩笑地说。

　　"哈哈，确实，这再不好好干，怕被机器淘汰啊。"我们也会心一笑。

通过一系列双向举措，胡新淮将蒙城雪茄部的人凝聚在了一起，解决了当时所面临的主要矛盾，稳定了蒙城雪茄部的正常生产经营，为日后雪茄部的发展壮大奠定了基础。

营销攻坚　谋发展大局

"您刚才说到雪茄部自己跑销售的事情，其中一定不简单吧，有没有令您印象深刻的事情呢？"

"我刚去蒙城时，雪茄烟销售不太行，要打开销路没有捷径可言，就得一个地方接着一个地方去跑、去谈。印象深刻的那有很多啊，记得有一次，为了让我们蒙城雪茄的两个牌子能进入沈阳市场，我们到沈阳的时候，商业公司老总在里面开会，我们就在外面等。好家伙儿，天寒地冻，这一等就是 40 多分钟。"胡新淮的左手下意识地拉住自己的衣襟，使劲裹紧了身上的家居服，仿佛又感受到了那刺骨严寒，"那天沈阳的气温我记得很清楚，零下 27 度，我和分管销售的副部长两个人，穿着去时的薄棉袄。呵！这辈子都没有被那么冻过，那次真的是被冻怕了。"

时任沈阳市烟草专卖局局长开完会来到室外，见状立刻表示了歉意，被这两位"美丽冻人"的诚意与决心所打动，当场同意让蒙城雪茄进入沈阳市场。

在他的带领下，蒙城雪茄部努力打开市场的征途中，还有许许多多令人记忆犹新的片段。有时，是其他地市专卖局紧急要几件烟，虽然量很少，但是为了尽快满足市场需要，保持良好的工商协同关系，胡新淮马上协调人员拉着烟就上了火车；有时，是一连跑十几个地市，连续几个月都在奔波中……这些往日的营销片段一块又一块地熔铸在一起，最终铸成了一把为蒙城雪茄打开国内市场的钥匙。

蒙城雪茄从 2003 年的全年销售不到 2000 万支，销售范围仅限于安徽省内，到 2012 年的年销 1 亿多支，销售渠道遍及国内 13 个省，形成了一个不断良性循环发展的喜人态势。公司对于雪茄部工作的支持力度更大了，对地方经济建设贡献更大了，因为胡新淮的出色管理与雪茄部取得的突出业绩，2012 年，胡新淮荣获了"安徽省劳动模范"称号。

功成不居　显党员本色

"给我评这个劳模，也就是因为我在蒙城那几年在雪茄部干得还不错，最大的贡献就是在困难时期守住了这块根据地，也就是还行，然后呢，也没给厂里添麻烦。哎，主要还是靠企业、靠公司的支持，如果没有企业，我算啥，啥都不是。"胡新淮谦虚地说。

在整个采访过程中我们注意到一个细节，每当我们对于他的敬业精神、工作方法表示敬佩、称赞时，他总是说这是团队的功劳，多亏有领导、员工的支持才行；每当说到曾经的成绩、荣誉时，胡新淮的话语总是不离"党""组织""企业""公司"等关键词。功成不居，桃李不言，这可能就是一名用行动践行初心、用实干担当使命的共产党员自然而然的流露吧。

"总之，我对于企业就两点：'满足'和'感恩'，我对企业给我提供发展机会感到特别满足，从内心里感恩企业，如果没有企业哪有现在的我。"胡新淮语重心长地说，"你们年轻人真的是赶上了好时代，你们现在的工作条件和社会环境都比我们那时候强太多了，我觉得你们应该多学学厂史，更好地认识到你们现在是多么的幸福。你们年轻人更应该感恩企业，真正做到干一行爱一行。"

带着胡新淮给我们青年人沉甸甸的嘱托，我们结束了本次采访。胡新淮提到企业时那溢于言表的满足与发自内心的感激，深深触动了我们的内心。成长在这个生活物资丰富的社会环境下，大多数青年员工可能很少思考过自己为企业做了什么，而企业又给了我们什么，这两者之间能否画上等号。当我们开始对企业怀有感恩之心的时候，也许才能达到他对我们的期望吧。

三十四年　三种身份　一件事

——记"安徽省劳动模范"李银平

王悦力

> 34年，扎根车间生产一线，从辅助工、操作工到维修工，再到如今的包装设备技术大拿，体现了一个人的韧性有多强。
>
> 34年，5项发明专利，21项实用新型专利，10余项精益改善课题，100余项技术攻关课题，证明了一个人的技术有多高。
>
> 34年，"李银平劳模创新工作室"成立以来，开展内部授课180多课时，为企业一线培养优秀操作工和维修工150余人，显示了一个人的作用有多大。
>
> 1988年毕业参加工作，从一个普通工人成长为"安徽省劳动模范""安徽省五一劳动奖章""江淮工匠""珠城工匠"获得者，蚌埠卷烟厂卷接包车间包装设备技术主管李银平，用34年的坚守，成就了三种身份，成就了蚌埠卷烟厂一段注定流芳的佳话。

足履实地：给机器看病的"医生"

5月14日早上9点，李银平照常在车间内巡查设备的运行状况，他的步子并不快，宽敞的新厂房里这样的一趟走下来，往往要花上近半个小时的时间，每天步数破万再正常不过。此时在1—4机组的包装设备前，李银平缓缓停下脚步，微微摇头，"声音不对！"，包装机司见状当即将设备停下，从小盒输送通道出口处抽检烟包，仔细一看，果不其然。烟包小盒的棱角、叠角处均有轻微蹭伤露白，所幸发现得早，质量追溯及时，成功避免了生产过程中的一次质量事故。

李银平手拿着烟包，扫了一眼，判断出故障存在于设备六号轮与七号轮之间，经过详细检查，发现六号轮与七号轮推接杆不同步，才造成烟包在输送过程中受到挤压，导致设备在运行过程中发出轻微异响。"真神了！"包装机司杨师傅不禁叹了一句，而这只是李银

劳模李银平

平日常工作中一件微不足道的小事。李银平师傅时常同我们说："机器就像人一样，长时间运转难免会有个小病小灾的。"而在我们眼中，他就是一位专为机器看病的"医生"，设备维修便是一个替机器"祛病"的过程。从古至今，中医治病重在四诊，即"望、闻、问、切"，在"李大夫"这里也同样不例外。"望"是勤观察，只要有空闲的时间，李银平就会在车间来回巡查设备生产状况，一天下来"三趟算少，四趟不多"；"闻"是善聆听，在巡查设备过程中，仔细听机器运转的声音，留意有无杂声、异响；"问"是常交流，向包装机司询问设备的运行状况，轮保后运转跟踪情况等；"切"是解难题，在对各台设备了然于心的基础上，才能精准有力地找准病因，对症下药。

多年来，在蚌埠卷烟厂卷接包车间工人中，有这么一个心照不宣的共识：小问题找跟班，大问题找长白班，疑难杂症快找李银平！

潜精研思：勇于攀登的"发明者"

在蚌埠卷烟厂卷接包车间每一台包装设备的后方，都安装着一个"GD故障停机条包自动取出装置"，而这个装置的设计者正是李银平。生产运行过程中，设备不可避免地会出现故障停机，以往停机时间过长，条包美容器下方的条包若不能及时人工推出，就会被二次加热烙铁烫出水雾或是烤坏变形，造成不必要的消耗与浪费。李银平发现问题后主动挑起大梁，下定决心要解决这个问题。

"我是技校毕业的，专业知识有限。"李银平直言不讳，尤其在从事维修技术工作之后，总感觉到自己的知识愈发不够用，可办法总比困难多，怎么办？自学！那段日子，李银平着了迷一般地看书，一页一页地啃资料，一环一环地咀嚼理论，一点一点地琢磨图纸，"除了干活，几乎手不释卷"，没有先例可借鉴就大胆去试，触到不了解的领域就查资料，碰到不懂的问题就向同行讨教，整颗心都扑在课题上，寒来暑往，足足大半年的时间，还真搞出了大名堂！

"GD故障停机条包自动取出装置"设计一亮相，便赢得满堂喝彩，此项发明一举解决了这个卷烟制造业多年的技术难题。一是避免了产品质量问题，二是减少了消耗浪费，三是减轻了操作工的劳动强度。醇酿一开香千里，这一装置在安徽中烟五家烟厂乃至行业内，很快得到了广泛推广与应用。

通过自学和上职工大学等多种途径，李银平将"干中学、学中干"的理念一以贯之，34年间丝毫不曾懈怠的背后，有的是刻苦耐劳的累累硕果，有的是声名远扬的赫赫功勋，多年来累计为企业节约800余万元。李银平身上这一股潜心研思、笃学不倦的攀登精神，现如今已成为蚌埠卷烟厂的一张名片，在未来更会是蚌烟人奋进路上的一颗定盘星！

李银平（左二）正在给徒弟们讲解维修技艺

冰寒于水：期待被超越的"老师"

技术攻关的征程没有终点，李银平的斗志却愈燃愈烈，"一人力量小，百人力量大"，李银平心中所想的是，如何将他持续了34年的马拉松，跑成一场春去春又来的接力。

一声号角响，蚌烟英才聚。

在蚌埠卷烟厂，有这样一间以李银平名字命名的劳模创新工作室，自成立起的10年间，工作室先后开展攻关改善课题100余项，其中26项公司重点课题，40余项项目成果获得安徽中烟技术创新、精益改善成果奖、安徽省重大合理化建议奖，项目目标实现率超95％，项目预算执行率超97％，为企业节约资金1000多万元。

"李银平劳模创新工作室"不仅对企业生产过程中的技术难点、热点问题进行攻关，更承担起了车间人才培养的重任，成为青年员工成长成才的摇篮，人才队伍培养的大本营。仅2020年至2022年，工作室开展内部授课180多课时，撰写OPL60余篇，完成"师带徒"任务120余项，多年来为蚌埠卷烟厂一线培养优秀操作工和维修工达150余人。

"争取多带徒弟，多一些再多一些，争取每一个都能独当一面！"李银平说起自己的心愿显得很是振奋。与李银平师傅谈起天分，他听了却直摆手，"你们是大学生，有哪个不聪明？可能在很多人眼里，我这些年算是干出了点样子，但非要谈天分，那我只有耐得住性子的天分！"在李银平看来，每一个学生都是一块璞玉，雕琢复雕琢，片玉万两金。"有时候我走得慢，有时候你走得慢，但说到底，一直在走的人，会走得更远。"只要能耐得住性子，经得起磨炼，守得住初心，专注地去做一些实事，就一定会"青春无悔，中年无怨，到老无憾"，就一定能用自己的双手撑起企业高质量发展的美好明天。

心心专一艺，事事在一工，念念系一职。李银平用34年的辛勤耕耘完美诠释了什么是"初心在方寸，咫尺见匠心"，一颗初心扑在十尺见方的包装设备上，毫厘间的革新彰显匠心独运！用一辈子做成一件事，听起来简单，做起来却很难，"不要瞧不起你手头上的每一件琐碎小事，只有把它们干漂亮了，才能成就将来的大事。"李银平想对蚌烟的年轻人说。

蚌埠卷烟厂诞生于枪林弹雨间的苏北，历经战争洗礼，跨越风雨坎坷，任历史的天空风云变幻，岁月的江河激流澎湃。唯一不变的是，发展浪潮中总有李银平这样甘为蚌烟鞠躬尽瘁的可敬劳模，技术攻关中总有李银平这般肯为企业冲锋在前的大国工匠；唯一肯定的是，蚌烟劳模的故事将始终流传，蚌烟工匠的精神定永不褪色！

用心促进党建工作　用笔彰显红印故事

——记"安徽省优秀党务工作者"李洪润

夏　娟

李洪润，蚌埠卷烟厂高级政工师。1984 年参加工作，1991 年加入中国共产党，长期从事企业党建、宣传思想文化、精神文明创建等工作，现任安徽中烟蚌埠卷烟厂党建工作科一级助理。

"我们做党建工作，一是要凝神，就要当好党的'喉舌'，引导企业职工听党话、跟党走；二是要聚力，传递好企业'声音'，激发汇聚正能量，以高质量党建工作，助推企业高质量发展。"这是李洪润同志常说的一句话。

勤奋学习　练就扎实理论功底

30 年来，李洪润一直奋战在政工战线，十分重视个人的政治理论修养，认真领会党的路线、方针、政策，自觉用习近平新时代中国特色社会主义思想武装头脑、指导实践、推动工作。实践中善于总结，他具备较强的文字综合能力，无论是从事秘书工作，还是作为部门领导，他都勤奋学习，不分分内分外，主动担当，连续 14 年主笔起草企业年度工作报告。有人曾说："你是种了别人的田，荒了自己的地。"对此，他只是淡然一笑。在他任内，企业党建工作在厂党委的领导下取得一系列成绩，先后获得全国思想政治工作优秀企业、全国先进基层党组织、全国文明单位、全国精神文明建设工作先进单位、行业企业文化建设先进单位，2017 至 2019 年，连续三年获公司年度党建考核第一名；他组织拍摄的《党旗下的风采》获行业党建教育交流观摩片二等奖。

同时，在党建领域，他积极开展党建和企业文化建设，提出了党建引领力、团队协作力和红色奋进力的"三力"工作思路，其撰写的《星级党支部评价标准构建》《标准化作业流程在企业党建工作中的应用》在不同层面进行了交流，获得好评。他在省部级刊物《经理日报》上发表文章《在创建中创新　在创新中创建》，系统总结了企业传承红色血脉、强化精神文明创建的奋进轨迹。

工作中的李洪润

创新务实　党建业务深度融合

在党建工作中，李洪润十分注重实效，探索建立了三个课堂、三项制度、三大平台的"三三制"党员教育工作管理机制，旨在加强党员教育、激发活力。一是打造三个课堂，即开办学习习近平新时代中国特色社会主义思想"理论课堂"，开办微党课、微电影、现场沉浸式教育的"党性课堂"，开办提升党员工作本领的"技能课堂"；二是建立三项制度，即细化党员评价的积分制度，党员当先锋、做表率、争先进的承诺制度以及依据强化党员奖惩的绩效制度；三是搭建三大平台，即基层党组织"创先争优"平台，党员岗位示范平台、党员志愿服务平台。"三三制"党员教育管理机制中，三个平台的建立激发了党员的积极性，"创先争优"平台上，车间党支部围绕提质控本增效、属地营销、精益改善等工作，自主开展主题创建活动；党员岗位示范平台上，通过设立"党员责任区""党员示范岗"，促进党员先锋模范作用的发挥；党员志愿服务平台上，党员志愿者们积极参与脱贫攻坚、扶危助困等社会公益活动……

业务难点在哪，党建重点就在哪。这是李洪润常挂在嘴边的一句话。2019年4月，企业开启了史上规模最大一次的易地搬迁，面对两地作战，时间紧，任务急，为了凝聚奋进力量，他牢牢抓住四个"前夕"。一是搬迁前夕，他积极按照党委、厂部部署，组织策划了蚌埠卷烟厂易地技改搬迁党员誓师大会，组建了党员志愿者服务队，发出了党员在企业急难险重任务面前的铿锵誓言；二是"五四"前夕，组织开展了"读与思"青言青语分享会，展现了新一代青年对企业的责任与担当；三是"七一"前夕，富有创意地表彰了共产党员"十大先锋"，发挥了榜样的引领力量；四是"十一"前夕，组织开展了别开生面的新厂首次"升国旗、厂旗"仪式，激发了全厂职工奔向未来的强大正能量……在全厂干部职工的共同努力下，创下了行业搬迁的"蚌烟速度"。

"红印"破土　工作业绩亮点频现

2021年6月28日，蚌埠卷烟厂正式发布"红印"党建品牌。其目标就是通过探索和运用新的工作载体和方法，实施"1365"党建工作法，保障党建工作制度化、规范化、常态化运行，确保品牌"叫得响、内涵深、措施硬、受欢迎"。

"1365党建工作法从思想上、组织上、管理上将党建工作深度融入企业发展的方方面面，一年三百六十五天，一天都不放松抓党建。"谈到"红印"品牌，李洪润立马就打开了话匣子，他介绍，"1"是以高质量党建引领企业高质量发展为主题，"3"是指将党建融入组织架构、生产经营和企业文化，"6"是打造铸魂、强基、头雁、先锋、阳光、关爱等6大工程，"5"是采取完善制度体系、实施清单管理、健全考评机制、加强载体建设、强化宣传引导5项具体措施。在他看来，"红印"品牌就像一棵幼苗，在蚌埠卷烟厂这片红色的土壤里，通过薪火相传，必将长成参天大树，助推红色企业永续发展，基业长青，向着百年制造工厂奋进。

辛勤耕耘，必有所获。安徽省优秀党务工作者、安徽省精神文明建设工作先进个人、安徽中烟"优秀团队长"、蚌埠市优秀党务工作者、蚌埠市精神文明创建工作先进工作者、蚌埠市党委中心组工作先进个人等荣誉称号就是对他工作的褒奖，也是彰显他秉承"用心做事，追求质效"的最好佐证。

勤学好钻　困知勉行

——记"安徽省五一劳动奖章"获得者童萍

汪伟刚

　　童萍，1995 年进入蚌埠卷烟厂，"安徽省五一劳动奖章"获得者。从蚌埠卷烟厂原技术中心开启自己的工作生涯，到之后在信息中心、再造烟叶公司的工作经历，再到如今任职党建工作科科长，为企业党建工作发光炽热。一路走来，她勤学好钻，服从组织安排，面对困难与挑战"蹚平"而不"躺平"。借助这次文化创新工作室的专访，让我们一起走进童萍的心路历程。

心无杂念　学无止境

　　世纪之交，正在厂科研所担任理化分析员的童萍因工作需要被调入了新成立的计算机室（现厂信息中心），这便是日后蚌烟信息化发展的起点。面对计算机那一望无际的知识海洋，童萍像是一个爱美的少女步入了琳琅满目的衣帽间。在工作中，她不会放过一切学习计算机知识的机会，每当遇到各种难题，她总会"打破砂锅问到底"，向领导同事请教、向外来技术人员咨询，利用各种方式积累知识、提高能力。但仅靠这些是不够的，勤奋好学的童萍没有放过一点闲暇时间。通过自学，广泛搜集书籍资料研究、消化吸收，她迅速提升了个人的工作业务能力。

　　机会总会留给有准备的人，2003 年 6 月，童萍在蚌埠市第三届职工计算机应用大赛上获得特等奖，并在当年 11 月代表蚌埠市参加全省大赛，在全省 17 个地市的 126 名选手中脱颖而出，独占鳌头。

　　"要想做好工作，首先要做的一定是沉下心来，多学习知识、多钻研业务，只有持续的学习才能给自己打下坚实的理论基础，才能比较从容地应对工作中遇到的各种情况。"童萍说，"专注于当下的工作与学习，这本身就是一种修炼，它不仅修炼的是个人的工作与学习能力，更重要的是修炼个人的心境，一种心无杂念地做好手头工作的心境。"

"安徽省五一劳动奖章"童萍

大道至简而又常殊途同归，童萍所强调的"心无杂念地做好手头工作"正是"活在当下"的一种人生智慧中。全神贯注地做好此时此刻的事情，不去为过去而遗憾，也不去为未来而迷惘，这或许就是她在各种岗位上都能有出色表现的原因吧。

勇于开创　心系青年

2005 年，童萍被任命为政工科副科长兼厂团委副书记，走上中层领导岗位，她的职业生涯翻开了崭新的一页。

任职期间，正值蚌埠卷烟厂"十五"技改关键时期，为了做好技改验收相关志愿服务工作，她一手打造起独具特色的企业青年志愿者服务队，开创了安徽中烟志愿服务领域的先河。这支服务队在技改验收工作中的优异表现，得到了企业领导的高度认可。转眼十几年过去，虽然志愿队员换了一批又一批，但是不变的是志愿初心，传承的是奉献精神。如今改名后的服务队叫同心圆志愿者服务队，依然活跃在企业志愿工作的方方面面。不仅如此，由于在团委工作中表现突出，童萍获得过"安徽省优秀团干部""蚌埠市育才关怀行动先进个人""蚌埠市优秀团干部"等荣誉称号，这正是对她出色业绩的充分肯定。

长期参与团委工作，关注企业青年员工的成长情况已成为童萍的职业习惯，她表示："在和青年员工交流时，常会发现他们身上存在局限性思维。表现在常常自我设限，认为专业不对口或者能力不足，职业生涯不会得到很大的发展，想'躺平'了事。"对于解决办法，童萍总结了三点对策，与青年员工共勉："一是在校所学什么专业并不重要，因为工作中有太多东西需要从头学起；二是人对自己的认知往往不一定准确，自己认为不擅长的方面，可能反而是自己还没挖掘的特长；三是要用发展的眼光看问题，人总是在变化发展的，妄自菲薄不可取。针对这种情况，我会让各团委委员继续加强和青年员工的沟通，多开展各类活动，做好年轻人的心理引导工作，让他们打破自己的思维局限。"

"一个人经过不同程度的锻炼，就获得不同程度的修养、不同程度的效益。好比香料，捣得愈碎、磨得愈细，香味愈浓烈。"童萍一直喜欢用这个比喻，勉励着一批又一批蚌烟青年人。

迎难而上　困知勉行

成功的路上难免会有荆棘，当遇到挑战时，童萍会把它看作历练自己、提升自我的机会，她心中想到的不是畏惧退缩，而是满怀期待，期待着解决难题所能带给她的一份宝贵经验与一段难忘时光。

2012年，童萍被调到安徽中烟再造烟叶公司担任综合部部长，那时再造烟叶公司正处在紧锣密鼓的建设过程中，工作千头万绪，困难挑战重重。综合部负责全公司管理制度建立、人力资源协调等工作，每天都有十几件、甚至数十件的事务需要同步推进。童萍一边抓紧学习各项业务知识，一边制定目标稳扎稳打，用经验和毅力带着团队克服一个又一个困难，最终圆满完成了各项任务，为再造烟叶公司成立初期的顺利起步做出了贡献。

2019年，童萍担任蚌埠卷烟厂工会副主席。她知道，再过几个月首届安徽中烟工会工作现场会将在这里举办，这对于蚌埠卷烟厂工会来说是件大事。刚上任的童萍负责现场会的筹备工作，时间紧、任务重，没有时间给从未接触过工会工作的她去适应。童萍用最短的时间进入工作状态，努力把握推进进度，科学安排各项事务，为工会现场会的成功举办立下了汗马功劳，获得了省总工会、安徽中烟领导的一致好评。

在童萍已走过的人生道路上，还有着许多或大或小的困难挑战，她的道路和我们大多数人一样，都不是优质沥青铺就的高速公路，有的路段起起伏伏、有的路段坑坑洼洼。但是这些路所有人都要经过，有的人粗心大意摔了跤，有的人在上坡前失去动力不再前进，还有的人在路边徘徊不定失去了方向。对于童萍而言，无论走在怎样的路上，她都会学习钻研找好落脚点，全神贯注地迈出当下这一步，聚精会神地踩实当下这一脚。于是，童萍在相似的人生道路走出了不同的精彩之路。

我是一个兵　守护我天地

——记"安徽省五一劳动奖章"获得者张玉宏

包　围

2022 年是蚌埠卷烟厂建厂 80 周年。厂党委将这个荣耀年份确定为"质效提升年",以质效提升促技改效能释放,保障企业高质量发展行稳致远。广大员工群情振奋,在不断涌现出一批批想干事、能干事、善干事青年员工的同时,曾经获得殊荣的劳模们依然用扎实的作风在自己的岗位上一如既往地续写着建功立业的华章。

曾获得"安徽省五一劳动奖章"的卷接包车间综合修理组张玉宏就是其中一位。1987 年,19 岁的张玉宏参军入伍,成为一名光荣的解放军战士。入伍两年半,因表现优异,光荣入党。军人和党员的双重身份在他身上刻下了永恒的烙印。

质量为先　慢性子的"工程兵"

军队的洗礼磨炼了他不达目的绝不罢休的性格。张玉宏 1991 年年底进入蚌埠卷烟厂,在卷接包车间担任包装机机司,跟包装机打了近 30 年交道。

刚进厂那会儿,面对陌生复杂的包装设备,张玉宏脑子里总会浮现那句话,"秀才遇到兵,有理说不清"。他并非把这句话当作遇到困难时畏缩的借口,而是把它看成挑战的目标。"我就是要改变这样的说法。我当过兵,没有啥困难吓倒过我,只会比别人干得更好!"为了尽快掌握操作水平,他耐下性子,跟着师傅学操作、看手法、听声音,仔细观察机械臂的传动位置,揣摩传动原理。用他的话说,每一颗螺丝都是有灵魂的。螺丝松了不行,机械动作容易失位,更容易打坏零件,让设备抱死;螺丝太紧也不行,传动部件位置一旦稍有偏差,容易造成磨损。一台有故障的设备就像一位病人,只有针对症状"望闻问切",对症下药,才能药到病除。

有一次,他负责的 4-4 机组 BO 包装设备出现故障。张玉宏手臂受伤,在家打着绷带。接到维修指令,他一刻不敢耽误,打上出租车,直奔生产现场。BO 包装车零部件精

劳模张玉宏

密和复杂程度高。一个零部件的调整可能起到"牵一发则动全身"的连锁反应。没有过硬的技术和丰富的经验，一般人不会轻易上手。张玉宏来到机台，招呼同事手动盘车，自己猫着腰，一边打着手电仔细观察，一边忍着疼痛，把受伤的右手伸进设备夹缝中，用手指感受传动动作，紧皱眉头，脸上露出若有所思的神情。修一会，歇一会，张玉宏没有一句怨言，直到设备恢复正常才离开。在他看来，产品质量就是企业的生命，对待生命，必须用真心守护，不能掺杂一丝私念。

效率并重　急性子的"勤务兵"

初识张玉宏，你会觉得他是一个急性子。说话快言快语，做事雷厉风行。谈到工作强度，张玉宏说，不仅是他，对于所有维修工来说，大家都是 24 小时待命，从不区分上下班时间。只要设备出现问题，随叫随到。对于退伍军人张玉宏更是这样。召唤就是命令，这是骨子里永远抹不去的使命感。为了不耽误生产，他经常会在中班结束后回到车间，利用下班之后的生产间歇继续调整设备。

在易地技改初步完成、新老生产线转换的关键阶段，翻箱机、喂料机都是新型进口设备，对操作和维修人员来说，都需要磨合。试运行期间，故障灯好像故意要引起张玉宏关注似的频频闪烁，生产效率受到影响。"别看只是开箱机，但它可是关乎产能测试的大事。"张玉宏说，"综合修理组就像保障部队里的勤务兵，只有为前线做好保障补给，队伍才能打胜仗。"那时，在新厂烟丝库仓储间，常常能见到张玉宏宽阔的背影。他会爬上修理车，仔细研究翻箱机机械臂传感器的报警机制，不厌其烦地反复测量从烟箱传送带到喂料机投料口之间的位置动作。他的目标不仅是对标，让设备运行无故障，更是要参透设备操作机制，让设备听话，为今后柔性化生产赶标、创标。

初心不改　真性情的"排头兵"

对待工作，张玉宏是一个解构主义者。他说，无论处在什么岗位，无论维修包装车还是封箱机，道理都是相通的。只要摸清其中的原理，任何设备都是零部件的不同组合。我说，不变的不仅是机械原理，更是他始终如一的拼搏精神和持之以恒的创业勇气。他在用行动诠释着自己始终热爱并奉献着的岗位，无论是在机台还是修理组，张玉宏都要为他的"领地"站好每一班岗。我是一个兵，守护我天地。质效提升揣心中，拼搏勇奋进！

巧干　能干　肯干

——记"安徽省五一劳动奖章"获得者张益联

汪伟刚

> 随着时代的发展，车工在蚌埠卷烟厂的机电维修队伍中已经消失，曾担任过车工的老师傅们也已陆续退休，但他们曾为蚌烟做出的贡献不应被我们所淡忘。将蚌埠卷烟厂八十载画卷展开，总会有那么一个比较醒目的名字跃然纸上：张益联。
>
> 张益联，中共党员，"安徽省五一劳动奖章""安徽省技术能手荣誉称号"获得者，1986年进入蚌埠卷烟厂，曾先后任职四车间（机修车间）车工、卷接包车间综合修理组修理工。通过此次蚌埠卷烟厂文化创新工作室对张益联的专访，过往时光里那一名巧干、能干、肯干的车工形象再一次在我们面前清晰起来。

一个"可疑"的身影

1988年盛夏，在蚌埠市空气压缩机厂的机修车间里，几名空压机厂的车工正在车床前一边工作一边讨论。加工中的零件正在锋利的车刀刃口飞速旋转，让周遭本已湿热的空气增添了灼烧之感。

一名年轻人正站在他们的背后，悉心聆听他们的讨论，用心观察他们的动作，他在各个车床间游走，不时地驻足观看。这个略显"可疑"的年轻人在空压机厂的机修车间里经常一泡就是一天，直到感觉自己又学到了新的东西才肯离开，他就是年轻时的张益联。

"那时，蚌埠的机械厂还是很多的，只要你去找，大部分厂家还是很开放的，愿意让你参观学习。"张益联笑着说道，"刚进烟厂那几年，我趁着轮休的时候，把蚌埠市的几大工业企业都跑了个遍，没什么别的想法，就是想多见点、多学点。"

车工是一项特别考验方法与技巧的工作，好的车制方法、对刀技巧往往能达到事半功倍的效果。张益联在工作中跟着厂里的老师傅们脚踏实地、勤学苦练，在业余时间里，去其他厂"偷师学艺"，并且大量阅读技术类书籍，一门心思扎在精进自己车工技术的事业

"安徽省五一劳动奖章"获得者张益联

上，广泛吸收铣、钳、刨等其他工种的工艺技术，逐渐摸索出了一套属于自己的加工方法。

多学、多悟、巧干是张益联在蚌烟工作初期时的信条，他所加工的零件精度越来越高，加工的速度也越来越快，进厂短短几年，便快速成长为蚌烟车工的中坚力量。

一个奇特的零件

在蚌埠卷烟厂"十五"技改之前，一方面许多零件需求较大，没时间找图纸，只能现场测绘；另一方面由于设备的实际运行情况比较复杂，零件的加工标准要求往往需要因地制宜，这就给车工的工作提出了更高的要求。

张益联回忆道："记得有一次，一车间输送振槽仓里的一根轴意外断裂，需要紧急加工一个新的换上，我对于那根比较奇特的轴印象挺深。"

由于机器内部高温的工作环境，轴与周围零件发生了粘着磨损，这就要求新换的轴必须粗细不均得"恰到好处"才能适应设备实际内部空间，而且同时要保证轴的强度与耐用度。

张益联在现场进行全面测绘后，马上返回机修车间车制起来，他稳健地对刀、进刀，眼里注视着正在加工的轴，脑中想象着轴与周围零件的位置关系，眼中有把尺、脑中有幅图。最终经过几轮粗车与精车，张益联将加工好的轴交给制丝车间，上机之后一次性启动成功。

事后的生产实践证明，张益联加工的这根新轴有效降低了运行磨损。"你们自己做的这根轴比我们原装的还耐用啊。"烟机设备技术人员之后来到厂里时如是说。

"能干""能解决难题""技术过硬"，是领导与同事对张益联进行评价时用得最多的词语。在1997年的安徽省烟草行业职工技能比武中，张益联以他精湛的技能一举斩获车工组第一名的好成绩。

一件有温度的工装

所谓能者多劳，由于张益联制作零件又快又好，各个车间有配件需求都愿找他，他手头的零件加工工期经常排满，有时都能排到两三天之后，但是他从未有怨言，能接尽接。

在20世纪90年代，张益联经常会置身于这类场景中：忙碌了一天后，换下工装准备下班，还没走出厂区，便被赶来的车间领导或者配件员叫住："张师傅，麻烦加个班，我们那设备刚出问题，需要一个急件。"每当这时，他就会边往回走边平静地答道："行，我过去看看。"之后便是平静地换上那件还有余温的工装，平静地给家里去个电话，平静地奔赴车间现场。

由于车工的岗位特殊性，加班是经常会有的事情，张益联的意识中也早已没有了"加班"这个概念，在他干车工的日子里，平均下来每年加班都能有50次以上。七车间齿轮磨损，他与同事凌晨赶来现场加工；动力车间水泵阀杆锈死，他因赶制错过午饭；制丝车间卧打轴头磨断，他连班到深夜……

"不急不躁、保质保量地干完就可以回家了。越急越干不出来活，车工就是这样。"张益联淡淡地说道，"这就得看你肯不肯干了，我们那时候也不像你们现在的年轻人有那么多想法，我们的想法相对也比较简单。"

张益联平静朴实的话语看似平常、实则饱含着"肯干"的精神力量。"肯干"是比"能干""会干"更加宝贵的东西，"肯干"是一种发自内心的做事态度，是一种精神力量。

巧干是一种智慧，能干是一种能力，肯干是一种态度。张益联将他的智慧、能力、态度三方面全部注入他的车工事业中，因为他心里对于所从事工作充满热忱，工作就有动力，干事就会出成绩。

纵向望去，在蚌烟80年的时间轴上，有太多像张益联这样对事业有热忱的优秀前辈；横向望去，在如今蚌烟的各条战线上，也有许多正将自己的热忱在工作中实践的卓越代表。正是他们的全力付出，才有了蚌烟现在这种在时间、空间全维度上的高质量发展态势。广大蚌烟职工，尤其是蚌烟的青年一代，应该见贤思齐，向他们感谢致敬。

精工利器　匠心铸魂

——记"安徽省五一劳动奖章"获得者丁连明

朱　瑞

> "降低设备故障率，提高设备有效作业率，实现维修设备的'零故障'是我工作中永恒追求的目标。"一双炯炯有神的眼睛，透着一股朝气和干劲，坚定的信念感染着身边的每一个人，他就是丁连明，"安徽省五一劳动奖章"获得者。

利剑出鞘展锋芒

丁连明，1986 年进入蚌埠卷烟厂工作，36 年来，从最初的辅助工，到卷烟机机司、卷烟机维修工，一步一个脚印，踏踏实实工作，勤勤恳恳做事，尽心尽力履责，靠精湛的技术和优异的成绩成长为卷接包车间长白班维修轮保组组长。在担任维修工期间，他努力学习维修技能，不断提高自身的维修水平，在工作期间表现优异，先后多次获得企业先进生产工作者、东海标兵，2009 年参加公司第三届"黄山杯"维修竞赛获得第一名，2010 年获得"安徽省五一劳动奖章"，2011 年获得蚌埠市优秀共产党员荣誉称号，2015 年获得国家烟草专卖局卷接设备维修技师职称。

坚定信心抓产量，攻坚克难保质量，是他 36 年来的工作职责。

奋勇前行显担当

"中医诊断疾病采用'望、闻、问、切'，而我维修机器采用'听、闻、问、诊'，对症下'药'。"丁连明解释道："听，是听机器运转的声音，是否有振动，是否有异响；闻，是闻机器散发出来的味道，是否有因温度过高产生的焦煳味，是否有其他异味；问，是询问机台操作工，询问设备运行情况，是否有异常；诊，是诊断设备'病'在哪，对症下

"安徽省五一劳动奖章"获得者丁连明

'药'，排除隐患。"

丁连明每天上班，来得早，走得迟。他提前来到轮保机台，查看前一晚的交修记录，做好轮保准备，对于轮保完的设备，他进行点检、检查、调试、调整数据，直至运行正常，并且直到下班他都会一直关注设备运行状态，第二天来了还要对前一天轮保机台询问查看上一班的生产情况。抢修、周末加班、维修到凌晨三四点不回家，第二天继续上班也都是常有的事，可是从来没听他抱怨过一句。他在工作岗位上执着专注、精益求精，只要设备出了状况，无论白天还是夜晚，他总是第一时间赶到，以最快的速度、尽最大的努力将故障排除，为了产品的质量与产量，争分夺秒。

排除设备故障隐患，整改产品质量缺陷，提高设备运转稳定性，是他的责任，也是他的追求。

传道授业育桃李

丁连明提出维修人员队伍培养计划。他认为："现在卷接包车间修理组人员普遍年龄较大，年轻维修工较少，面临老员工退休后，岗位空缺的问题，需要抓紧补齐空缺。需要针对青年员工的特点制订培养计划，设置合理机制，将兴趣和业务技能相结合，广泛开展岗位练兵、技能竞赛、技术比武等活动，对青年员工加以培训、培养，大力挖掘青年员工的发展潜力，激励员工成长，为青年员工发挥自身价值创造机会和平台。"

多年来，丁连明将自己的维修经验向维修工和操作工们倾囊相授，积极参加师带徒活动，将自己参加"黄山杯"获得第一名的亲身经验传授给青年员工，"传帮带"成果显著，为卷接包车间培养出更多技能型人才贡献力量。丁连明在长期的维修工作中进行了总结和归类，"修前"故障信息收集、"修中"安装调整规范、"修后"维修质量跟踪。做到预防和维修相结合，把对设备的静态维修改为动态维修，即每天对车间所运转的设备进行巡查制，发现问题及时维修，并做好记录，做到心中有数，为以后轮保设备和点检提供维修依据。在生产过程中，发现异常情况，他用自己掌握的工作技能，及时快速地排除设备故障，确保设备完好，保证生产正常，为完成厂部下达的各项工作任务提供技术保障。

"我将始终坚持一切围绕生产，一切服务生产，不断提升维修水平，做一名不忘初心的维修工。"面对文化创新工作室的采访，他用自己朴实的语言，概括了自己走过的技术之路。

36年，弹指一挥间。当年青丝留不住，年纹已藏两鬓霜。丁连明将赤诚初心转化为务实进取，向我们展现了劳模精神、工匠精神，发扬了优秀共产党员的模范带头作用。他立足本职岗位，用真心守护"黄山"品质，为企业高质量发展做出积极贡献。

生命因奉献而辉煌

——记"安徽省技术能手"王金龙

钱中钰

> 伴随着卷接包车间设备隆隆运行的声音，总能看到一个风风火火的中年男人。他就是包装机维修组长、安徽省技术能手王金龙。30 多年来，他在车间默默奉献，精于工、匠于心、品于行，始终恪尽职守、勇于创新，以匠心求卓越，逐步成长为"有理想、守信念，懂技术、会创新，敢担当、讲奉献"的高技术人才，为推动企业高质量发展贡献了自己的力量。

⁕

迎难而上显担当

2015 年，公司积极应对市场变化，及时推出了黄山（记忆）短支新品，一时间市场大热，产品供不应求。为了落实打造"行业短支烟专家"的市场战略要求，公司在 2015 年又向蚌埠卷烟厂输送一台 BE 包装设备，改造后进行短支烟的生产。根据设备改造经验，至少需要 45 天，但是时间等不起、市场更等不起。这时，王金龙挺身而出，他指出可以以提高小包成型质量和解决传动漏油等关键点为主的优化改造顺序，进一步缩短改造周期。经过综合评审，厂部同意了这个方案。在设备的改造过程中，他也主动放弃休息，加入改造项目中来。经过十几天连续加班加点，设备改造顺利完成，并成功地开出了合格的卷烟产品。这次改造刷新了一项纪录，即将设备改造的工期由 45 天缩短为 15 天，提前一个月让设备发挥了产能，及时地保障了短支烟的市场供应。

在那段时间里，他几乎整天见不到太阳，披着星光来，顶着月亮走。为了不影响三个班的生产，王金龙放弃了周末休息，一大早就来到设备旁，通常都会忙到晚上 8 点多才走，抽丝剥茧般寻找问题原因，硬是凭着这股钻劲，在不到 2 周的时间，解决了所有问题，使 BE 设备的速度从原来的 300 包/分，稳定到了 330 包/分。但他并没有止步，通过他的不断摸索和一系列的创新改进，最终设备车速稳定在 350 包/分上。设备稳定性提高

正在抢修设备的技术能手王金龙（左）

了，确保了产品质量，使黄山（记忆）一举成为当年全行业短支卷烟市场一道靓丽的风景线。在蚌埠卷烟厂，正是因为有着像王金龙这样一群可敬可爱、为企业发展竭尽全力的员工们，在不懈奋斗的日子和触摸理想的岁月里，上演着蚌烟人的最美"记忆"。

天生我材必有用

人的才能和智慧是不同的，但没有一个人是天生的创造家，创造家是在实践和拼搏中涌现出来的，更何况对于一个技校毕业的修理工。在取得这些辉煌成果的背后，又蕴藏着多少辛酸、不懈的努力和他对技术、质量持之以恒的追求。为了弥补自己文化基础知识的底子薄弱，王金龙购买了大量专业书籍，埋头苦读，如饥似渴地汲取知识；为了对设备进行改造提升，他更是冥思苦想，反复论证，集思广益，经过大量枯燥、琐碎的重复，加之富于创造性思维才迸发出智慧的火花，而这些都是整日满手油污、俯首机组以及经常性的加班加点换来的。

在从事维修工作 26 年的时间里，王金龙不断摸索，认真研究，很快从一名普通的修理工成长为一名维修的行家里手。王金龙血液里有着一股不服输的劲头，从来不向困难低头，在一个个困难和设备故障中，他刻苦钻研，认真思索和总结，并在实践中勇于创新，也正是凭借着这种精神，在维修工作中，他勇于攀登和敢于说"不"的作风，在精英辈出的维修队伍中脱颖而出，成为维修工里的"明星"。

追求卓越不止步

王金龙在工作的道路上始终不忘创新，积极投入设备的 QC 攻关和技术改造中，努力终有回报，其个人技术论文在省级以上刊物上多次发表，1 项专利获得国家授权，7 项专利获得受理。作为企业创新先锋，他曾先后获得安徽省技术能手、第五届蚌埠市青年岗位能手等荣誉称号，荣获过全国烟草行业 QC 成果发布会一等奖等诸多奖项。

成功不是一蹴而就的，这些荣誉的背后，离不开王金龙 36 年来默默奉献和刻苦钻研。他总是用比别人多一分的责任和使命，做出比别人多一分的努力与成绩，历经岁月沉淀，迸发出梦想和光荣，抒写了一名基层技术工人平凡却伟大的工匠故事。

匠心，塑造光荣梦想；百炼，终成行业工匠。工匠精神始终是创新创业的重要精神源泉。正是秉持这种精神，王金龙在技术追求上不断超越自我，一步一步地向着更高的目标攀登，以求真务实、开拓创新的精神推动效率提升、工作改善，坚持把每一件事做到极致，为蚌埠卷烟厂实现转型升级奠定了基础。

质量管理创新的"攀登者"

——记"安徽省优秀质量工程师"邹传庆

郁 晗 冷 月

> 在蚌埠卷烟厂80年的时光里,每一代蚌烟人都坚持着对品质的精益求精,他们醉心于对质量的提升,专注于对完美的追求。打开一包香烟,它的身上承载着蚌烟人的坚守和梦想。质量技术科的邹传庆就是众多匠人中的一位,二十年如一日,把守着产品质量的工艺制造过程。他说:"要让每一包黄山香烟都无愧于消费者的选择。"

勤学善思　勇担重任寻突破

2002年,邹传庆从安徽大学毕业,进入蚌埠卷烟厂,先后从事烟叶检验、卷烟过程工艺研究管理、成品质量检测等工作。走出高校初入社会的他,对卷烟生产的各个环节都充满了浓厚的兴趣,只要看在眼里的东西,都想弄个明明白白。为提升个人专业水平,邹传庆结合烟草工业工艺质量管理特点,系统学习了统计分析技术、质量管理、计量管理和机械设备等知识。他秉持严谨细致的工作作风,坚持质量至上的工作原则,持续学习不断实践,成为蚌埠卷烟厂工艺质量管理的技术骨干。

说起初次挑大梁承担质量管理创新项目时的情景,邹传庆仍觉得记忆犹新。"那是2008年的时候,根据我们厂'管理提升年'工作安排,领导让我挑起'卷接工艺参数化'技术攻关的重担。"邹传庆笑着回忆道:"在项目规划上,传统的思路认为卷烟的工艺精髓在制丝过程,对卷接过程的工艺却研究甚少,但是我认为卷接工艺一样至关重要。"邹传庆是这么想的,也是这么做的。他将卷包项目分为机械保证组、电气优化组、实验分析组,从关键环节进行系统研究。各小组职责明确、研究深入、沟通顺畅,有效地保证了项目开展的效率。在参数化实施过程中,邹传庆不仅担任组长,还承担实验设计及数据分析。为了实验结果的可靠性,往往需要成百上千次的实验,加班成为常事,他却甘之

正在进行工艺研究的邹传庆

如饴。

在小组成员的共同努力下，通过对卷烟机机械性能优化、工艺参数优选、电气控制提升，实现对卷接生产过程参数的有效控制。卷烟机烟支重量标偏合格率由 32％上升到 82％，单支重量合格率由 92.4％上升到 96.8％，年节约 60 万元；同时撰写了《卷烟机维修保养手册》《卷烟机生产技术要求》，提高了企业的设备管理水平和操作标准化水平，而他本人也因此获得了"安徽省优秀质量工程师"的荣誉称号。

不畏挑战　精益求精寻提升

工艺改善，持之以恒；没有最好，只有更好。作为质量管理创新的攀登者，邹传庆专心致志，用心斟酌每一个生产细节，在生产线上总能看到他处理各种工艺问题的身影。包装作为成品烟的最后一道工序，不仅是产品的"颜值担当"，更影响着烟支的质量和品吸口感。"为了无愧于消费者的选择，我们一方面要保证烟支烟丝的内在工艺品质，另一方面也要追求完美无瑕的外观质量。"邹传庆说道。

在卷接包车间担任副主任期间，针对包装机在线检测装置的设备和灵敏度不统一问题，他安排电工统一优化，完善了质量关键检测装置三级闭环管理；对小包成像、缺包、缺条等质量关键检测装置建立跟班电工专验、长白班电工抽验、质量管理员复验的三级管理模式，保证质量关键检测装置的有效性；并建立在线检测装置自检、操作工自检留样、检验员复检的工作流程，让质量风险预防更及时。"质量保障体系，不仅要有完善的制度，日常运行和执行更是关键。"邹传庆说。在车间现场，经常能看到他穿梭于各个机台的身影，对规定和制度的执行情况进行督促检查，确保标准落实到位、质量管理体系有效运行。他坚持每天巡查，及时和质检员、代班长进行沟通交流，深入了解产品质量情况和生产过程中出现的质量问题，及时加以改进，一晃就是八年。

薪火相传　多措并举促成才

"一个人的认知是有限的，而团队的智慧是无穷的，一个质量上的目标往往需要群策群力。"邹传庆深有感触地说道，多年的质量管理工作让他明白人才培养的重要性。在开展工艺研究与质量改进的过程中，他十分注重青年员工特长的发挥和团队集思广益的作用；通过分享提升青年员工的深度思考能力、通过合作提升团队成员的系统思维能力，在解决问题的过程中，青年人才得到快速成长。

"技术创新项目的重点是解决问题，核心是锻炼人员的逻辑思维能力。"邹传庆根据生产过程中存在的问题，组织青年员工申报技术创新项目，营造了"比、学、赶、超"的良好氛围。在他的带领下，四名青年修理工首次参与科技项目与科技进步奖的申报就取得了好成绩，为车间的技术创新奠定了人才基础，助力更多的青年员工顺利通过了工程师、技师的资格评审。正是青年员工的快速成长，使卷接包车间连续三年在厂级科技进步奖评审中以29％、40％、67％的获奖比例逐年提升，连续五年在公司科技进步奖评审中获奖。

主持质量技术科工作以来，邹传庆坚持定期组织检验员开展产品外观检验比对、评价、分析与交流，旨在提高检验人员的岗位技能，增加对缺陷产生原因的学习与理解。同时安排每名检验人员在设备控制、检测仪器、辅材技术等方面选择一个方向深入学习，拓展个人专业技能，提高个人检测能力，为产品质量提供有力的保障。

邹传庆不断探索卷烟质量管理创新的新路，始终保持清醒、谦虚、低调的工作作风。用责任与担当发挥热量，用热心鼓励帮助身边人，用实际行动提升过程工艺质量控制水平，深度挖掘黄山品牌专线潜力，助力专线技改效能释放。努力践行着"求精、严谨、专注、创新"的工匠精神，为蚌埠卷烟厂高质量发展保驾护航。

初心筑梦　砥砺前行

——记"安徽省设备管理优秀工作者"武超

孙景凤

　　"一代人有一代人的使命，一代人有一代人的担当"。作为一名"70后"，早在学生时期，武超就深刻认识到只有不断学习，汲取新知识、新思想，才能不断成长、不断进步，为建设美好祖国贡献力量。他秉持信念、刻苦学习，成绩一直名列前茅。怀揣一颗赤子之心，在大学，他就光荣地加入中国共产党，在党旗下许下铮铮誓言。

　　1995年，作为一名"双优生"，武超从合肥经济技术学院毕业，选择进入蚌埠卷烟厂。从此，他把青春、智慧和激情倾入蚌烟，为热爱的事业奉献自己的一分光与热，留下了一串串闪光的足迹。先后获得了"安徽省设备管理优秀工作者""安徽中烟优秀党务工作者""蚌埠市优秀党务工作者"等荣誉称号。

踔厉奋发　笃行不怠　做设备管理的吹哨人

　　"从进入蚌埠卷烟厂开始，我就只有一个目标，学好本领、练好本领，为企业的发展贡献一份力量。"谈到工作，武超坚定地说，"刚进蚌烟时的条件跟现在没法比，当时是10个小时两班倒，我在卷包车间加嘴棒。那时自动化程度比较低，嘴棒不是风力送的，需要人工拆装，然后推到设备旁边加装，那可是一个体力活，一干就是一个班。"

　　信仰的力量在于笃行。条件虽然很艰苦，但武超没有退缩，要干就要干好，干什么事情都充满激情。由于表现优异，他先后从事卷烟机机司、膨胀线代班长、制丝维修电工、制丝设备管理员等工作。无论在哪个岗位，他都积极主动学习，认真实践。加上大学专业是机械制造工艺与设计，他上手很快，很多设备和电气知识都能独立解决。"我还在干操作工的时候，车间很多设备难题都是找我维修，很多设备我可以将它们拆掉然后独自复原。"武超自豪地说。

工作中的武超

2000 年 12 月，通过竞聘，武超当选为制丝车间副主任，然后是生产科副科长、设备科副科长。担任制丝车间分管设备副主任后，他就积极细化设备三级保养，推行设备点检和预防性维修工作，注重设备完好和保障作用。尤其调到设备科以后，他积极推行设备的综合管理，高度重视设备的基础管理和节能减排工作；他结合企业的实际，积极建立测量管理体系，强化计量的基础管理，并以优异的成绩通过国家级 AAA 认证，使蚌烟成为安徽省卷烟工业企业首家建立测量管理体系的企业；他始终高度重视节能工作，积极建立能源管理办法，加强能源检查，加大对重点耗能设备的监控力度，积极推广应用现代管理方法及先进技术。哪些设备安全隐患较多？哪些设备修理过多少次？哪些设备老化严重？他都了如指掌。及时掌握设备状态趋势、发现设备隐患苗头及时扑灭，他将"责任"二字深深地刻在设备管理的每一个环节中，成为一名合格的设备管理吹哨人。

赓续前行　奋楫争先　做基层党建的掌舵人

2015 年 12 月，武超担任物流分中心党支部书记。他始终坚持为部门中心工作服务的思想，以部门问题为导向，努力做到党建工作与部门中心工作、业务发展同规划、同部署、同实施，实现"思想上同心，目标上同向，工作上同步"。他时刻以一名优秀党员的标准严格要求自己，认真细致、恪尽职守，带着奋勇争先的念头、积极进取的劲头，做支部的领航人。

在物流分中心，武超借助支部换届的契机，改选了一批年富力强、富有朝气的青年支委上任，解决了支部领导班子"惰性"问题；根据部门业务流程，重构了党小组，方便了党员学习和活动的开展；根据部门管理层级多的现状，任命行政业务主管为党小组长，便于整合和调配资源，使党建与业务紧密衔接；根据部门3名中层干部分管业务，分别划到三个党小组中，有利于开展工作和监督；制定党小组考核办法，将月度考核结果直接作为年度评选"优秀党小组"的依据，形成了各党小组相互竞争机制。

同时，武超以党员先锋岗和党员责任区为抓手，创新探索"党建与业务"融合。他分管的成品业务，内部狠抓工作流程化、标准化，外部加强与片区联系，构建了动态的快速响应市场机制，市场满意度持续提升。他积极采取"支部共建"形式，探索"党建＋业务"工作模式。物流分中心党支部分别与蚌埠、宿州、淮北市烟草专卖局（公司）物流中心党支部开展了支部结对共建工作，在促进党建提升的同时，还促进了部门同城物流、托盘联运、塑料循环烟箱使用、设备共维、上下游市场服务等行政工作。他精耕细作、久久为功，所在党支部连续三年蝉联企业"先进党支部"称号。支部的凝聚力、向心力大幅提升，员工的获得感、成就感明显增强，精气神更佳，干事创业的劲头更足，促进行政工作持续向好。

"五心"相融　体贴入微　做退休职工的暖心人

离退休职工是国家和企业的财富。他们为企业的改革发展艰苦奋斗、开拓进取、无私奉献。"如何更好地实现老有所养、老有所依、老有所为、老有所乐，确保离退休职工安享晚年，为企业高质量发展营造和谐稳定的环境。"是武超到离退办后思考的问题。2021年3月，根据工作安排，武超担任离退办党支部书记、主任。新的起点，再次起航。

为更好地做好离退休职工对口服务，武超结合部门工作职责，提出"五心"服务理念：待人接物要热心，言谈交流要耐心，工作过程要细心，处理事务要真心，最终结果要暖心。要求部门职工对待离退休职工像对待自己的父母、兄弟姐妹一样，办实事、做好事。并制定了对策表：来人、来电、来访回复率100%；合理诉求落实率100%；相关物品发放100%；生病住院探望慰问100%；去世吊唁率100%；离退休老干部、劳模等慰问100%。五个100%，全力以赴地提供优质服务，让离退休职工高兴而来、满意而去。

"细微之中见精神，平淡之中见真情。在为离退休职工服务上，心要热、腿要勤，帮其所需、解其所难，以最大诚意和爱心做离退休职工的暖心人。"武超经常深入离退休职工家中，同他们交流谈心，帮助他们解决生活中遇到的困难。在春节、中秋节、重阳节等重要节日，他都会去离退休职工家中慰问；离退休职工生病住院，得知消息后，他总是第一时间到病床前探望，把党和企业的关怀及温暖送到他们家里，送到病床前，送到他们心坎上。另外，他组织开展形式多样的文体活动，丰富离退休职工的生活，积极探索国有企业退休人员社会化管理后的工作方法，增强离退休职工对企业的归属感、荣誉感和幸福感。他用心、用情做好离退休职工管理与服务工作，努力以"五心"服务，赢"五星"好评。

"我从来没觉得自己辛苦，因为我相信做任何事情，只有通过自身努力，干中学、学中干，勇于承担更多的责任，才会有所收获。"岁月在变、角色在变，但初心不改。27年，武超始终一步一个脚印，敢想、敢干、敢创新，用一串串深深的足迹，一篇篇沉甸甸的业绩，为蚌烟的发展写下浓墨重彩的一笔。

躬身力行　行无止境

——记"安徽省设备管理优秀工作者"丁昊生

袁麒凯

> 翻开他的履历表，有着近 20 年与设备打交道的经历；纵观他的职业生涯，一步一个脚印走出了坚实印迹。2020 年，因业绩出色被评为第六届安徽省设备管理优秀工作者，他就是蚌埠卷烟厂原设备科科长丁昊生。

常怀奋斗之志

作为一个设备管理工作者，总有一种信念驱使着丁昊生精益求精，那便是"你能行！"这简短质朴的三个字已然成了他的座右铭，伴随他走过几十载人生历程。然而这三个字并不出自名人之口，也不是肤浅煽情的"心灵鸡汤"，而是幼时父亲给他上的人生第一课。

"我父亲是个老兵，也是一名老党员，小时候许多记忆已经模糊不清，但有件事至今记忆犹新。那是父亲带我第一次登山，年幼的我根本不想走路，哭闹着让父亲抱时，父亲对我说'你能行'；当我跌倒无助地望着他时，他坚定地说'你能行'；看到我上气不接下气的样子时，他依然对我说'你能行'。那是我人生中翻过的第一座大山，更是指引我翻越人生路上一座又一座大山的明灯。"

正如那次爬山，"你能行"给丁昊生的成长带来了巨大鼓舞和无限动力。回顾成长历程，从孩提到求学，从机台到维修，从基层到中层，每个阶段他总能坚定目标、迎难而上，以"会当水击三千里"的自信态度和"吹尽狂沙始到金"的奋斗信念，讲述着属于他的人生故事。

1997 年，21 岁的丁昊生大学毕业，进入蚌埠卷烟厂七车间当操作工，回想起那段风华正茂的年月，他颇有感悟，"年轻人就像一轮蓬勃欲出的朝阳，思想活跃，精力充沛，一定要珍惜韶华，立足岗位、不断学习，给青春赋予奋斗的价值。"由于大学所学的专业是自动化，他对设备结构和原理有很高悟性，迅速成长为一名电工。他求知若渴

工作中的丁昊生

地钻研技术，很快便凭借过硬的维修本领独当一面。他还积极参与项目研究并撰写论文，荣获过许多奖项。是金子总会发光，出类拔萃的丁昊生，先后被委以车间代班长、办公室秘书等重要职务。29岁那年，通过竞聘走上了中层管理岗位，开启了全新的职业生涯。十余年间，他先后任技改科副科长、设备科副科长等职务，还远赴异国他乡担任公司驻外工厂的副厂长经历。这一切都给他的职业生涯带来不小的挑战，支撑其一路走来的还是"你能行"的奋斗信念。

常尽担当之责

"士不可以不弘毅，任重而道远"。每到一个部门，丁昊生始终牢记厂部的信任和企业的重托。2017年4月，丁昊生履职设备科科长。由于设备科副职空缺，他需要大事小事一肩挑，工作强度不言而喻。为此，他总以学习者的姿态汲取营养，利用闲暇时间不断充电，系统地掌握设备管理的各方面知识；以党员干部的标准以身作则，把部门的事当成自己的事，彰显了做好团队"主心骨"的优秀品质和担当情怀。

2018年年初，一件难事摆在丁昊生的面前。零配件库存长期居高不下，如何合理给配件库"瘦身"，挤出冗余"水分"，为搬迁铺路，为企业减负，他焦心劳思。时不我待、说干就干，丁昊生带领团队加强配件管理，适时修订完善了《零配件管理制度》。

2019年4月，厂部将配件库主管部门调整为设备科，此时技改搬迁的号角即将吹响，如何打好新老两线同时生产的硬仗，为企业迁入"未来"做好应有的设备保障，是压在丁昊生的心里的一块大石头。他身先士卒，上午在老厂办公，中饭后就匆忙赶到新厂，加班加点已成家常便饭。面对配件库存放的 22418 件零配件和 7 组利旧高架库货柜的即将搬迁，部分配件易损易碎、雨季搬迁过程中的防潮、搬运过程中的安全等一系列问题，丁昊生非常清楚其中的工作量和复杂程度，他按照厂部的"绿色搬迁""节俭搬迁""有序搬迁"要求，通过认真思考、悉心谋划，制订了配件库搬迁方案和应急预案，明确责任分工和时间进度，对每项工作都提出了具体要求。从零配件打包标识开始，到配件顺利入库，他亲力亲为，带领团队积极开展搬迁工作，整个搬迁工作紧张有序、安全高效，比搬迁计划提前 17 天完成，搬迁期间，老线的正常生产没有受到影响，所有配件完好无损无遗失。

技改搬迁后，如何处理规范处置老厂区的淘汰设备，最大限度保证国有资产保值增值，丁昊生念兹在兹。他组织相关部门开展生产设备资产盘点，列出搬迁利旧设备、调拨设备、拟闲置报废设备清单，对公司批复同意 1159 台报废设备，制订了《2020 年蚌埠卷烟厂报废设备实物处置实施方案》，对其中的 397 台烟草专用机械设备在安徽省烟草专卖局和安徽中烟公司等部门的监管下，按照规定要求进行破坏性销毁，销毁影像资料和记录整理归档保存。尚有利用价值的 1 台制冷机、2 台空压机、9 台变压器，在经过认真的评估后进行公开拍卖，较好地实现了企业利益最大化。经过 8 个多月的紧张工作，老厂区的报废设备处置工作规范、安全、有序完成，累计回收资金 733 万元。

常念人才之急

人才是企业之本，一定程度上决定了企业成功的高度。随着搬迁完成，新制丝线的计量设备也迭代更新，烟丝库、半成品加工线等区域新增了以前没有的静态秤，生产线上的电子秤也均为德国、意大利进口设备，如何专业有效地开展计量工作，成为丁昊生又一件念念不忘的事，他深知打造一支专业计量团队的任务已然箭在弦上。为此他积极向厂部争取，向制丝和卷接包车间选拔输送了两名专业计量管理员，充实了基层计量的专业力量，为两个部门计量器具提升校验频次、扩大覆盖范围、拓展研究深度奠定了基础。

关心爱护人才是丁昊生一贯的风格，设备管理员梁毅对此深有感触："我是企业第一个考取一级注册计量师的员工，但因为这个证书并没有纳入企业高级技能提升奖励范畴，所以当时是有一丝遗憾。丁昊生看在眼里，急在心里，拿出当年专项资金的一部分奖励我，让我非常感动。"时至今日，在他的鼓励下，企业陆续考上一批注册计量师，"正规军"的数量不断增加，为提升计量管理专业化铺就了道路。

不仅如此，他还非常重视设备管理维护团队建设，大力推行各级设备管理、维修和操作人员的技能培训，加大青年人才培养力度，目前已打造出一支精干、高效的设备管理维护团队，多人次在公司烟机设备维修职业技能大赛和技术比武中获得一等奖、二等奖；卷接包车间机电维修组获"全国工人先锋号""全国质量信得过班组"荣誉称号，为企业的生产和发展提供了可靠的人力资源保障。

"他们才是企业未来的希望，作为中层管理者，我们有义务和责任为企业培养各类人才队伍，在打造计量专业团队这点上，我没有遗憾。"丁昊生如是说。

工作千头万绪，事务繁杂艰巨，丁昊生不会选择停下前行的脚步，依旧奔跑向前。如今，在蚌埠卷烟厂人力资源科科长的岗位上，他仍躬身力行、奋斗不止。

工匠精神领航　书写发展新篇

——记"安徽省五一劳动奖章"获得者宋在伟

程冰妍　袁麒凯

> 他是制丝车间同事眼中的金牌维修工，有他在场，设备疑难杂症保准"药到病除"；他是年轻员工口中亲切的"宋师傅"，以他命名的车间劳模工作室熠熠生辉，照亮制丝年轻人岗位成才之路；他是烟机机械和电气维修领域的双料高级技师，30余载职业生涯诠释匠人匠心。他先后获得"徽烟工匠标兵""安徽省五一劳动奖章"等荣誉称号。他便是制丝车间机电维修工宋在伟。

攻坚克难　用细心呵护每台设备

轻轻地关上电控柜的门，打开隔离开关，输送带又缓缓运转起来。"好了，这个问题解决了。"宋在伟抹了一把额头上的汗，不紧不慢地在一旁收拾着工具，"你先把设备开起来，我观察一会，等设备运行正常了我再离开。"跟班电工时期的宋在伟，经常会在维修后的设备旁逗留很长时间，强烈的责任心和过硬的技术使他成为维修组的"红人"，也使他成为同事们最信任的专家。细心呵护线上的每台设备，全力以赴保障正常生产，是宋在伟对自己的工作要求。每当设备发生各类故障，他总是第一时间赶到，快速分析问题原因，埋头开展维修工作，争取在最短的时间修复。

扎实专业功底见证了他对技术的刻苦钻研，对于制丝设备的原理和维修技能的学习，他始终坚持理论为实践服务，将学习成果及时转化为维修中的具体方法。不论是机械结构还是电气原理、控制程序，他都了然于心，历经长期岁月的沉淀，宋在伟在各类设备维修上都积累了丰富的知识。2016年年末，宋在伟和同事们远赴意大利相关烟机公司参加学习培训，他抓住国外学习的宝贵机会，积累了系统且专业的维修知识，为日后精通进口制丝主机设备的维修打下了坚实的基础。

技改期间，一件事就很好地证明了宋在伟娴熟的维修技艺。制丝线带料调试时，意大

"安徽省五一劳动奖章"获得者宋在伟

利 COMAS 气流烘丝设备突遇棘手故障，就在大家一筹莫展时，宋在伟大胆尝试，提出增加模块来解决温度表通讯问题。时不我待、说干就干，就在模块安装完毕那一刻，所有人屏住呼吸，怀着忐忑的心情按下下载键后，监控屏显示所有信号正常，在场的人无不欢呼雀跃。

专心致志　用恒心打造劳模基地

制丝车间"领航者"劳模创新工作室又名"宋在伟"劳模创新工作室，是易地技改后制丝员工培训、人才培养和开展创新工作的主要基地。宋在伟作为工作室领头人，深知为企业培养技术人才不是一朝一夕之事，他常年埋头于工作室，持之以恒地推进各项建设，保证工作室高效运行。

几年来，宋在伟为工作室建设倾注了大量心血，勾勒出车间人才培育基地的美好轮廓。为了让工作室软硬件齐全，他联合团队设计制作了一批专业操作台及实验工具，收集了电路图册、操作手册等大量设备资料，还专门划分了讨论教学区，配置了会议桌及视频教学仪器，软硬件设施齐全。围绕车间工作重点、难点、关键点，宋在伟积极开展技术改进和创新，着力攻坚克难、降本增效，提升车间技能水平和工作效率。如今，工作室已成为承载理论授课、实操训练等的重要载体，带动青年员工快速成长，助推车间人才队伍建设。

创建劳模创新工作室是弘扬劳模精神，展示劳模风采，增强劳模感召力，让职工群众学有榜样、赶有目标的新途径。前人栽树，后人乘凉，现如今，宋在伟劳模创新工作室已经成为车间青年员工们学习进步的"乐园"，除了定期开展的培训会议，工作室还向车间人员全面开放，为大家提供一个优质的学习环境。2021年11月，蚌埠市总工会检查指导"宋在伟"劳模创新工作室创建运行情况时，宋在伟做详细报告，市工会领导予以充分肯定。2021年12月，工作室入选市级劳模工作室，同年加入"安徽中烟公司劳模创新工作室联盟"，向外界展示了蚌埠卷烟厂良好的企业形象。

薪火相传　用真心培养每位青年员工

　　作为烟机设备修理考评员，宋在伟曾在安徽中烟"黄山杯"技术比武中荣获制丝"SQ31"维修项目一等奖，在中国烟草总公司"双喜杯"技术比武中，获得制丝"SQ31"组第五名。"一枝独秀不是春，百花齐放春满园"，宋在伟常年担任烟草职业资格技能鉴定评委，受聘企业导师带徒等培训活动，为培养青年技术人才立下汗马功劳。

　　除了基本的设备维修工作，他还常年承担青年员工入职前培训、技能鉴定培训、创新活动等重要任务。搬入新厂后，他带着青年员工一道创新性地制作了线上可视化、带有可搜索功能的制丝车间资料库，指导他们参与各类企业创新攻关项目，硕果累累。

　　"名师出高徒，桃李满天下。"他的徒弟们均不负众望，其中孙永亮在2017年安徽中烟切丝机技术比武中夺魁，乔力、徐浩云分获第四名和第六名，工匠精神得到了传承。

　　他将"传、帮、带"深入贯彻到了每一个细节。在他悉心关怀下，车间成长了一个又一个青年骨干，他将全部所学无私地奉献给他们，在兢兢业业的一敲一打中，为年轻人撑起了争先进位的天空，在轰鸣的机器和复杂的电路里，为车间培养了一批又一批优秀人才。如今，他们扎根在不同岗位，步履铿锵地迈向希望的明天。

　　他带领团队屡创佳绩却不骄不躁，总觉得自己做得还不够；他热心于言传身教，使青年人学有所得、共同成长；他谦虚做人，高调做事，埋头钻研技术，一干就是三十多年。悠悠岁月见证了他无怨无悔的真诚付出，累累硕果彰显了他劳模榜样的崇高价值，这就是宋在伟，如今仍义无反顾、勇往直前，继续书写着企业高质量发展路上的绚丽篇章！

结香花般的女子

——记"安徽省内部审计领军人物"赵黎

冷 月 胡永苓

> 赵黎，蚌埠卷烟厂一名优秀的党务工作者，一名精干的业务能手，一位柔韧坚强的管理者，不论在企业哪个岗位上，都是一面迎风招展的先锋旗。

结香花

有一种花，不为常人所识，它是制造人民币的材料之一，寓意美梦成真，它株型秀美，花朵淡雅，具有特别强大的柔韧性，遭遇再大的风暴，枝干都不会被折断，它就是结香花。在蚌埠卷烟厂就有一位像结香花的女子赵黎。

"2021年，我发挥了孺子牛、老黄牛的精神，在新的一年到来之际，我希望新年新目标，祝大家万事顺利、虎虎生威！"2022年，蚌埠卷烟厂党支部书记贺新年视频里，拿着小老虎卡通照，声音响亮，喜气洋洋地祝大家虎年虎虎生威的女士，就是蚌埠卷烟厂财审计战线的排头兵赵黎。

赵黎，中共党员，现任蚌埠卷烟厂监督管理党支部书记，财务科科长，曾担任过审计科科长、厂工会综合管理分会主席。工作中，赵黎具有高度的责任感和强烈的事业心，处处以一名共产党员的标准，严格要求自己，始终践行孺子牛、老黄牛精神，兢兢业业、恪尽职守。

孺子牛

2002年，蚌埠金黄山凹版厂服务中心财务科需要人才，那可是个烫手的山芋，当时很多人担心去了以后，就会一辈子待在那犄角旮旯里工作了。而赵黎作为党员，义无反顾

"安徽省内部审计领军人物"赵黎

地前去报道。5 年时间里，在赵黎的带领下，服务中心的财务工作从无到有，账目清清楚楚，财务管理有声有色。

2015 年，赵黎被任命为审计科负责人，这一年，蚌埠卷烟厂启动了整体搬迁技术改造项目，巨大的项目，不论是在安徽中烟还是在蚌埠市，都是热点、焦点问题，企业员工和市民们非常关注。这是蚌埠卷烟厂历史上最大规模的整体搬迁，时间跨度长，投资金额巨大，凸显审计任务特别重大。当时赵黎是学财务出身，对工程审计工作相对比较陌生。但她勇担重担，带领审计人员一起上阵，一方面学习工程审计知识，加强和工程审计造价师的交流；另一方面深入工地踏勘现场，掌握第一手资料。她斗志昂扬，克服审计专业人员少、项目进度时间紧的困难，迎难而上，经过梳理，她厘清审计思路，审计管理工作有的放矢，针对性强。随着易地技改项目的推进，参与工程建设的社会人员鱼龙混杂，各种问题不断浮出水面，项目招标过程更是一波三折，中间多次出现各种扯皮现象。针对这种现象，赵黎积极参与各种专题讨论研究，以惊人的学习能力，掌握了审计及造价专业知识，在各项谈判中条分缕析，据理力争，掌握谈判主动权，多次阻挡了不正常事项的发生。

"变更签证"看似平常的几个字，却一直是工程管理中的难点问题。赵黎从事前对签证制度的制定，到事中对制度的执行，到过程中对变更签证单据逐一检查，到上会审批后的备案，带领审计人员全程参与，实现了签证管理的闭环，避免了在结算审计环节时因签证产生争议，大大提升了结算审计的效率，为公司范围内规范签证管理积累了丰富案例。为确保工程项目审计结算的高效开展，她总结前期工作经验，对结算环节需关注的风险点进行了梳理，对总包服务费如何扣取等一些细节统一提出了要求，对送审项目加大审核力度，对审核发现的问题直接扣减送审金额，为企业节省了工程造价和审计费用。

从 2014 年开工到 2021 年工程基本结束，时间横跨近 7 年，作为一个女同志，赵黎和男同胞一样，跑工地现场，参加各种工程会议和谈判，不顾严寒酷暑、暴风骤雨。她以扎实的工程审计知识，以高效的协调沟通能力，实现了工程项目的节约、规范目标，保障了项目造价的客观、真实，拒绝了施工单位不合理诉求，坚守项目审计的底线，为企业工程投资管理交出了一份亮眼的答卷。

蚌埠卷烟厂审计科当时仅有三名工作人员，是五家厂审计人员最少的，却肩负着投资额最高的工程项目，工作量之大是显而易见的。在这种情况下，公司每年还会下派外出审计任务，2021 年，一度甚至出现只有她一个人留厂看守的情形。在这种巨大的压力下，她任劳任怨、坚守阵地，以一个共产党员的标准严格要求自己，给同事们树立了一个良好的形象，审计科在她的带领下，团结如一家，精神面貌昂扬向上，保质保量地完成了各项工作，受到了上级和各业务部门的好评。

领头羊

由于财务审计工作的特殊性，作为相关部门的中层管理者，没有精而强的业务本领是很难搞好部门管理工作的。担任中层管理者以来，赵黎并没有因为职务的变动就放弃了对业务学习的要求。2009 年，在安徽工商合办的第一届"黄山杯"安徽烟草财审知识竞赛中，与两名同事合作，拿到了团体"一等奖"。在后续多年间，她多次参加公司财审大赛，先后获得了安徽中烟"黄山杯"首届财审知识竞赛"个人十佳""黄山杯"第三届财审知识竞赛优胜奖、"黄山杯"第四届财审知识竞赛综合"一等奖"等优异成绩。她撰写的内部审计论文获得了安徽省内部审计理论研讨"二等奖"。2017 年，赵黎荣获了"安徽省内部审计领军人物"称号。

"一花独放不是春，百花齐放春满园。"2021 年 8 月，因工作调整，赵黎担任财务科科长，刚到财务科不久，赵黎就接到了安徽中烟选拔财务青年人才和第九届财审知识大赛的通知。赵黎立刻发动全厂范围内年轻的财务人员都参与进来，订计划、选教材，她组织督促年轻人积极备战。星光不负赶路人，蚌埠卷烟厂参赛选手取得骄人战绩，获得一等奖 1 人、二等奖 2 人、三等奖 2 人的好成绩，4 人入选安徽中烟青年会计人才选拔培训，另有一人作为选拔后备人选。

先锋旗

赵黎作为一名优秀的党务工作者，处处起到先锋模范作用。2007年，赵黎担任了监督管理党支部书记，她以自身的表率作用，凝聚支部党员共识，齐心协力发挥战斗堡垒作用，支部连续4年被评为企业优秀党支部，而她本人也被评为2011年度安徽中烟公司"优秀党务工作者"。

2012年，她又当选为厂工会综合管理分会主席，在担任分会主席期间，她团结带领广大会员，积极开展群众性活动，分会被评为厂先进工会分会，她本人也被评为蚌埠市及公司"先进工会工作者"。她在职期间，每年"三八妇女节"，都会组织分会全体女职工拍一张正装照大合影，记录女性风采，已经坚持十年，成为分会优良传统。赵黎，一名优秀的党务工作者，不论在企业哪个岗位上，都是一面迎风招展的先锋旗。

弹指一挥间，赵黎从一名懵懂的学生成长为企业的一名中层管理干部。让她用一段话来表达对企业的感情，她深情地说道："如果你是那浩瀚的东海，我便是那浪花里的一朵，你用宽广的胸怀包容着我；如果你是那奇峻的黄山，我愿成为那山上的一棵劲松，为你的瑰丽的画卷添上我的身影。我对你满腔的炙热熔成那朵朵烟花，今生的绚烂只为你盛开！"赵黎就是那结香花，有韧劲，永不会被打败，温柔而知性！

用真诚与责任　谱写爱岗敬业之歌

——记"安徽省五一巾帼标兵"安洁

高　峰

辛勤耕耘、默默奉献，以润物无声的贴心工作，树立起暖心温馨的工会干部形象，以精益求精的作风诠释了勤奋务实的工会干部态度，她就是这篇报道的主人公——蚌埠卷烟厂工会女工委主任安洁。

16年女职工工作历程，她始终以服务于企业发展为目标、以维护女职工合法权益为职责，通过"创先在岗位""女职工关爱行动"等活动，团结和带领广大女职工立足岗位、争先创优，弘扬家庭美德，创建"最美家庭"。其间，她带领工会在厂部党委的领导下，先后获得"全国计划生育协会先进集体""全国五一巾帼标兵岗""安徽省三八红旗集体""安徽省女职工工作示范企业""安徽省生育关怀、幸福家庭示范企业""安徽省级阳光家园示范单位"等荣誉称号。她本人也先后获得"安徽省五一巾帼标兵""安徽省优秀女工干部""蚌埠市五一劳动奖章""蚌埠市创先争优先进个人""安徽中烟优秀共产党员"等荣誉称号。

集体合同　撑起女职工权益的"保护伞"

2006年，安洁刚接手工会女职工工作，因发生的一件"小事"，最终促成厂工会为女职工权益撑起了一把"保护伞"。

省内五家烟厂合并后，开启了安徽中烟工业新的运转模式，企业也由过去的劳动密集型向经济效益型转变，人员用工变成了"负担"。当听到有些女职工说：现在都不敢怀孕，等生完孩子休完产假回厂后，可能就没有岗位了。这让她感觉到问题的严重性，她以问题为导向，潜心研究国家和地方关于女职工权益保护方面的法律法规，通过开展走访座谈和调查研究，在广泛征求意见和建议的基础上，多方呼吁并赢得了党委和工会领导的支持，积极与行政方平等协商，起草了《女职工权益保护专项集体合同（草案）》，经厂职代会审

巾帼标兵安洁

议通过后实施。同时，她通过每年《倾听女工心声，关注女职工权益》"维权月"活动，深入车间班组开展女职工专项集体合同执行情况座谈和监督检查，把维权工作落到实处。通过安洁的努力，厂工会为女职工权益保护筑起了"防护堤"，撑起了"保护伞"。

关爱行动　用心用情当好女工"娘家人"

多年来，她勤于思考，善于创新，以信息化建设为抓手，不断加强和提升工作和服务水平。2018 年，她创建了"蚌烟巾帼苑"微信公众号，开展线上宣传和法律服务，方便女职工在指间随时了解工作动态，享受生活服务。

她切实把关心女职工疾苦当作头等大事，全方位为女职工做好事、办实事、解难事。她开通了 4959264"安姐服务热线"，建立女职工工作联系点访视制度，健全女职工困难档案，把女职工最关心、最现实的热点问题作为"关爱行动"的重点领域，开展常态化"姐妹互助、爱心帮扶"送温暖走访慰问活动。记得有一次，企业迎新春慰问会议刚开过，她收到了一位退休女职工的特困申请，这位退休职工为给病重的孩子看病把房子都卖了，看到这里，她坐不住了，第一时间跑到医院去探视。当看到一个花季少女浑身插满诊疗管，不能言语、不能动弹时，她泪流满面、感到痛心。回来后她立即向工会主席汇报，第二天工会委员会专题研究批准给予 3000 元慰问金。同时，她还奔走市妇联、市总工会提出申请，积极争取救助金，钱虽不多，但是传递了党委厂部、工会组织的温暖。当她把钱送去时，那位职工含着热泪说："我一个退休工人还能得到企业如此关怀，谢谢领导的关心，谢谢安主任。"她感慨地说："这是我应该做的，今后有困难请及时跟我联系。"朴素的语言、高效的行动，就是她做人做事的一贯作风。

安洁（中）和厂女工委成员进行朗诵表演

勤于思考 倾心打造美满幸福"家文化"

她注重发挥女职工在企业精神文明建设中的特殊作用，尤其是每年的"三八"节期间，她都精心组织策划女职工喜闻乐见的活动，极力为女职工搭建展示靓丽风采的平台。近年来，她根据女职工对美好生活的不断追求，组织开展了才艺比赛、摄影比赛、游园活动、拓展活动、读书活动、演讲比赛、插花比赛，举办三年一届的女职工趣味运动会。2016年，围绕企业中心工作，以广为流传的经典小品为背景，以分会工作为题材，她策划并成功举办了"我是明星"模仿秀大赛，在全厂引起很大反响，成为佳话。活动丰富了职工业余文化生活，鼓舞了士气，增强了企业的凝聚力。2017年，她组织编演的大鼓说唱《家风永留香》，代表蚌埠市在全省女职工风采展演中获得最高奖，受到了全总、省总工会领导的好评。2019年，她组织并辅导的"传承良好家风，共创文明家庭"主题演讲，以总分第一的成绩，摘取全市比赛一等奖，并代表蚌埠市在全省大赛中取得优秀表演奖。2022年，为喜迎党的二十大胜利召开，向建厂80周年献礼，她以"红印八十载，携手向未来"为主题，精心策划了女职工风采展活动，用140多幅女职工工作、生活照片表现了女职工事业美、思想美、文明美和内涵美，展现了女职工在企业发展中的半边天作用和"我幸福、我快乐"的精神风貌。活动不仅赢得了女职工的喜爱和男同胞的关注，而且提升了女职工工作的凝聚力和团队精神，提升了女职工投身企业高质量发展和创先争优的积极性。

"这就是我们自己设计的阳光家园 LOGO，上面的橘色代表党的阳光，下面的绿叶是烟叶，寓意我们烟草女职工在党的阳光下备受呵护，倍感温暖"。这是省总工会领导来厂调研时，她的开场白。近年来，她把女职工阳光家园建设作为打造"家文化"的有效载体，"家"文化传承了企业文化的红色基因，展示了巾帼力量。省总工会领导以"用心、用情、用责任撑起一个'家'"，作为对她工作的总结和肯定。

终点就是起点

16 年来，安洁把全厂女职工之"家"当成了娘家，从她每年的工作计划中不难看出，围绕中心工作不动摇的信心和决心。特别是完善机制，提高女职工工作的整体水平；运用"互联网＋"建立起女职工网上教育服务平台，打造"指尖上的女工委"平台；建立科室、班组、外协单位的女职工工作小组，把女职工工作的覆盖面和影响力渗透到各个方面；通过创办女职工学堂，提升了女职工学习积极性和生活幸福感；通过选树巾帼典型，充分发挥女劳模和高技能人才的传、帮、带作用。

安洁作为省市两级妇代会代表公益宣讲团成员，多年来积极参与进基层、进社区、进学校公益活动，开展了 12 场内容丰富的主题宣讲，受众达千余人次，社会反响强烈，宣传效果显著。2021 年，她被蚌埠市妇联授予"优秀公益宣讲员"荣誉称号，并成为蚌埠市儿童之家示范项目点的"爱心站长"。

在谈到今后有何打算时，安洁思路清晰地告诉笔者：厂女工委不断拓展工作思路，以"爱厂如家"为宗旨，逐步建立完善以"家文化"为核心的工作机制，通过把外包女工的学习教育、关爱维权纳入企业"家文化"中，形成了一家人、合家亲、共进取的良好氛围。"女工工作的天地是广阔无垠的，女工工作的世界是精彩无限的！"这就是她从事女工工作的感慨。面对这个神圣的事业，她奉献着青春，活出了美丽，精彩了人生。

三十六年 以"何"为桂

——记"安徽省女职工岗位建功成才行动先进个人"何伟

杨诗琦

> 1986 年，7 月盛夏，又到了毕业的季节。
>
> 窗外蝉鸣阵阵，18 岁的何伟坐在蚌埠师范学校的教室里，桌上是刚刚拿到的申请表，不多犹豫，便在申请单位一栏中，郑重地写下五个字——蚌埠卷烟厂。

念念不忘守初心

从小住在东海路边上，何伟就听大人们说过，这条大路的名字源于那个红色工厂——东海烟厂，也就是如今的蚌埠卷烟厂。"渡江""黄山"等等不仅仅是蚌埠卷烟厂的标志，更是蚌埠的标志、徽烟的标志。从那时起，何伟就下定决心，一定要成为蚌烟的一分子。带着这份初心，她加强学习，追求进步，同时，时刻关注蚌烟发展。所有的奋斗和努力最终浇灌出成功的花朵，经过层层筛选，何伟成了那一年唯一一名进入蚌埠卷烟厂的优秀毕业生，当上了蚌埠卷烟厂幼儿园的代课老师。

计算和音乐是何伟负责的两门课程，她将自己学到的专业知识与对教育事业的热爱，全部倾注到小朋友们的身上，没过几年，何伟就以优异的课堂教学质量收获了家长们的好评，并成为教研组长。在此之后，何伟从未停下学习的脚步，以不断提升个人能力为目标，积极进取，最终成为蚌烟幼儿园分管业务的副园长。

孜孜不倦求进步

转眼间来到 2002 年，烟厂幼儿园解散，何伟和许多其他职工一起参与了烟厂全员大竞聘。何伟竞聘的岗位是动力车间安全宣传员，为了这次竞聘，她熬夜学习《中华人民共

先进女工何伟

和国安全生产法》、蚌埠卷烟厂劳动安全制度，了解动力车间岗位安全要求，以万全的准备，成功地在面试中脱颖而出，成为动力车间的一分子。

纸上得来终觉浅，作为安全宣传员，重要的是要帮助一线职工提高安全意识，查找安全隐患。为了更好地和师傅们交流，何伟两三天就记住了所有师傅的名字和长相，以最快的速度融入动力车间这个集体。虽说酒香不怕巷子深，但对于在岗位上、脚踏实地、兢兢业业的师傅们来说，还是需要一个展示的平台，而何伟笔下的一篇篇的报道就成为宣传的最好窗口。何伟也被评为蚌埠卷烟厂的"优秀通讯员"。

除了安全宣传员，何伟又兼任工资员。她踏实认真的工作态度、积极向上的工作面貌和出类拔萃的工作成绩，让大家全然忘记之前的她从没有接触过安全方面的工作。何伟在工作中不断学习成长，为使企业管理更加细化，针对以前生产管理工作中的薄弱环节，她编写车间内部考核细则，加大生产管理力度；为提高职工参与车间精益管理工作的积极性，她献计献策，鼓励职工结合实际生产，积极提出自己的见解。在车间内设立节能奖，为职工谋福利。在她的带领下，动力分会的合理化建议数量和质量都有显著提升，先后获得省重大合理化建议奖和厂级一、二、三等奖。在安全管理方面，她牵头组织开展"岗位安全标准化知识竞赛"，促进岗位安全知识宣传，督促职工提高安全防范意识，掌握安全事故处理技能。何伟也先后获得"蚌埠市安全先进个人"、蚌埠卷烟厂"先进生产者"等荣誉称号。

默默奉献添动力

只有非常努力，才能看起来毫不费力。在那些大家看不到的地方，在那深夜亮着灯的书桌前，只有何伟自己明白她到底付出了多少。为了多学习，快进步，何伟即使下班回到家中，依旧在为车间的工作而忙碌着，安全宣传有没有更直观震撼的方式？分会的活动该怎样进行才能事半功倍？车间管理如何才能分类细化、方便实施？

对待工作，何伟永远保持着百分百的热情，她坚信"办法总比困难多"。在动力车间工作得越久，负责的内容就越多，身上的担子就越重，她身兼多职，做着完全不同的工作，一切都要靠自己慢慢地摸索。当有人问她这么努力值得吗，便会听到她肯定的答复："值得。"何伟的付出有目共睹，"公司巾帼标兵""公司优秀工会工作者""安徽省女职工岗位建功成才行动先进个人"等一项项荣誉就是对何伟工作成绩的最大肯定。

三十六年，以"何"为桂！何伟兢兢业业、任劳任怨、埋头苦干，做出了不凡的成绩，对于荣誉她永不自满，对于困难她永不服输，对于工作她永不放松，发扬"攀登者"精神，做动力领头雁、蚌烟排头兵。

青年工匠的"平凡梦"

——记"安徽省金牌职工"汤思嘉

郁　晗

> 把职业当作事业，把技术作为追求，这是一名"80后"青年的工作信条。从普通的机台机司，到车间操作能手，再到安徽省金牌职工，汤思嘉秉持的是始终如一的梦想，"立足本职，做好当下。"从他口中说出的这句话虽然平凡，但掷地有声。

勤学苦练　一线成才

面对我们的采访，汤思嘉直言："其实我没有什么与众不同，也没有轰轰烈烈的故事和成绩。"

2012年，汤思嘉大学毕业进入蚌埠卷烟厂，和其他的卷烟机司一样，在进入卷接包车间后，先从备工做起。在点滴小事中积累操作经验，他经常跟在修理工师傅们身后，请教故障原因和保养要点，积极配合维修工作。从最开始的卷烟机"小白"，最终成长为一名优秀的机司，保质保量地完成每一次生产任务。

2014年，由于车间产能需要，新进了两组高速设备，汤思嘉主动请缨参与ZJ112卷烟机设备的调试。陌生的机型、未知的挑战，却也是新的机遇新的收获。为了尽快投入使用，机器调试时间有限，汤思嘉必须抓紧时间向工程师请教，学习机械知识和操作技能。

回忆起这段经历，他笑着说："那段时间可真是苦不堪言，生怕跟不上进度，忙得没空吃饭是常态，按时吃饭才是出乎意料。"不过短短两个月的时间，他就把设备结构摸透，成为高速机组的第一批卷接机司。

古有云：艺痴者技必良。专注一件事，干了一辈子，从走到机台前那一刻起，汤思嘉就开始了这么做。双手是勤奋的，内心是火热的，机台上的往复工作，并没有消磨掉他对于机械的热情，伴随着日渐增厚的"老茧"，他的基础技能稳固提升。

正在检修卷烟机设备的汤思嘉

　　扎根机台一线，十年磨一剑，说起来很简单，日复一日地坚持下来却实属不易。他用了十年的时间去了解机器的"性格"和"脾气"，让自己的本领"固若金汤"。

深自砥砺　再创佳绩

　　2021年9月，经过层层选拔，汤思嘉拿到了"黄山杯"竞赛的入场券，开始了正式集中训练。这已经是汤思嘉第三次参加"黄山杯"技能竞赛了，在2019年和2020年分别取得了三等奖和二等奖的好成绩。这一次，汤思嘉却比以往都更要紧张，"因为是主场作战，身边的同事和朋友都对我抱有很大的期待，压力比往年大了许多。所以这次我不仅仅是为了交流学习，更想把荣誉留下，把第一名留下。"

　　为了这个目标，汤思嘉付出了百分百的努力，每日7：30，一定准时到岗，实操训练至下午4：30，接着背诵理论至晚上11：30，才回家。在训练的这三个月里，没有一天松懈停止训练，连国庆假期也不例外。

　　每个零件、工具、工具盒的准确定位，每个辅材的摆放位置、方向和安装顺序，每一步都经过汤思嘉的仔细思考和反复推敲，每一个可能出现问题的点，都准备了紧急预案，每一次训练都以最严格的标准来要求自己。比赛比的是对细节的把握，细节则决定着成败，他不敢有一丝一毫的懈怠。

　　"在平时的模拟中，我的速度不是三组中最快的。正式比赛时我没有出现一点失误，发挥出了最好的水平，打破了训练时的最高纪录。"每一个看似枯燥重复的动作，都为比赛时的脱颖而出埋下了伏笔。

眼中有尺　匠心筑梦

2021年12月，汤思嘉迎来新的转变，33岁的他，成为卷接包车间机修组最年轻的修理工。

成长于基层生产线，汤思嘉深知修理工所代表的不仅是技术，更是一种责任和品格，需要的是精益求精、追求卓越的精神和工作态度。为此，他将全部身心投入其中。

知识水平不够，他就认真研读机械维修书籍和手册；修理经验不足，他就跟在师傅后面学习领悟，再独立上手实践……日积月累中，汤思嘉也有了新的思考。激光打孔的烟支水松纸部位有一段无胶区，影响通风率，是烟支的重要物理指标之一。胶线位置的调整却很难把握，不同的位置不同的校准方法，修理时通过反复尝试，找到正确位置，而每次调整都会造成大量烟支浪费。汤思嘉想，要是自己能练就"火眼金睛"的本领，做到一次性校准，就能提高排障工作效率，保障产品质量，减少原料消耗。

于是汤思嘉暗自下定决心，没什么是苦练不出来的。于实践中摸索方法、失败中总结经验。功夫不负有心人，现如今汤思嘉已经能够精确校准，真正做到了眼中有尺，毫厘之间，尽显青年匠心。汤思嘉说："我只是做好了自己的本分，钻研维修技术，提高修理技能，这是我的责任，也是我的追求。"

从车间"小白"到青年工匠，汤思嘉并没有什么特别之处，他只做到了认真对待每一天的工作。还有很多像他一样的年轻人，依然在生产一线默默地拼搏着。也正是这样的一群人、这样的一支支队伍、这样的一个个部门，共同撑起蚌烟的一片蓝天。是啊，蚌烟人像"西部牛仔"一样有冲劲，焕发着属于蚌烟特有的拼搏力量，势必会为企业高质量发展"满油冲锋"。

"饱和式"工作

——记安徽省"争做新时代向上向善好青年"提名奖刘道松

汪伟刚

> 刘道松，中共党员，2009年进入蚌埠卷烟厂，曾任卷接包车间操作工、修理工，现为卷接包车间乙班代班长。从操作岗到技术岗，再到如今的管理岗，为了准确、形象地形容他的工作作风，文化创新工作室为他量身定制了五个字："饱和式"工作，现在让我们一起了解下刘道松的"饱和式"工作风格。

"饱和式"执行

"我是从农村走出来的大学生，对于自己能来到这么好的企业工作，内心很感激也很满足。所以我来的时候就下定决心一定要尽自己所能，好好珍惜蚌烟这个大平台，希望自己对企业能够有所贡献。"在回忆起刚进入蚌烟的日子时，刘道松这样诚恳地说道。

2010年3月，刘道松被调往GDX2包装机组，成为同年入厂年轻人中首位机司。他在机台上工作时极少休息，紧盯产品质量，像一个"强迫症患者"般反复地检查包装成品；狠抓设备效率，全方位关注着设备的运行状态；当设备遇到故障抢修时，他会马上化身修理工的"小跟班"，在后面帮衬着，一方面为了尽可能缩短维修时间，另一方面也是为了学习更多的设备原理。

刘道松用他"饱和式"的执行方式，将操作工岗位的每一方面职责都执行到了几乎无可挑剔的地步，他所在机组的产、质、耗可圈可点。

除本职工作"饱和式"执行以外，刘道松还把这种执行力带入各种比赛与活动中，获"安徽中烟在线质量检测技能竞赛"二等奖等荣誉。

正在专心维修包装机的刘道松

"饱和式"钻研

2012 年 10 月，由于前期的突出表现，刘道松获得了车间领导的认可，被调任包装设备修理工，开始了他长达八年的修理工生涯。

刘道松在工作中发现，一些棘手的设备故障解决起来费时费力，往往是因为没有找准故障的症结所在。

"一个事物你知晓了它八成，感觉上像是差不多了，但是实际应用中可能就会因为那两成的盲区而带来很多麻烦。"刘道松说，"对于设备维修来说也是同样的道理，只有对设备的掌握程度大于日常维修所需要的范围，那么维修起来才会更加得心应手。"道理简单易懂，但是要想把它变为现实，则是需要下大力气的。

为了用实践去讲通这个道理，更精准地为设备"号脉"，更有效地为设备"疗伤"，刘道松前后历时一年多，书本与实践相结合，深入学习包装设备的内部构造，搞懂设备内部的运行原理。通过自己这轮刻苦的"设备解剖学进修"，刘道松对于大多数的设备故障终于能做到了"知其然，更知其所以然"，维修水平有了极大的提升。

"在维修设备过程中，我们遇到涉及设备内部的问题时，经常会找刘道松交流，总能获得满意的答复。"卷接包车间修理组的师傅们如是说。

在修理组的八年间，在"饱和式"钻研设备所建立的深厚基础之上，刘道松向我们展示了一个技术过硬的修理工可以做到哪些事情：获得"黄山杯"维修技能竞赛二等奖、"安徽中烟技术能手"荣誉称号，主持的项目分别获得安徽中烟年度科技进步三等奖、安徽省 QC 技术成果一等奖，获取四项实用新型专利，两项发明专利在审。在这些饱满的成绩与荣誉面前，不难想象出刘道松在"饱和式"地钻研与努力时是怎样的一番情景了。

"饱和式"带班

2021 年年初，刘道松在车间的竞聘中胜出，从技术岗转到了管理岗，开始走上卷接包车间代班长的岗位。

代班长，重在一个"代"字，在班组范围内的任何困难面前，一名优秀的代班长一定会带头冲锋。对于要担责任的错、要费时间的事、要出体力的活，刘道松都会身先士卒。在开班前会时，他最常说的话便是："如果设备故障时跟班修理工都在忙，我来帮你找人修，我自己也能修。""如果辅材上机适应性不好，马上跟我反映，我帮你联系解决。""哪怕工作以外的困难，也可以跟我反映，我看有什么能做的。"

刘道松说："我想只有我在很多事情上做出表率，大家确确实实看到我自己做的事了，才会对我讲的话信服，我才有资格去要求大家。"刘道松言行一致，班组成员也都看在眼里，他在班里的"靠谱"人设，慢慢地建立了起来。在老师傅眼里，他成了一个能办事的"大个儿"；在年轻人眼里，他变成了一个敢管事的"大哥"。

在刘道松这种以身作则的"饱和式"带领下，乙班全体成员的思想逐渐向他聚拢，乙班这个团队的凝聚力也越来越强。比如当国内疫情出现反弹，刘道松倡议大家勇当"封闭生产"志愿者时，除少数人存在客观困难，其余所有员工都踊跃报名；又如曾经抢修件烟输送设备时，为了保障生产，跟班修理工、操作工、叉车工轮流上阵，2 小时人工搬烟约1000 件……孔子所说的"其身正，不令而行"，大抵如此。

"饱和式"思考

车间代班长作为蚌埠卷烟厂最基层的管理岗位，虽然从级别上看不大起眼，但是需要管理的各条线事务一应俱全，涉及质量、效率、设备、现场、安全、人力等基层生产的方方面面。刘道松刚上岗时，面对繁杂的各种事务，确实也焦头烂额过那么一阵子，但是他内心对于企业的感激所产生的思想动力，很快便将焦躁的情绪一扫而空，取而代之的是对现实问题的"饱和式"思考。

2021 年年初，就在刘道松任职乙班代班长不久，班内出现的一次质量缺陷市场反馈，就给了这个"新手"代班长一个下马威。他开始全面寻找班组生产质量管理的不足，定位生产过程的质量风险节点，经过科学的思考，确定并实施了以现场人员技能提升、跟班修理工明责定责、保过程质量、保生产关键节点等为措施的多维度班组生产质量提升工作。结果证明，刘道松的这套班组质量工作"组合拳"成效明显，从 2021 年下半年至今，乙班产品质量评分总体明显提升。

在班组管理工作的其他方面，也显示出了许多刘道松"饱和式"思考的结果：在青年员工培养方面，基于"教练"理念，让员工在技能提升的同时，深切体会到获得感与成长感，2021 年全年，班内青年员工在公司、市、企业等各级获奖达 42 人次；在疫情防控方面，在班内明确树立"人人有责"意识，通过各种方式反复强调督促，绷紧全员防疫神经，将防疫落到实处；在团队建设方面，他率先建立起由班组骨干组成的"班委会"，发挥以点带面的作用，进一步激发班组成员的积极性……正是由于刘道松"饱和式"的思考，他用很短的时间，完成了从一名技术过硬的修理工到一名值得信任的代班长的转变。在他从事管理工作的第一年，卷接包车间乙班就获得了 2021 年度厂级"模范班组"称号。

从执行操作、钻研技术，到带领团队、思考谋划，刘道松一直贯彻着他"饱和式"的工作理念，无论在什么岗位上，始终不遗余力地去奋斗拼搏。信念决定思想，思想决定行动，刘道松"饱和式"的工作与思考方式都来源于他的饱满信念：感恩企业、珍惜岗位。

当一个人对于企业的感激之情达到饱和时，那么他一定会"饱和式"地干事创业，这便是大家眼中的那个刘道松。

奋斗的青春最美丽

——记"安徽省优秀共青团干部"程园园

武　婉

> 程园园，1983 年 11 月出生，2007 年 10 月参加工作，中共党员，经济师、高级政工师，先后任卷接包车间操作工、车间办公室办事员、政工科文化团委干事、副科长兼团委副书记，办公室副主任。先后获蚌埠卷烟厂先进工作者、优秀中层干部、安徽省优秀共青团干部、安徽省青年志愿者优秀个人等荣誉称号。

功崇惟志　业广惟勤

谈到这么多年他的成长经历给予年轻人的启示，程园园笑着对我说"该奋斗的年纪，千万不要选择安逸"。

2008 年一天上午，与程园园一起进厂的一位同事找到他："我们机台的秦善宝师傅想做个 QC 项目，我没弄过，你可有兴趣帮他搞搞材料？"其实，当时程园园连 QC 是啥都不知道，但是他还是说："好，我试试！"然后他就开始研究以往人家是怎么来整理材料的，照葫芦画瓢，边学边弄。在第一轮的车间选拔赛中，当时的厂长对这个课题还专门进行了点评："PPT 还使用背景音乐，这个创意挺好！"最终，他们的项目顺利晋级，并获得厂级三等奖。这是蚌埠卷烟厂第一个以操作工为主的 QC 活动小组，而且第一次参加厂级发布就获了奖。后来，企业派他去参加中质协的 QC 培训班，他也成为企业当时三个中级 QC 诊断师之一，在 QC 活动之路上越走越宽。

在当操作工期间，在干好本职工作的同时，他不忘不断充实自己，积极码字、参加活动，获得了蚌埠市团的十六大知识竞赛一等奖、蚌埠卷烟厂文笔大赛一等奖、演讲比赛三等奖等，并被评为蚌埠卷烟厂优秀团员、优秀通讯员、工会积极分子。

2010 年 5 月，他被调到车间办公室工作。能调到车间办公室对很多人来说可以轻松一些了，但对他来说更多的是压力。由于当时他是车间办公室唯一的年轻人，除了天天要做

工作中的程园园

好辅料账之外，还负责车间宣传、贯标、对标、QC 活动推进、质量分析、材料撰写等工作。虽然事多活杂，但他都力求做到最好。在 QC 活动推进方面，2010 年，卷接包车间获厂级发布一等奖 2 个、二等奖 2 个；2011 年，卷接包车间又包揽了厂级发布前三名；并在车间统计员休产假期间，承担了其所有工作，保证了 5 个月数据上报无差错。

涓涓不塞，是为江河；源源不断，是为奋斗，不急于一时成败，你只要默默努力，积蓄实力，用心耕耘，静待花开。

以自息为体　以日新为道

"唯改革者进，唯创新者强，唯改革创新者胜。"程园园深知改革创新的重要性，坚持在变革中赓续传统，在传承中创新发展。

2012 年 8 月，通过竞聘，程园园到了政工科，负责企业宣传工作。在各级领导的大力支持下，他重新制定稿酬标准、实行阶梯稿费，用好有限资源，变被动投稿为主动组稿，增强投稿针对性，在工厂新闻栏目增设系列报道搞活宣传，实行课题项目制加强队伍锻炼，加强对《安徽中烟报》写作套路的分析提升水平；在年度考核中引入积分制、实行分部门考核、每月公示提升考核的科学性、合理性。企业宣传工作呈现出新气象，在《安徽中烟报》刊稿位居五厂前列，在《东方烟草报》发稿不断创纪录；在安徽中烟"品质建设年"活动专栏发稿数量接近总发稿数的 1/3，季度、年度优秀稿件数量位居首位，在宣传报道组评比中综合排名第一；在公司"三感三珍"征文比赛中，蚌埠卷烟厂获一等奖1个、二等奖2个、三等奖5篇，获奖数超过一二三等奖总数的一半。企业宣传工作荣登2013年蚌烟最成功的事之一，并非常难得地获得了厂长专项奖。

在担任团委副书记之后，他积极探索新时代共青团工作的新思路、新方法、新举措，大力推进"思想领塑、服务青年、青春建功、强基固本"四项工程，企业共青团工作焕发出勃勃生机。注重用身边人、身边事来教育引导广大团员青年，举办14期"开讲啦"蚌烟团员青年公开课，举办"读与思"青言青语分享会等；不断创新活动形式，提高团员青年参与度，举办户外拓展、青年才艺网络展示大赛、网络迎新联欢会、烟草企业一日游等活动；充分发挥青年优势，助力品牌宣传，拍摄《吹响蚌烟青年集结号》微视频、举办"我爱黄山"短视频大赛并利用微信等积极转发传播，编撰了图文并茂的《徽烟传奇》，并开展为期一周的徽烟知识网上答题活动；聚焦新媒体，搞活宣传阵地，率先开通"青春蚌烟"公众号，发布信息318条，点击率10万多人次；实行青年积分管理，建立包含学习创新力、担当奉献力、纪律执行力、业绩创造力4个维度18项指标的积分体系，引导青年员工争先创优。

据统计，在他的带领下，蚌埠卷烟厂团委获蚌埠市先进团委3次、蚌埠市五四红旗团委1次、蚌埠共青团信息宣传工作先进单位2次，并被评为安徽省五四红旗团委；下属团支部8次获市级五四红旗团支部；在青年先进集体创建中，获全国表彰1个、省级表彰6个、市级表彰14个，企业团员青年获全国表彰1人、省级表彰11人次、市级表彰34人次。

大事难事见担当　危难时刻显本色

刀在石上磨，人在事上练。在企业很多重要的工作中，都有程园园的身影。他参与了行业企业文化建设先进单位、全国文明单位复查、企业管理现场会、建厂70周年庆典、年度工作报告等材料的撰写工作；牵头企业文化长廊的策划、材料收集梳理、设计制作等，对企业发展脉络进行了系统梳理，从厂史"小白"成为一名"厂史通"；参加了公司对芜湖卷烟厂党委的"两项整改"及常规巡察工作，圆满完成公司党组交办的任务，工作能力和成绩获得公司巡察组的肯定。

2020年年初，面对突如其来的新冠肺炎疫情，程园园积极响应团市委的号召，毅然加入青年突击队，投身社区疫情防控工作，连续工作十多天，直到企业复工复产。2020年6月，在得知五河县朱顶镇井头村贫困户张运新承包的鸡场大棚因电线短路着火，400多只鸡被大火吞噬的消息后他带头捐款，组织企业广大团员开展"大火无情人有情"的募捐活动，募集善款5340元，帮助贫困户恢复生产；2020年年底得知养鸡场销售出现困难时，他立即在企业进行宣传推销，帮助销售300多只，为贫困户解忧。

蚌烟团员青年参观华环复烤厂

　　征程万里风正劲，重任千钧再出发。在采访的最后，程园园颇有感触地说道："感谢这个伟大的时代，感谢蚌埠卷烟厂，给了我公平公正的机会，给了我成长的平台，让我能够衣食无忧，尽情施展才华。愿我们每一个青年都能在蚌烟这块蓝天下展翅翱翔，飞得更高，飞得更远。"

你是人间四月天

——记"安徽省优秀共青团干部"汪至冬

林雨晴

> 四月是最美好的季节，春风和煦，万物有灵，它温柔而坚毅，平凡而深邃，用四月天来形容我看到的汪至冬，再合适不过，我们亲切地称她"冬姐"。工作至今，她在不同的岗位上担任过多种职务，这就要求她扮演不同的角色，而事实证明她把每一个角色都完成得很好。

锱铢必较的工艺员

刚到蚌烟工作时，作为机台操作工，她只要把每一项操作要领都落到实处就可以。而从事卷接包车间工艺质管员后，产品质量的优劣成为她工作的重心。

"周师傅，你看这个烟支重量偏重了啊！""马上来调！"

"秦师傅，这个商标纸翻边了，停下来看看吧！""好好好，现在就来看！"

每日走在卷接包车间的工作线上，她穿梭于各机台设备之间，查看每道工序的操作是否规范标准，卷烟质量有无问题。在机器的"伴奏"下，她放大了声音与操作工交流卷烟质量，与维修工交流质量问题的原因。每天在机台间不停地穿梭，运动步数都在两万步以上，问她是否觉得累，她说："质检员的工作是为了降低质量风险，要的就是我们的'快腿'和'碎嘴'。查得勤、说得多，让每个岗位的员工都增强质量意识，才能达到风险的预防和控制"。

尽管现在已经步入管理岗位，但她回想起自己担任工艺质管员的那段日子，产品质量从外在质量的把控、到内在质量的控制不断升级；对技术的要求，也从产品质量向设备保障、原辅材料的影响不断延伸。她在这个岗位一待便是 10 年。常人面对 10 年日复一日的工作，难免会觉得有些枯燥，但她总是乐在其中，她知道产品质量对企业的重要性，严格执行检查标准也从未有过一丝松懈。"工艺质量不仅涉及质量相关知识，还需要不断学习

图为汪至冬（右）正在流水线上抽检产品

设备、辅材等知识，这样在出现质量问题的时候，能准确分析问题原因，进而更快更好地解决机台质量问题。"她主动找机电维修工学习设备知识，与辅材管理员探讨材料的上机适应性，多方面学习能够保障工作更有效率，自身能力也会不断提升。正是有了她对这个工作长达 10 年的独特理解，她才能发现工作中的问题，并帮助操作人员提升工艺、质量方面的技术技能。

才能兼备的团支书

2011 年，汪至冬担任了卷接包车间团支部书记，其间，她带领车间团员青年，积极参加厂团委组织的各项活动，并获得很多奖项。

生活的多彩是她的一生所求。进厂之初蚌埠卷烟厂承办了第一届黄山杯职工运动会，热爱生活的她一定不会缺席。运动会的开幕式需要由职工参与，她积极报名参加。为了排练，休息日，她很早就起床独自一人练习动作，晚上很晚才会回到家中，她把空闲的时间节约起来，反复练习，只为能让自己的参与变得更有意义。排练期间，厂团委接到篮球宝贝的排练任务，她主动请缨承担了编舞和教学任务，希望能为组织分担。由于她的刻苦钻研和指导，她排练的节目在开幕式上熠熠生辉，对她来说，这也为她追求的诗意人生，画上了浓墨重彩的一笔。

她不断探索开展基层团组织活动的方式方法，增强车间团员青年的凝聚力。她经常鼓励年轻人要积极参加活动："我们表演一个小品吧，描述写身边的人物事迹，演绎他们的故事。"正是她这种积极活跃的心态，帮助年轻人快速地融入蚌烟这个大家庭，哪怕车间的工作繁重，大家休息时间和排练时间不统一，她也会想办法调动大家的积极性，组织举办了迎新春联欢会、"卷包好声音"歌唱比赛、"我的黄山梦"主题演讲等活动，因为她深知青年员工的凝聚力和向心力是企业发展的动力。

谈起她在组织活动中的表现，同事们很是赞许。由于工作成绩突出，她先后获得蚌埠卷烟厂优秀党员、优秀团干、工会积极分子、优秀青年志愿者、"十佳青年"，蚌埠市优秀团干，安徽省优秀团干等荣誉称号。

采访完汪至冬，我问她，参加 QC、管理创新、微创新、科技创新等项目，获得了很多成果，如何进行突破，能否传授一些经验？

汪至冬谦虚地说，我也是在不断地学习中，和大家分享一些我的感悟吧。首先要培养一种逻辑思考的能力，一个问题发生原因可能有很多，但逐一分析逐个排除，总能找到关键的节点。围绕这个关键节点，和机电维修工多交流的同时，还要去找相关的资料去学习，结合现场试验，最终发现解决的办法。还要重视数据的收集、统计和分析，利用好EXCEL办公软件，如果能够学通学透，就不用靠手动人工来计算大量的数据，工作效率进一步提高。善于总结对于提升自身能力素质很重要，要不断学习各种各样的知识、掌握原理，才有可能发现其中的问题、从而去解决问题。

最后，我又问了一个我十分好奇的问题："大家都认为你积极向上、乐观开朗。你是如何在这种繁复的工作中保持良好的状态呢？"

汪至冬笑了笑，你不能改变天气，但是你能改变自己的心情，工作或许有些枯燥乏味，但是积极乐观的心态是自己选择的。

我时常在想，什么样的女性才算是优秀，和冬姐的相遇让我有了一种答案。面对工作兢兢业业，恪尽职守；与他人交往张弛有度，如沐春风；对待生活上善若水，宠辱不惊。汪至冬用四月天的温暖豁达，向我们诠释了新一代的蚌烟女性。

钻研是她的工作　奉献是她的选择

——记"安徽省青年志愿者优秀个人"岳晓凤

冷　月

　　"笑声爽朗，离老远都听得到。""活泼可爱，简直是电梯里的活宝。""细致认真，对质量问题那是锱铢必较。"同事口中这位集爱笑活泼与严谨细致于一身的便是我们这次的主人翁——岳晓凤。1988 年 12 月出生的岳晓凤，毕业于安徽理工大学高分子材料与工程专业，2010 年 7 月，考入蚌埠卷烟厂。12 年里，她先后获得蚌埠卷烟厂"先进工作生产者""2017 年安徽省优秀青年志愿者"等称号。

　　"快坐下，哈哈哈，别拘谨，咱就当聊聊天。"岳晓凤小手招呼得像把小风扇，一时间弄得竟像是她来采访我们。于是就在这欢快的氛围中，话题舒展开来、一个个属于她的故事徐徐出来。

"活泼新人"传递热心

　　故事要从 2010 年 7 月初入蚌埠卷烟厂开始。那时的岳晓凤是名卷接包车间的辅助工。"晓凤啊，是挂在师傅身后的'跟屁虫'。"车间师傅对岳晓凤记忆深刻，"这小姑娘特别爱笑，大大咧咧的，再苦再累也没抱怨过，永远都是笑盈盈的。我们当师傅的也没想到就这样一个小丫头，居然成长得这么快。"转眼间一年的时间，这个疲惫到坐厂车时都在抽空睡觉的姑娘，迅速成长为一名可以"独挑大梁"的透明机司，"风风火火"的她，吃饭是狼吞虎咽的、去洗手间是一路小跑的，只为了抓住一切时间多在机台学本事、盯质量。

　　作为一名年轻的透明机司，在做好自己本职工作的同时，在同事们遇到故障时，她主动搭把手。为了更好地胜任工作，岳晓凤利用业余时间努力钻研、多面发展，积极参加了相关职业资格技能鉴定考试，2011 年 10 月，取得助理工程师资格证书，2012 年 8 月，取得全国职称英语理工 A 级证书。

正在做实验的岳晓凤（左）

"质量女侠"铸就恒心

如果说岳晓凤是风一般的姑娘，那她一定是春风，因为那恰到好处的舒服和温暖。2012年9月，岳晓凤转入质量技术科从事化学检测分析及质量管理工作。她热情开朗下藏着的细致严谨才慢慢地显现出来。为了能够胜任质量管理这项工作，岳晓凤刻苦钻技术，努力提高业务水平，向书本学习、向实践学习，虚心向领导和同事请教，逐步把自己锻炼成为一名出色的岗位能手。在质量检验人员职业资格鉴定考试中，一次性取得高级检验工职业资格证书，以多个创新项目的好成绩取得中级工程师职称，并进入蚌埠卷烟厂人才库。

为促进工艺控制水平和质量管理水平的提升，她牵头开展企业精益质量管理、风险防控、质量提升专项行动，积极参与到质量攻关创新等项目中。"在领导的关心、同事们的无私帮助下，我们终于在工艺质量管理领域取得了提升。"从岳晓凤的眼中，我们看到了那份沉稳笃定，"作为化学检测分析员，要始终保持对产品质量的探索和创新，在追求质量零缺陷的道路上继续攀登，持续努力，才能赢得自己的机遇。"

"斜杠青年"谱写爱心

"什么是斜杠青年?"就是在干好本职工作的同时，还热心社会公益，积极参加各种志愿活动。岳晓凤的搭档兼好友张珍珍热心介绍道，开朗友爱的岳晓凤，参加了蚌埠卷烟厂

"同心圆"青年志愿者服务队、张公山社区志愿服务队和禹会区志愿者总队等志愿者团队。在蚌埠市创建文明城市期间，她利用业余时间多次走上街头，不畏风吹雨打，头戴小红帽、身披红绶带，手握小红旗，积极协助交警劝阻不文明行为，引导大家做文明有礼的蚌埠人，成为街头一道亮丽的风景线；在学雷锋活动日，与青年志愿者服务队走进张公山社区，清扫"牛皮癣"、给居民讲解通俗易懂且实用的真假烟鉴别，她娴熟的专业技能、热情的服务，受到了社区居民的好评。

在被询问到印象最深的一次公益活动时，岳晓凤沉思片刻说："在一次走访中，我认识了一个小姑娘，她父亲因病去世，留下一身债务尚未还清，母亲又身患肾病，做了单侧肾切除手术。雪上加霜的是，一场无情的大火又烧光了家里所有的东西，母女两人只能暂住亲戚家。"岳晓凤抿了抿唇，"我真的很受触动，在经过她们的允许后，在微信、微博、QQ等平台发布了小姑娘的遭遇，没想到引起了很大的反响，很多爱心人士留言并热情地送来文具、书包、衣物、书籍等，真的很感谢他们。"后来我们了解到，岳晓凤时常利用周末对小姑娘进行学业辅导，帮助鼓励她勇敢面对现实、走出困境。

就是这样一个生活里开朗大方、工作中细致认真、服务时热情温暖的岳晓凤，把微笑带给周围，以业绩报效企业。即使遇到很多挫折，岳晓凤都能坚持下来。因为她坚信"机会总是会留给有准备的人"，"世上没有从天而降的英雄，只有挺身而出的凡人"。岳晓凤将阳光种子埋进心中沃土，以志愿力量催开文明之花，时光温润如水，使她硕果累累。

青春正好　奔赴不停

——记"安徽省最美青工"李睿

路思捷

　　第一次见到李睿，他正在卷接包车间调试 FX2 德国佛克包装机，浓密的头发中夹着几根银丝，两鬓的头发短而整齐，头顶的刘海斜向后梳，与灰色工作服上的斑斑油印格格不入，在调试包装机的一众人中格外地显眼。佛克包装机的外籍工程师在介绍着机器，李睿浓密的眉毛稍稍向上扬起，工作服的袖口卷到手臂，习惯性地用右手托着下巴在那思考，时而用英语与他们进行简短的交流。

　　工作结束后，看到等待已久的我们，他耸了耸肩，面带歉意，笑着朝我们大步走来。扑面而来的热情和开朗，与前一分钟在包装机前专注工作、让我们屏息凝神不敢上前打扰的他大相径庭。在采访李睿的过程中，他说话风趣，妙语连珠，给人的感觉像是一名脱口秀演员。

争当信念先锋做青春追梦者

　　2009 年 7 月，刚走出象牙塔的李睿，头一次在卷接包车间见到纷繁复杂的机器有点无从下手，他弯着腰一会儿这里摸摸，一会儿那里听听，对机械的痴迷程度，远远超过了常人的想象。"想有好技能，要在干中学。"李睿秉承着这个信念，有空就会向身边的老师傅们请教操作技巧，怎么样才能让设备开得稳、产量高。他打趣道："有时候甚至会问得师傅们都无言以对，这时我又会去'物色'下一个目标。"打破砂锅问到底，在李睿身上体现得淋漓尽致，2010 年，他在同期进厂的学生中率先成为一名包装机机司。

　　人才济济的卷接包车间激发了李睿努力进取不服输的干劲。在担任包装机机司时，每当机器出现故障，李睿便第一时间联系当班修理工过来维修，看到师傅一点点地找到问题、不断调试设备，最终解决问题时，李睿紧张的心情才放松了下来，但心中的滋味却"难以言表"。"一方面是觉得维修师傅很厉害，就像是一个坚实的后盾，机器出了什么问

正在检查超高速机设备状况的李睿

题都可以修好；但是另外一方面，自己去上海参加过包装机培训，对它的构造运行本应该很熟悉，可是出现故障又一筹莫展。人活着不能做一天和尚撞一天钟，如果不进步，明天的你还是原来的你。"于是李睿下定决心要成为一名"无所不能"的维修工。

争当学习先锋　做博学笃行者

2012 年，李睿加入了卷接包车间机械维修工的行列。车间里经常能看到李睿忙碌的身影，他穿着质朴的工作服，拿着工具箱，急匆匆地穿梭在各个机台前。他用刚毅坚强的臂膀，肩负起对设备管理、巡查、维护、保养的使命，确保机器的正常运行。他做着最平凡的工作，却是车间内不可替代的一员。

在被问到是怎么完成从操作工到机械维修工这一身份的跨越时，李睿这样说道："我的本科专业是材料化学，所以我知道自己的短板是机械基础理论，于是就利用一切空余时间学习理论知识，时刻关注行业内相关的动态。"李睿以"苦学技能、认真工作"为准绳，不懂就问，不会就学，一时间车间的师傅们都成了他的老师，下班后他拿起书本继续储备机械理论知识，为成为一名合格的维修工打好基础。

李睿靠着一股年轻人的冲劲，在蚌埠卷烟厂不断更新生产设备、采用先进生产工艺的环境下，始终坚持理论和实践学习，在工作和生活中敢于实践、大胆创新。2013 年，他在公司第六届"黄山杯"职工技术比武"包装机 ZB45 维修项目"中取得排除故障单项第一、总成绩第二的佳绩，同年获得了安徽省"最美青工"的荣誉称号。

争当实干先锋　做奋进担当者

"上下求索，朝夕不倦。"这是李睿的座右铭，他处处以高标准要求自己。2014 年，车间新进了一台 ZB47 高速包装机，李睿作为机械维修工要比机台操作工更先一步熟悉设备，根据设备厂家的指导，观察包装机的各个组成部分，进而熟悉这个新伙伴。李睿和搭档在设备试运行期间，除去吃饭以及保养，创造了 7 小时 88.8 箱的班生产纪录，这个成绩至今无人超越。

转眼间，李睿已经与包装机打了 13 年交道，参与过大大小小无数次的机器维修，手上留下了不少的老茧，但他却引以为荣。"有一次大概是晚上 11 点，我刚睡着，电话就来了，1-7 机台的 GDX2 包装机烟支模盒输送带的传动花键轴锥销断了，机器无法继续运行，需要紧急维修。当时厂里的夜班已经取消了，如果当天修不好，会耽误第二天早班开车，影响到生产就不是小事情了。"他立即赶到了机台，仔细检查后发现是锥销在机器内部断成了三节，而车间里没有专用的取出工具，经过仔细的思考，李睿决定采取用钻头打通销子的方案，一节一节地取出断销。这是一场经验与耐心的比赛，深夜在场的每个人都难免有些疲惫。终于在打坏了 4 个合金钻头后，成功将断销全部取出。偌大的卷接包车间里，凌晨三点，只有 1-7 机台上面的白炽灯依然亮着。

在李睿身上，我们看到了"干一行钻一行"的精益求精，看到了"偏毫厘不敢安"的一丝不苟，看到了"千万锤成一器"的卓越追求。一件油迹斑斑的工作服，浸透了笃行技精的汗水；一双布满老茧的手，是卷包人安心生产的保障。如果你在蚌埠卷烟厂看到李睿疾步如飞，那肯定是他正在赶往下一个需要他的"战场"。

向阳而生　逐光而行

——记"安徽省青年岗位能手"宋旭

郑佳琪

宋旭毕业于安徽工程大学电子信息工程专业。2010 年 7 月，进入蚌埠卷烟厂工作，现任卷接包车间电气维修工。

"请问宋旭在吗？2—2 佛克包装机出现电气故障，无法复位，请来看一下。"

"好的，马上来！"这个反应迅速、步履匆匆，浓密的剑眉微皱着，手里拿着电笔和尖嘴钳的人名叫宋旭，是蚌埠卷烟厂卷接包车间的电气维修高级技师，也是车间里第一个掌握 2021 年从德国引进的佛克 FX2 超高速包装设备电气维修技术的人。

只见宋旭来到设备前，调出电气设置页面，紧接着进行了一番熟练的电气设置动作，检查好设备状态后，向机司响亮地喊了一声："好了，准备开车！"待设备启动，确认无异常，宋旭向机司交代了注意事项后，默默地离开了机台。

"有宋旭在，就是安心！"机司笑着说道。

刀在石上磨　人在事上练

基层是一片热土，扎的下根，储能蓄势，强根壮茎，才能在机会来临时破土而出，向阳生长。刚踏上工作岗位的宋旭不断体会着岗位职责的深刻含义。从工作的第一天起，宋旭就默默地告诉自己，不论在什么工作岗位，都要把本职工作做好，作为青年员工要严格要求自己，在岗位上发光发热，不断提升自己的业务水平。在工作中，他勤奋、好学、谦虚、不怕吃苦，把"干一行，爱一行，精一行"当成自己的工作座右铭，始终保持着谦逊的态度，尽可能多地学习设备的有关知识。他时常向身边经验丰富的老师傅学习求教，往往先人一步掌握了工作中的技术要点。逐渐地，身边的师傅们也对这个阳光开朗又勤奋好问的小伙子另眼相看，倾囊相授。他随身携带的一个小本子上，密密麻麻地记录着他在工作中遇到的问题以及解决方法、工作技巧等。2018 年，宋旭荣获"黄山杯"电气修理岗

利用设备维保间隙检查包装机光电感应线路的宋旭

位技能竞赛二等奖。从最初跟在师傅后面举一反三的备工，一步一步成长为车间最年轻的电气维修技师。

即使在工作上已取得了一定的成绩，宋旭仍没有停下前进的脚步。他认为自己还有很多方面的理论知识需要补充学习，工作上要时刻保持紧张感和危机感，不断学习更新知识储备，才能适应和满足企业高质量发展的要求。在工作中宋旭踏踏实实、刻苦钻研，他总说多付出一点才能收获更多，他坚信态度决定高度，机会只留给有准备的人。

纸上得来终觉浅　绝知此事要躬行

车间电气"维修大拿"，是同事们对宋旭的爱称，也是大家对宋旭维修技术的肯定。究其原因，宋旭认为在参加工作以来的 12 年里，从对设备的一无所知到对设备的深入了解，其间是一个不断提升、不断学习的过程。电气维修工作的难点在于对问题和故障的准确判断。为此，电气维修工既需要有一定的理论知识和对设备电控原理的深刻理解和掌握，又要具备丰富的实践经验。能力的提升就是通过解决现场中一个个实际的问题而积累起来的，面对一个新问题，通过对图纸资料的查阅，对各种可能原因的分析，直到逐项排除解决问题，这一过程就是加深理论理解的过程。这个问题的解决又会成为自己以后的一个经验。只有亲身经历过，切实动手解决过"疑难杂症"，才能积累丰富经验，体悟得深、理解得透。

在学习佛克 FX2 超高速包装设备电气维修技术的过程中，宋旭主动提前将厚厚的设备电气维修手册弄懂吃透，在佛克电气工程师调试设备的过程中仔细观察，主动深入思考、求教，遇到类似问题主动要求尝试解决，对新设备的维修技术掌握得很快，解决电气问题也越来越得心应手。佛克工程师对宋旭踏实勤奋的工作态度给出了高度评价，也大方地分享了很多自己多年来积累的维修技巧。

勇担当　乐分享　善创新

宋旭作为卷接包车间电气维修高级技师，精通 GDX1、GDX2、ZB45、ZB47、FOCKE FX2 等机型电气故障维修，善于对疑难杂症进行攻关。他先后主持攻关课题 10 余项，参与改善课题 20 余项。他坚持对设备存在的问题持续追踪，力求彻底解决。车间 2—4 包装机辅机每隔一段时间就频繁地跳出 Q2（驱动电源）故障，非常影响生产。面对这种疑难的软故障，宋旭通过反复分析和查阅图纸资料，并在机台长时间追踪观察，发现问题锁定在老式的变频器上。但新式变频器的更换，涉及新老变频器诸多接线相异，变频器里几十种参数的调节，在不断的探索下，宋旭最终将问题完美解决，大大提高了该机台的生产效率。

宋旭除了在工作中勇于探索，还积极将自己的智慧成果分享给同事，帮助大家共同提高。他一方面将工作中遇到的疑难问题、解决办法和工作技巧加以总结，提炼成"问题处理库"，并毫无保留地分享给同事们；另一方面将数百种配件号按照更换频次等规律，分类存储在云端形成数字"小配件库"，极大地提高了检索效率。

宋旭在繁忙的工作之余，积极投入到各类改造和创新中。2015 年，他主持的攻关课题"解决硬盒内衬纸质量缺陷"，获得了厂级微创新发布一等奖；2016 年，其主持的科技项目"提升 BE 包装机产品质量"获厂级发布三等奖。宋旭还是卷接包车间"李银平"劳模创新工作室的骨干之一。他积极带领青年员工探索创新工作，为企业培养技术技能人才。

宋旭就像他的名字一样，像初升的太阳，永远积极乐观，充满活力，他在工作中向阳而生，逐光而行，影响和温暖着身边有抱负、有信仰的年轻人。他就像一盏灯，照亮着身边青年员工前进的方向。何其有幸，我在卷接包车间看见一道光，名叫宋旭！

"高"歌猛进　启"迪"未来

——记"安徽省青年岗位能手"高迪

王　超

聪明能干、积极向上、踏实靠谱、温柔谦和……这些标签都是领导和同事赋予高迪的褒奖。高迪是蚌埠卷烟厂卷接包车间维修工，自 2011 年毕业以来，已经在企业工作了 11 个年头。多年来，高迪凭借着过硬的专业能力和勤奋的学习态度不断成长，成为大家眼中的"暖男"。其间他多次获得厂先进工作者称号，2020 年还荣获了蚌埠市"五四"青年奖章提名奖。下面我们深入高迪的日常工作，看看他平凡的外表下有着怎样的人格魅力。

2022 年 4 月 12 日上午 10 点，卷接包车间维修组现场，设备管理员及操作工等前来参加"ZB45 包装车运行状态可视化系统的研制"QC 课题启动会议，修理组被与会人员填得满满当当，气氛热烈，尤其在改造方案上，大家反复讨论并敲定一些细节。

"ZB45 包装车在运行过程中，内部的各个输送系统、折叠系统等在运行过程中容易产生积胶、积垢、渗油等状况，会很大程度上影响设备的效率与产品质量。多数相关部位只能在停下设备的情况下，探入设备进行查看或用手摸索，这大大降低了操作人员对于设备运行情况的感知程度，增加了产品质量隐患、降低了设备运行效率。"轮到高迪代表修理组发言，"通过研制一套安装在设备内部的监控系统，让影响设备效率及产品质量的关键部位可视化，可以极大地提高人员对于设备运行状况的感知效果及感知速度，从而及时进行预防性维保，降低次品率及停机率。"

条理分明、语速平稳，体现出高迪在工作上的自信和熟稔，不过，无意中和目光如炬的小编对视了一下，阵脚微乱，可能突然意识到他正作为一个采访对象被关注，看得出这不是一个善于展现自己的人。

正在检修卷烟机设备的高迪

是金子总会发光

"我 2014 年来到卷接包车间，从发现到关注高迪，都是通过工作，他的确不是一个活跃的人。"卷接包车间一位透明机师告诉我，"工作细致、认真、踏实肯干，并且有创新精神，还有一点，从来没向车间提过任何要求。"直到车间让高迪去干维修工，是金子总会闪光，他也没有辜负车间的信任。

2016 年，安徽中烟公司举办"烟机设备维修大赛"。高迪用 20 天时间进行参赛准备，并在此次比赛中荣获第三名，获得"安徽中烟技术能手"称号。仅仅相隔 30 天，高迪又代表企业参加蚌埠市青工竞赛，被团市委推荐参加省级评比，获得"安徽省青年岗位能手"称号。

说起这个令人羡慕的奖项，他没有一点自喜自得的神色，轻描淡写，一带而过。

"你参加比赛的时候想过自己会得奖吗？"

"根本没敢去想。"

"怎么准备比赛的？"

"20天时间太紧张了，而且平时都在上班，发了几本很厚的专业书，粗粗翻了一遍。"

"场上的比赛内容是什么？"

"比赛内容是对卷接机设备进行排故恢复，结果我是第一个完成的，并且自认为做得挺好的。"

"结果符合预期吗？"

"基本符合预期，修复过程上出了点意外，不然分数应该能够更高。这也给我今后的工作提了醒，对待设备一定要一丝不苟。"

高迪说话风格就像他座位上的设备图纸一样，逻辑清晰，准确可靠，并且没有一丝修饰，他好像不需要表达情绪和使用形容词。

技术上的创新能手

在卷接包车间青年员工的眼里，高迪更像是一位经验丰富的老大哥。做事到位、注重细节、善于钻研、又懂得创新，他凭借自己丰富的经验，不断创造新技术。

为了减少PROTOS70烟丝造碎，提高烟丝束成型的均匀性，降低烟支重量标偏。高迪和几位技师，经过系统的分析和研究，发现可以对卷烟机供丝部分抛丝辊的结构外形进行创新性叶片式改进，同时改变抛丝辊、弹丝辊转速的变速配比，从而达到减少烟丝造碎、提高烟丝填充能力的目的。通过他们的努力，部分品牌烟丝改进后整丝率提升26.7%，碎丝率下降25%。该成果论文发表在《烟草科技》2019年8月刊上。

在日常工作中，高迪还改进了一些设备，使维修过程更便捷高效，运维成本更加低廉。他对PROTOS1－8MAX上胶系统的控胶辊驱动部件、控胶辊组件、控胶辊轴承等部件进行改进，提高了上胶系统部件运行稳定性和上胶系统整体使用寿命，相关备件费用下降达87.7%，并获得了新型实用型专利《一种卷烟机组的控胶辊装置》的授权。对此，高迪坦然说："如果我的创新能够帮助企业节省预算，降低成本，帮助维修工减轻负担，这就是对我最大的鼓舞。"

维修工在评价高迪时说："他非常善于钻研，善于琢磨，发现设备出现某一缺陷，就立即投入研究，甚至忘记吃饭。他在查找缺陷根源时，善于上连下延，追求解决缺陷的完整性和系统性。"

自高迪进入卷接包车间以来，共完成科技项目7项，QC课题8项，提高了设备的稳定性，降低了运维成本，累计为企业节约资金100余万元。

值得信赖的人

对高迪，卷接包车间上下交口称赞，多数人评价他为"踏实、扎实的靠谱青年"。

高迪在开展维修工作的同时，积极对自身积累的维修经验和故障分析方法进行总结，编写经验一点课，建立维修人员与操作工交流平台，实时分享经验交流心得。组建创新创意小组，搭建青年员工创意思想交流学习平台，辅助人才队伍建设，以装备工艺技术培训、质量管理培训、合理化建议、微创新、管理创新、技术创新等为契机，引导青年成长并积极投入生产管理中去。新来的学生都说："高迪这位老哥，技术精湛，为人宽厚，非常值得我们学习，更值得我们尊重。他是学习的标杆，也是我们青年人学习的榜样。"

　　"带学生累吗，难吗？"

　　"我觉得，还好吧，认真做吧……"高迪腼腆一笑。

　　高迪不仅在工作中发挥中坚作用，也是企业的"热心大白"。他积极参加社会公益工作，2013年，加入了蚌埠市志愿者团队，积极参加社区清扫和互助工作，主动参加单位和车间开展的"互助小课桌"活动，为贫困地区儿童捐赠学习物资。积极参加蚌埠市文明城市评选助力工作，编入禹会区志愿者服务队伍随时调配。2018年，加入蚌埠市青年联合会，积极履行委员职责，参加省内地市资助活动，践行蚌埠青年人的担当。

　　如果说高迪做好这些事情是爱岗敬业，那么他无条件地做了很多岗位之外的事情，就能真正看出他是多么热爱自己的职业，热爱同事，热爱企业的荣誉。"我有一次在维修组接到一个老人的电话，说是家里的机顶盒出问题了，找迪哥帮忙。"高迪的同事告诉我，这次通话时间很长，高迪的耐心可能是他工作以来最生动的一课。

　　高迪的故事还有很多，通过这些细节我们也足够判断，他是一个内心充盈着温暖的人，这份温暖是他孜孜不倦的工作动力，更让别人感觉到了世界的温柔之处。他就像大白，一直都被人需要，仿佛被需要才是他的角色。他就像大白，如果自己身上有伤口，只需要一个透明胶带就好。平静的高迪身上，有一束隐隐闪耀的工匠光彩。

青春恰似火　扬帆正当时

——记"安徽省优秀共青团员"徐钰鹏

许　巍

> "虽然通过团组织的悉心培养和我自己的努力,工作上取得了一点成绩,但是我认为还是远远不够的,距离一个优秀团员的标准还有差距。"蚌埠卷烟厂卷接包车间青年员工徐钰鹏在采访中说。徐钰鹏参加工作以来,一直在卷接包车间工作。现担任卷接包车间包装机司,蚌埠卷烟厂第二团支部书记、厂团委委员。

做一颗永不生锈的螺丝钉

2016年9月,徐钰鹏大学毕业,进入蚌埠卷烟厂卷接包车间工作,由于车间缺人,刚进入车间工作时,他就扛下了重担,成为 BE 机台的包装机司,负责整个设备的生产、维修和质量管理。BE 包装车是出了名的难开,但他并没有畏惧困难,而是迎难而上,借来相关书籍,一方面向组长们请教,一方面自己刻苦钻研,终于在很短的时间内学会了机台的操作和基本的维修,保障了生产的正常。

进厂6年,徐钰鹏可以熟练操作 BE 机型、BO 机型、GDX－1 机型、GDX－2 机型。"本职工作最为重要。"徐钰鹏说,"在车间一线工作,其余的个人能力都是众多的0,只有本职工作才是前面那个1,只有在本职工作做好的基础上,你其余的工作才会成为你的亮点,否则一切都是空谈。"带着对本职工作精益求精的信念,徐钰鹏哪里有需要,就往哪里扎,大家都夸他是"一颗永不生锈的螺丝钉"。

做一个积极上进的团干部

2017年,徐钰鹏担任蚌埠卷烟厂第二团支部组织委员,担任厂团委委员期间,徐钰鹏兢兢业业,多次组织主题团日活动,带领厂团员青年们参加演讲、志愿活动等。"大家

安徽省优秀共青团员徐钰鹏

工作都很忙，能抽出业余时间参加活动很不容易。"他说，"我必须起到带头作用，积极鼓励并且帮助有困难、有畏难情绪的团员青年，踊跃加入我们团员大家庭中，共同进步。"

在不懈的努力下，2017 年，徐钰鹏向党组织递交了入党申请书；2020 年，他被推荐为入党积极分子。徐钰鹏说，当党支部书记告诉他，因为他表现优异，积极向党组织靠拢，被推选为入党积极分子时，他激动得不知所措，当即表示：一定会经受住党组织的考验，会以一名党员的身份要求自己，当好先锋模范。

做一名助人为乐的志愿者

徐钰鹏总是以一名普通志愿者的身份，活跃在公益第一线。当被问到印象最深刻的一次志愿经历时，他沉思片刻，娓娓道来："那一定是去看望贫困儿童了。我去的第一户人家，那是怎样的屋子啊，一个大厅，一间卧室，基本上没有任何家电，床的周围用的是塑料布挡风，据奶奶说，家里有两个孩子，母亲不在了，只有父亲在工作。孩子上幼儿园的时候，没有钱交200元的牛奶费，看着别的小朋友喝牛奶，回家后难过地哭了一整天。"徐钰鹏的眼中有晶莹闪过，他继续说道，"另一户人家，家里父亲因车祸去世，只剩下母亲独自打零工供养三个孩子上学。满满一面墙的奖状吸引了我的注意力，这些都是三个孩子在学校取得的成绩。相比于市区里的孩子，家庭环境的困难阻挡不了孩子们用功读书的决心，孩子们并没有被自己家里困难的生活所打倒，仍然取得了良好的成绩。他们没有漂亮的衣裳，没有五花八门的电子产品，没有好吃的零食，但是，相比于市区里的孩子，他们没有抱怨生活，而是一样健康成长着，还力所能及地帮着家里做事。这一场景让我感觉到，我们更应当用实际行动把温暖送到最需要关爱的困难群体里。"是啊，关爱是相互的，这些孩子在困难中努力学习、努力生活的样子，也感染着我们。我们更应当珍惜当下、努力工作、回报社会。

从进入蚌埠卷烟厂以来，徐钰鹏一直任劳任怨、埋头苦干，无论在平时的工作中，还是在业余的活动组织中，都做出了不平凡的成绩，先后获得蚌埠卷烟厂优秀共青团员、蚌埠市优秀共青团干部等称号。对于成绩他永不自满，对于困难他永不放弃，对于工作他永不放松，以饱满的工作热情迎接每一天。他说："我很平凡，但是我的青春不一般。"

唱响青春奋斗最强音

——记"安徽省优秀共青团员"王奕萌

程冰妍

> 王奕萌，是一名资深音乐爱好者，他那悠扬磁性的声线、专业扎实的唱功，还有配合歌曲的钢琴弹奏，给每一位听者留下深刻的印象，得到了有关专业人士的认可，让身边人赞不绝口。生活中热爱唱歌的他，在工作中，也在以饱满的热情唱着属于自己的"奋斗之歌"。

以"扎根基层"为谱 弹"深入学习"之曲

王奕萌，2013 年 6 月，毕业于安徽农业大学植物保护专业，7 月进入蚌埠卷烟厂工作，先后在制丝车间片烟配方库、中控、切丝机、烘丝机等岗位轮岗学习，目前是制丝车间工艺员。

回忆起自己刚进厂时的学习之路，王奕萌有着自己的一份感悟："学习从零开始，贵在坚持。当我最早接触乐理知识时，觉得无从下手，但是万事开头难，我知道扎实的基本功对于唱功的提高有多重要，于是我每天练习识谱，熟悉音律，理论加实践两不误，逐渐在乐理知识方面有了一定的了解与进步，为我更好演绎歌曲做好了铺垫。所以在工作上，我也下定决心要扎根基层，慢慢学习积累，把基础打好。"

在操作岗位学习期间，他认真跟从师傅学习设备的操作，同时勤于思考，钻研设备的工作原理，不仅熟练掌握自己机台的设备操作技能，也由点到面地熟悉各工段的工艺流程和设备知识。"操作岗位的学习，让我对生产线的设备有了比较直观和清晰的认识，为我以后从事工艺质量管理工作打下了良好的基础。"王奕萌十分珍惜在操作岗位上的学习机会，并觉得扎根生产一线是想要进步与提升必不可少的一步。2015 年 9 月，经过一线操作岗位的历练，他被推荐选拔到重点工序进行轮岗学习。在此期间，王奕萌更全面地学习了卷烟制丝工艺流程及主机设备的相关知识。8 个月的轮岗学习下来，他已经对制丝环节的

优秀团员王奕萌

设备、工艺、生产等方面有了一个全面的认知。在老员工的帮助下，他认真学习了制丝中控微机操作技能，并很快熟悉了对切丝、烘丝设备的现场实际操作，渐渐地独当一面起来。

以"脚踏实地"为律　谱"不断提升"之歌

在家练歌时，他经常练习到深夜。"一旦投入进去，觉得时间过得很快，就是反复多次的练习，熟能生巧。"王奕萌对待学习总是有一股子钻研劲儿。在操作岗位工作期间，王奕萌脚踏实地，努力学习片烟高架库的工作流程和工作原理。其间，他编写了许多的OPL 单点课程和岗位 SOP，作为班组安全员，协助车间安全员进行安全生产管理工作，不断提升、进步。

2016 年 5 月，凭借出色的表现，王奕萌开始从事车间工艺质量管理工作，同时也获得了外出学习相关知识的机会。"我很重视这样外出培训学习的机会，我认为系统性的培训学习，加上互动式的沟通交流是进步的最佳方式，这和学唱歌是一个道理。"2017 年，王奕萌参加了国家烟草质量监督检验中心组织的卷烟感官评吸技术岗位培训班，并通过考试取得卷烟评吸技术岗位资格证书。

从事工艺质量管理工作以后，通过自身努力和身边同事的帮助，王奕萌不断提高自己的理论水平、技术能力和综合素质，业务水平得到了很大提高。在日常工作中，严格落实生产现场工艺纪律的巡查与管理，监督工艺标准的落实和执行，协助同行进行车间的质量管理和质量考核工作。多次负责或配合车间与质量技术科开展的工艺试验和工艺研究，解决生产制造过程中的工艺质量问题。作为工艺员，恪尽职守，保障制丝加工过程的设备性能、工艺执行和产品质量水平。

以"勇于创新"为词　唱"青春奋斗"之音

凭着一份热爱，守着一份坚持。参加工作 8 年来，王奕萌积极参加单位组织的各种活动，先后获得蚌埠卷烟厂"优秀青年志愿者""先进生产（工作）者""安徽省优秀团员"等荣誉称号。2017 年，他代表蚌埠卷烟厂参加公司"黄山杯"卷烟感官质量评价技能竞赛，获得专业组第一名的好成绩，同年被授予"蚌埠卷烟厂年度标兵"荣誉称号。

此外，在领导的关心和师傅们薪火相传的帮助下，王奕萌积极参与科技攻关项目、QC 活动、微创新等活动，均取得了较好成绩。他参与并发布的 QC 项目"浸渍器进料在线自动均料装置的研制"，荣获 2016 年第十四届"海洋王"杯全国 QC 小组成果发布一等奖。到目前为止，王奕萌共主持、参与 QC 活动 3 项、科技项目 8 项、质量攻关项目 6 项、科技微创新 12 项，获得实用新型专利 4 项，作为第一作者在国家级刊物发表技术论文 4 篇。

"萌"这个字有可爱的意思，在日常工作中大家总是习惯叫一声"萌萌"，他就是这么一个可爱的人。"作为一名工艺质量管理人员，我虽然在岗位上取得了一点点的成绩，但我深知不能在成绩面前睡大觉。"谦逊低调的王奕萌认为，如今取得的一点成绩不足以让他停下奋斗的步伐，他立志要继续发扬创新精神，不断进取，在企业新时代发展的舞台上，唱响青春奋斗的最强音！

第 五 章

珠 城 楷 模

中国烟草
CHINA TOBACCO

安徽中烟工业有限责任公司蚌埠卷烟厂
BENGBU CIGARETTE FACTORY OF CHINA TOBACCO ANHUI INDUSTRIAL CO.,LTD.

书记是一面迎风的旗

——记"蚌埠市民主管理工作先进个人"韩明

王显禄

> "哪里有需要，哪里就有服务和奉献。"这是蚌埠卷烟厂工会副主席、党群党支部书记韩明常说的一句话。
>
> 进厂37年来，无论身处什么岗位，韩明始终不忘自己是工厂的建设者、职工的服务者，他默默无闻地扎根于工作岗位数十年，用实际行动诠释了一个老党员的坚守和付出，感染着每一位蚌烟人，成为职工的贴心人、工作的好榜样，获聘国家二级企业文化师，曾荣获蚌埠市民主管理工作先进个人、市工会系统"五五普法"先进个人称号。

不辞辛劳，他是职工的贴心人

韩明先后在多个岗位工作，但始终从事与职工相关的工作。关爱职工，传递温暖，成为他的工作原则，并致力于当好职工的贴心人。

2014年，韩明调入厂离退办担任党总支书记。面对新岗位，他以最快的速度理清思路，全身心地投入工作中。本着"爱心、诚心、虚心、耐心"的工作原则，他翻阅了与离退休工作有关的文件，将政策熟记于心，积极为离退休老同志办实事、办好事，第一时间为他们排忧解难。

七年时间里，韩明了解了每一位离退休老同志的情况。为了让老同志"老有所养""老有所依""老有所乐"，每年"两节"期间，韩明都会走访慰问离退休老干部、劳模、困难职工。近年来，"空巢"老人养老问题渐趋突出，韩明提出并组织实施"关爱空巢老人"活动，将温暖送至每一个有需要的离退休人员家中。

韩明始终关注老同志的家庭情况和身体状况，确保出现问题第一时间上门看望、慰问。有一次，一位退休职工的儿子在结婚前两天遭遇车祸，手术和治疗每天所产生的费用

韩明正在研究职工提案

需要 4 万元左右，一时间让这个家庭陷入困境。得知这一情况后，韩明立即向厂领导汇报，在离退休职工中发起爱心捐款倡议活动，并带头捐款。凭着自己在离退休老同志中的号召力，仅两天时间，就有 240 多人捐款，金额达到 37000 元。当这笔满含爱心和温情的善款交到这名退休职工的手中时，她眼含热泪地说："感谢领导和同事们的帮助，我的家庭从心底感受到了企业的温暖。"

不畏艰难，他是工作的好榜样

2021 年，疫情防控工作转入常态化，又逢中央两办关于国有企业退休人员社会化管理工作的实施，为及时掌握和了解退休人员的生活和思想状况，韩明通过科务会、支委会、片区网络等途径，传达疫情防控要求和公司离退休工作会议精神，收集离退休职工思想动态，做好政策宣传工作。

为了让工作人员和离退休人员熟知政策，韩明摘选中央、行业、省委省政府关于离退休人员社会化管理工作目标任务和要求等内容，制作成宣传展架，摆放在离退办院内；利用科务会、支部委员会议、老年大学班组长座谈会、工会委员文体骨干座谈会、微信群等渠道广泛宣传。

2021 年 4 月，韩明转任工会副主席、党群党支部书记，党建与业务两重工作任务交到手上，他每天都忙忙碌碌，脸上经常挂着汗珠，脖子上常挂着一条擦汗的毛巾，加班加点更是常事。同事们经常劝他多休息，他总是笑吟吟地回答一句"好好"，转头又去忙工作了。

2021年是中国共产党成立100周年，按照公司部署，韩明积极谋划、认真组织，做好公司庆祝建党百年文艺会演的节目策划编排和巡回演出工作，受到了公司领导的赞扬；他组建百人合唱团参加蚌埠市庆祝建党100周年音乐诗歌咏唱会文艺演出，得到了社会各界的一致好评；他组织开展庆祝建党100周年职工合唱展演，近400名职工参加演出，营造了浓厚的企业文化氛围。

这一年，公司"黄山杯"烟机设备修理操作技能竞赛在蚌埠卷烟厂举行。韩明提前开展工作，与公司相关部门保持联系，想方设法做好大赛的各项筹备和后勤保障，并积极配合各车间做好参赛选手的选拔、理论和实操培训。蚌埠卷烟厂选手在比赛中取得了历届最好成绩，竞赛承办工作也得到了公司主办部门领导的认可。

2021年，是"十四五"开局之年，也是工厂进步改革的创新之年。韩明带领职工全面贯彻党的精神，立足新发展阶段，认真落实上级工会组织和企业年度工作会议部署。他坚持政治引领，带领职工紧跟党的步伐，紧跟发展潮流；他强化服务职能，营造温馨和谐的工作氛围；他规范民主管理，引导职工积极参加议事，不论大事小情，每一项工作他都亲力亲为，确保高质量完成。

韩明（中）正在组织职工开展横拔河比赛

不留功名，他是勇挑重担的老书记

37年的工作经历，辗转了多个部门，这位年轻人眼中的"老书记"，韩明多年来默默做了许多不留功名的工作。

党费补交和退休党员组织关系移交工作任务繁重、费时费力，韩明却主动承担下来。"难，真的难。"回忆起当时的情形，韩明仍然感慨万千，"很多退休老人不愿意转组织关系，他们觉得组织关系转走了，是不是厂里不要他们了，我就一家一户耐心解释，他们对企业有着深厚的感情，我也得为他们办好事情啊。"

　　几个月的时间里，韩明走访全市各区党组织部门请求支持，走遍了全市街道、社区，为退休老人寻求帮助。最终，他为全厂459名退休党员，全部完成社会化党组织关系管理工作。

　　不仅如此，在走访中韩明发现，很多退休老人的生活单调枯燥。"不能就这么看见了还装没看到。"韩明跑遍了蚌埠市葫芦丝协会、柔力球协会、月嫂协会、声乐协会，请来高水平的老师，开展各种形式的老年大学课程，一时间报名异常火爆。"老同志们退休生活丰富点，我也高兴！"看到离退休职工老有所乐，韩明觉得自己的付出没有白费。在他的带动下，近几年厂里离退休人员精神文化生活不断丰富，每年开展的群众性文化娱乐活动精品作品层出不穷。

　　"能在自己热爱的岗位上，认真负责做事，做对企业有用的事，做有益于员工的事，让我觉得工作很有意义。"韩明说，只要能得到全厂职工的认可，自己辛苦点不要紧。在他看来，自己既是一名老党员、老书记，也是蚌埠卷烟厂的老职工，他愿意当一名迎风的旗，为年轻人引领奋斗的方向，当好全厂职工的贴心人。

展示巾帼风采　不负芳华岁月

——记"蚌埠市五一劳动奖章"获得者张静

程冰妍　李　昆

张静，1993年参加工作，2014年取得高级会计师资格，6月担任蚌埠卷烟厂财务科科长。2021年7月，按照企业有关政策，转为财务科一级助理。在29年工作中，她凭着朴实的工作作风、扎实的理论功底、执着的敬业精神和严谨的工作方法，成长为会计领域的"行家里手"，连续多年被评为企业"优秀中层干部"、安徽中烟"优秀团队长"。2015年张静荣获蚌埠市"五一巾帼标兵""五一劳动奖章"。在担任财务科科长期间，她勇挑重担、运筹帷幄，做出了许多骄人的成绩。下面让我们跟随蚌埠卷烟厂文化创新工作室的视角，感受她"巾帼不让须眉"的现代女性风采。

德才兼备　精明强干的财务女将

提到张静，财务科的每一位同事都会嘴角上扬，眼神里充满温暖，言语间都表达出对这位"大姐姐"的爱意。工作中，她是一名优秀党员，是一名身先士卒的中层干部，更是会计领域的"行家里手"，一位才德兼备、精明能干的财务女将。在生活中，她是一位爱笑、亲切，关心同事的知心大姐。二十多年的工作中，她始终坚持朴实的工作作风，执着的敬业精神，严谨的工作方法。

2018年以来，张静不忘本职，风风火火，和财务科9名同事一起，在加强自身党性修养、廉洁自律的同时，管理着企业财务账、食堂账，代管着党费账。在企业财务账管理中，她坚持"四个持续"：持续加强成本费用管控，采取模拟利润中心分析模式、建立动态分析联动机制、参与公司新产品成本测算等，强化生产成本分析控制，练就带着"显微镜、放大镜"抓规范的本领，加大差旅费、会议费、委外培训费、业务招待费审核力度，降低检查风险；持续推进全面预算管理，2018年着力于预算子系统的调研、设计、培训，

"蚌埠市五一劳动奖章"获得者张静

按照公司要求,将蒙城雪茄部预算管理工作纳入蚌埠卷烟厂预算管理范畴,在现有财务管理模式下,积极对接蒙城雪茄烟生产部预算管理工作,实现平稳过渡;持续推进资产规范化管理,通过开展国有资产基础管理达标自查、开展货币资金专项自查,通过提前谋划易地搬迁阶段资产管理,制订《蚌埠卷烟厂易地搬迁阶段资产管理实施方案》,强化国有资产监管,保障各项资产在易地搬迁过程中的安全完整性;持续推进会计基础工作,派员参加公司所属单位会计基础互查,统一会计核算口径,规范会计核算行为,更好地执行烟草行业工业企业会计核算办法,进一步促进企业会计基础工作整体水平再上新台阶。

2019年,在蚌埠卷烟厂易地技改搬迁期间,张静克服困难,统筹兼顾,积极推进智慧化工厂建设研究;积极推进新厂预算转固定资产、老厂资产处置;积极开展五项严格规范专项检查,企业财务管理取得新业绩。新旧两厂工作同步进行,她细致认真,勇于担当,通过开展国有资产基础管理达标自查、货币资金专项自查,提前谋划易地搬迁阶段的资产管理,保障各项资产在易地搬迁过程中的安全完整性。对企业易地技改资产投产使用,她认真做好新增资产"预转固",易地技改搬迁阶段现有资产规范处置,以及老厂资产处置工作。

技改项目即将接近尾声,面对大规模减税降费政策的全面推行,增值税税率变动造成的项目核算金额的变动和数量庞大、种类繁多的项目成本费用的划分等棘手问题,她直面挑战,带领团队求根溯源,从源头开始梳理,做到绝不让处理的业务在这里延误、差错在这里发生。她勇挑大梁,加强差旅费、会议费、委外培训费、业务招待费审核和自查力度，降低检查风险。生活中，面对女儿，她沿用财务上的回头看及巡查办法，积极培养女儿，尊重其选择，伴其成长。指挥家在一个乐团之中更重要的作用不是台上的那一幕，而是台下的每一天。作为财务科的指挥家，她运筹帷幄，带领团队砥砺前行。

敢挑重担　无私奉献敢当先

在蚌埠卷烟厂财务科科长任上，张静总是以身作则，带头参加公司、厂里举办的活动，她无私奉献，在团队中总是起到至关重要的作用。在安徽中烟"黄山杯"第四届财审知识竞赛中，蚌埠卷烟厂代表队取得了总分第一的好成绩，其中笔试成绩更是遥遥领先；在凭证装订比赛中，蚌埠卷烟厂装订的凭证像教科书一样，获得了现场评委的一致好评，当之无愧地取得了第一。成绩的取得离不开赛前的精心准备和辛勤努力，蚌埠卷烟厂代表队全部由监督管理党支部财审党小组的党员组成，他们深深明白"一分耕耘未必有一分收获，但没有耕耘肯定没有收获"的道理。备战比赛的过程是枯燥辛苦的，要说这支比赛队伍里最辛苦的人是谁，恐怕所有人都会说是张静。作为领队的她，从拿到比赛规则初稿后，就排定了备战计划并严格按照计划执行。先是制订内部劳动竞赛方案，组织了一场全厂性的知识竞赛，进行参赛人员选拔。为了督促全员学习进度，她建立了竞赛选手QQ群，每两天组织一次模拟考试，成绩在群内进行公示，历时1个月的全员测试选拔后，挑选出五名笔试选手、三名装订凭证选手。为了保证选拔选手的赛场适应能力，她按照比赛规则，自己模拟出了6套笔试试卷；模仿现场出题模式，准备了2套P试题，并针对简答题这一特殊题型，组织所有选手进行了"咬文嚼字"专门训练，确保了参加知识测试的每名队员不失分。对凭证装订人员她也不放松要求，按照凭证装订扣分标准，她设置"打乱凭证顺序、倒放单据"等不同状况的"陷阱"，让凭证装订参赛队员接受比实际比赛要求更高难度的操作实务，经过5轮的强化训练，在比赛现场，装订细节队员们没丢一分。"我也没有做什么，作为团队中的一员，我只是尽了一名党员应尽的义务，带头冲锋是应该的，荣誉是属于整个团队的，成功靠的是每一个人的付出。"张静总是把集体利益放在个人利益之上，敢挑重担，得到了上级领导和下属们的一致认可和好评。

运筹帷幄　奏响财务交响曲

在蚌埠卷烟厂办公大楼里，财务科的同志们总是孜孜不倦、日夜忙碌，有时在夜深人静的午夜依旧灯火通明。键盘敲击声、纸张的翻动声、钢笔在纸上的书写声……共同奏响着属于财务自己的交响乐。

张静作为这支乐队的指挥官，是一个乐团的灵魂人物，是最具权威的团队核心。她熟知乐队所有的演奏方式，也了解乐队里的每一位成员，她热爱演奏，坚守初心，每一支经过"财务科"这支乐队之手的乐曲都是当之无愧的高质量产品。她严于律己、运筹帷幄，是财务大家庭的"顶梁柱"。"我们团队的每一位成员都非常优秀，他们积极进取、热爱学习，在工作繁忙的日常中，都会利用业余时间深造考证，他们令我骄傲。"财务科就是这样一个有爱的大家庭，他们互帮互助、共同成长。张静爱这个家庭中的每一位成员，是她的辛勤付出，才组建了这样一个有爱的集体。

蚌烟财务人配合默契、无私无畏、默默奉献。他们不畏艰辛、加班加点，保质保量地按时完成各项任务；他们充满着正能量，激浊扬清，默默地贡献着自己的力量；他们在乐此不疲的"0到9的数字游戏"中见证了企业的发展；他们在日复一日的平凡坚守中，收获了踏实的人生，沉淀了岁月的芳华。在指挥官张静的带领下，他们以良好的职业道德、严谨的工作作风、认真负责的专业精神对待工作，通过勤劳的双手，将一张张发票、一摞摞单据，变成了一册册凭证、一本本账簿、一份份报表，把简单的数字变成了跳动的音符，在企业建设的大舞台上，演奏着悦耳动听的财务交响曲！

专心致志　以事其业

——记"蚌埠市五一劳动奖章"获得者孙琛

孙景凤

"建厂 80 周年劳模采访活动意义非凡，为你们的努力、为你们的付出点赞！"穿着朴素，一头利落的短发，带着谦逊的笑容，看到我们，孙琛高兴地迎了出来。

孙琛 2001 年进入蚌埠卷烟厂，先后从事过司炉、机电维修等工作，现任动力车间副主任。在孙琛身上发生了许多感人的故事，他一次又一次赢得了领导和同事的一致好评。21 年里，他先后获得"东海标兵""优秀共产党员""珠城工匠""蚌埠市五一劳动奖章"等荣誉称号。弹指之间，年华逝去，让我们来细细品味他 21 年来扎根基层的青春岁月。

学而知之　行而致远

提起难忘的事，孙琛向我们讲述了一次在老厂维修自来水进水水箱的浮球阀的经历：那天和往常一样，他早早地到了机电维修组，刚换上工作服，电话铃就响了，只听电话那头说："厂东墙的自来水管道井一直向外冒水，你们过来看看怎么回事？"挂上电话，他赶紧和同事一起带上工具向厂东墙跑去。跑到那里，打开盖板，他看水还在不断地向外冒。水是从侧方向外冒的，他的第一反应就是后面水箱的浮球阀坏掉了，导致水倒流回来。因为平时经常去巡查，所以他知道管道井不深，哪里比较好下去，看着水一直往外流，他赶紧从平时下去的地方跳进管道井，潜到水里将自来水进水总阀关闭。当时天虽说不冷，有十几度，但下水还是很凉的，凭着经验他很快把阀门关掉。等到他上来时，身体冻得发抖，但是看到水箱不再向外冒水，他很欣慰，流的都是钱啊。经过检查，的确是水箱浮球阀的问题，他们进行了及时抢修，没有影响生产。

"作为年轻人，要沉下心来，一步一个脚印，不能好高骛远。"孙琛说，"学而知之，行而致远。学习是首要的，作为青年大学生，我们不缺乏学习能力，更不缺少激情，我们要持续学习，不断给自己'充电'，提高自己的专业能力。做任何事情都是如此，设备操

"蚌埠市五一劳动奖章"获得者孙琛

作、维修、保养……专注于眼前，把眼前能做的、最容易做的、最简单的事情做好，那么一切就变得顺其自然。"

"是的，刚才听你说修浮球阀的事情，说起来很轻松，但是能够第一时间发现问题所在，到水下还能直接找到对应的阀门轻松关闭，离不开你对专业知识的学习积累，离不开你长年累月的设备巡查保养经验，更离不开你对这份工作的热爱和奉献精神。"采访人员都伸出了大拇指。

甘于奉献　拼搏向前

说起孙琛，他的成长过程，很多人都很清楚。长久以来，他时刻对自己高标准、严要求，不断进取，他对工作的态度可以用两个词形容：奉献、拼搏。

时针指向 2018 年，蚌烟易地技改正在如火如荼地进行中。在一次对变压器配电柜进行巡检时，孙琛发现有一根地线从零序保护中穿过，不符合标准要求，且 B 相线的温度偏高。随即，孙琛带着机电维修人员对全厂变压器配电柜的接线问题进行了逐个排查，并用测温枪测量了各个接线端子的温度。当检查到 8 号变压器时，发现空调电控柜 Kjb—7AP 接线端子已经烧得发红。孙琛赶紧跑到配电柜前把电停掉。经检查、分析，确认是由于接线端子松动，导致过热。"配电柜运行一段时间之后，由于热胀冷缩，螺丝容易出现松动，要及时紧固，以防线路发热。"孙琛建议利用厂休时间停电，对所有配电柜接线端子进行紧固。事情安排好后，孙琛带着机电维修人员继续排查，直到晚上六点半才检查完。

"哎哟，忘了接小孩放学了。"正说笑着的孙琛突然说道。他连忙拿出手机，一看有 5 个未接电话，都是班主任的。孙琛赶忙打了回去："不好意思，刚才在检查设备，忘记去接孩子了，现场有点吵，也没听到电话响。""工作很重要，但你们也不能忘了接孩子放学啊，打他妈妈的电话也没有接，一个孩子在这里眼巴巴地等着你们，看着怪可怜的。"只听电话里老师语重心长地说。"实在不好意思，说好是我接的，我老婆带我母亲看病去了，可能医院太吵了也没听到。麻烦您再等我一会，我现在就赶过去。"看着孙琛远去的背影，大家无不为之动容：甘于奉献、拼搏向前，孙琛在技术的道路上也越走越远。

勤于探索　奋勇争先

2020 年 12 月，通过竞聘孙琛当选为动力车间副主任，开始了新的征程。他始终保持初心、保持干劲、脚踏实地，并加强企业管理方面的知识学习。他很快就熟练掌握岗位职责，成功挑起了车间设备管理的大梁。

在介绍从技术骨干到技术管理的转变时，孙琛说：首先做的是改变，心态要有所改变，考虑的问题要更全面，企业各项工作的开展是通过中层管理者来落实的，中层管理者是职工的"火车头"，决定着火车的前进方向，干代班长可能站在车间、站在班组的角度去考虑就行了，干中层管理者就要站在企业角度去思考。思维方式要有所改变，作为管理者，以前是跟设备打交道，现在更多的是跟人打交道，对自己的工作职责要有比较深刻的认识和把握，最主要的是不再自己身体力行地做每一项具体工作，需充分发挥管理者对资源配置和组织的作用。管理方法要有所改变，管理就是要找合适的人，做合适的事，做得开心；要清楚什么样的人是人才，什么样的人是企业需要的人才。要因人而异，对应制定长远目标、中期目标、近期目标和相应的工作计划，并进行跟踪；要肯定人的长处，开发人的潜能，打造高绩效团队，做一个"狼群"。

最后，孙琛又跟我们分享了他的成功秘诀：要成功，就要始终保持一颗勤于探索的心。在此，孙琛向我们讲述了一件他刚干电工时发生的小事："记得在一次修空调电机接线端子的时候，由于我是第一次干，力度把握不好，一下就把上面的螺柱拧断了，当时很害怕，不知道怎么办。身边的李学义师傅说：'没事，把端子接到前面的螺柱上就行了，遇到这样的事情不要怕，首先要敢想、敢干，干坏了不怕，总能解决的。'从那以后，遇到问题我不再胆怯，尝试各种方法去解决，技术也越来越熟练。"的确，干技术、干管理都是如此，把想干事的想法和能干事的能力结合起来，勤于思考、敢于尝试，经验就会越来越丰富，能力也会随之增强。逢山开路、遇水架桥，最终必定有所收获。

"敬业者，专心致志以事其业也。"学而知之、行而致远，甘于奉献、拼搏向前，勤于探索、奋勇争先，孙琛用实际行动向我们展示了新时代年轻人的风采与追求！

积跬步至千里　积小流成江海

——记"蚌埠市劳动模范"程道胜

钱中钰　程冰妍

　　"小胡，你过来看看这个 PID 值是不是有点异常。"一大早，蚌埠卷烟厂制丝车间生产线上就传来一道低沉的声音。他是全国知识型职工先进个人、优秀共产党员、企业技术标兵。工作二十几年来，他时时刻刻以共产党的标准来要求自己，他的勤勉刻苦、无私奉献精神得到了领导和同事们的交口称赞，他就是高级技师程道胜。不忘初心，心系蚌烟，他彰显了一名共产党人的本色。跟着文化创新工作室的采访脚步，让我们听听发生在"蚌埠市劳动模范"程道胜身上的一些事……

无私奉献　温暖人心

　　2004 年，程道胜参与蚌埠烟厂"十五"时期技改工作，凭借自己的知识储备，和国外人员共同解决了 HDT 设备结团问题，解决了外方未攻破的加香精度问题，他将加香机加香精度从 1％降到 0.5％，使得加香后烟丝品质显著提升。在那时，这项技术只有程道胜一人掌握，可他却毫无保留地将这项技术一步一步地教给车间的操作工人，直到他们能够独立操作，他才放下心来。这个阶段正是他初为人父的阶段，他顾不上照顾家里刚出生几个月的孩子，坚守在技改现场，曾不间断连续工作 48 小时，就是为了将 HDT、松散回潮、加香等工序的操作要点和操作技巧教给操作工人。这一行为，不仅切实保障了公司的在线产品工艺质量，而且他愿意将自己的知识毫无保留地奉献出来，温暖了车间的人。那时的他就像一盏灯，为别人照亮道路。

稳扎稳打　稳步提升

　　2008 年，他担任制丝车间电工组组长，积极地带领着电工组完成一项又一项工作，

程道胜正在查看制丝设备生产情况

破解一个又一个难题。比如解决了高架库小毛病不断的问题，解决了切片机切片厚度不均匀的问题等。这些看似不起眼的小问题往往能节省很大的成本，程道胜同志就是这样，总是默默无闻地"干大事"。在他的带领下，班组成员共同努力，在 2010 年被评为："安徽省质量信得过班组""安徽省青年文明号"，2011 年被评为"蚌埠市工人先锋号"。他总说"再长的路，一步步也能走完；再短的路，不迈开双脚也无法到达。"他这样说也这样做，复杂的操作，他会分解开来一步步做；简单的操作，他从不会马马虎虎地敷衍，而是专心致志地去做。

兢兢业业　忘我工作

2013 年，他负责车间的设备管理工作。从设备的维修到管理，其中的角色跨度虽大，但他的适应能力非常强。在工作中大胆创新，以新颖独到的思维方式提出了 7H 设备管理理念，这一理念的提出和实施，大大增强了产品在加工时的稳定性并提高了内在品质，又一次为企业创造了效益。他认为打铁还需自身硬，因而经常学习，夯实业务基础，在实践中检验自身的学习成果。他经常深夜还在研究资料，光记下来的笔记就有厚厚的两本。2015 年，在抽调到技改办工作期间，他经常半年无休，放心不下自己的这摊工作，带病上班的情况非常多。他由于严重透支自己的身体，最后因血压过高，住进了医院。在医生和家人的劝导下，他暂时放下了手头工作。大病初愈，程道胜前脚出院后脚已经走进办公室，这点不得不让人钦佩。他说"人人都有梦想，都渴望成功，都想为成功找一条捷径，其实捷径就是勤于积累，兢兢业业，积极肯干。"他一直这样实践着。

排忧解难　铸造辉煌

2020 年，他借调到生产管控中心工作。疫情期间，外方人员不得进厂，他带领着一众工作人员，解决遗留的问题。调整电子秤精度，调整加香加料精度，将操作中的难点一点点清除。调整过后，在 2020 年的郑州烟草研究院工艺测试过程中，黄山品牌专线获得了 88.18 分的好成绩。目前，程道胜正带领团队积极完成反向控制模型，使整个烘丝环节向无人化操作迈进，大大地提高了企业的生产技术，又一次给企业创造了效益。

任劳任怨、兢兢业业这些形容词，都不足以形容他的品质。他淡泊名利，甘于奉献，面对大家对他的评价，他总是谦虚地笑笑说：这只是我作为一名党员的义务，不算什么。我觉得我的生活过得越来越充实，在帮助别人的过程中，也得到了越来越多的快乐！他说：作为一名共产党员就要无私奉献，不能图名图利，只有在工作中尽力为大家干点事，心里才会踏实。不善言辞的程道胜是这样想的，也是这样做的。不积跬步无以至千里，不积小流无以成江海，默默付出，日积月累，才成就了如今的程道胜。他谈吐间透露出修养，笑容中展示着从容，正带着饱满的热情和拼搏奋斗的精神，扎根在生产一线这片沃土上。

四十年如一日　不为繁华易匠心

——记"珠城工匠"李继民

冷　月

> 他是把保障生产设备的稳定作为第一要务的"骨干技师";他是严以律己、宽以待人,带领团队扎实攻坚的"修理组长";他是冲锋在前、有命必达,尽最大的努力解难排故的"关键先生"。
>
> 从青葱少年到一名即将光荣退休的"老工人",让我们一同走近这位为企业重返行业第一方阵之梦而不懈奋斗的"蚌烟工匠"——李继民。
>
> 李继民 1981 年参加工作,如今已工作了 41 年,1991 年担任包装车维修工,1994 年起任 GDX2 机型维修组长,为保障 GDX2 生产稳定与提高,尽职尽责。2009 年 9 月,他被聘为修理技师,先后获得蚌埠市先进生产工作者、蚌埠市第二届"珠城工匠"和"市五一劳动奖章"等。

不断钻研　活到老学到老

要问李继民成绩背后的"诀窍"是什么,只有四个字:不断钻研。李继民说:"面对新设备,谁都是两眼一抹黑,设备大部分都是国外进口的,最先来调试的也都是外国人,咱英语不好,听不懂他们在说些什么。"李继民笑了笑接着说道,"但是那本厚厚的维修手册是中文的。他们调试完设备走了以后,毕竟还是要我们来修的。怎么办呢?硬啃呗。"他捻起胸前挂着的老花镜架在鼻梁上,指了指旁边的手枪钻。"维修技术就像这把钻头,不断钻研,就像这个锉子,越打磨才能越锋利,才能打得动那些最硬的'骨头'。"

正是秉承着这种不断钻研的理念,李继民立足岗位,在认真做好本职工作的基础上不断学习,严把维修质量关,为确保设备的正常运行和安全生产而努力工作。虽然现在的他已经不再担任轮保组组长了,本可以"一身轻松"的他却依旧活跃在各个需要帮助的机台旁,徘徊在一个个攻坚克难的课题中。

李继民师傅正在检修包装机

提质增效　干一行爱一行

"那肯定是热爱的。"在谈及包装设备时，李继民发自肺腑地感叹道，"起初可能是因为兴趣使然，但是哪种兴趣能持续 40 多年呢？可能就是慢慢地变成了热爱吧，变成了打骨子里喜欢的事情，就是维修，就是看着设备正常运行起来了，打心底里高兴的那个劲儿，就是一次次排故解难后大汗淋漓的酣畅吧。"

是啊，无论是他熟悉的 GDX2 机型还是新的 ZB47 机型，李继民都是全身心地投入在提质增效的路上。从 2019 年的"重担子"，保障包装设备在易地搬迁过程中效率不下降、任务不脱节，到 2020 开局之年的"新任务"，提高包装设备稳定性与效率，李继民无时无刻不在以质量为重点，以服务机台为己任，以提升设备效率为方向努力拼搏。

干一行爱一行，在李继民身上我们看到了"大国工匠"的担当作为。作为一名受聘技师，他对标行业先进企业与各项指标，自觉承担责任和重担；作为一名长白班修理工，他始终保持着高昂的工作状态，早到半小时，了解设备运行状况；作为一名资深前辈，他以行业一流企业为追赶目标，高质量完成车间安排的各项工作。

代代传承　出于蓝胜于蓝

多年来，李继民将自己的维修经验无私传授给维修工和操作工们，积极参加师带徒活动，"传帮带"取得显著成果。"徒弟得奖比我自己拿还高兴！"李继民说，"咱蚌烟 80 年，不论是红色血脉还是操作技术可都是这么代代相传下来的。"名师出高徒，带领团队不断创新的他，在 QC 成果、小改小革项目、科技微创新活动、安徽中烟技术类创新中都收获颇丰。

看着眼前头发已片片斑白的老师傅，谈及他获得过的奖项，看着履历表上一行行密密麻麻的殊荣，让我们很难将上面这些金光闪闪的履历和眼前这位和蔼可亲、谦和诚朴的李师傅联系起来。李继民只是朴实又不失风趣地将这些骄人成绩概括为"大家对我的信任"。他说："我修 GDX2 机组时间最长，平时被'呼叫'去修车的概率也最高，我深深知道机台喊你就是大家对你的认可与信任，这就是我工作的最大动力。"由此我们也不难理解，为什么无论设备什么时间出现问题，李继民总是第一时间赶到现场，以最快的速度尽最大的努力将故障排除，使设备恢复到正常工作状态，为了产品的质量与产量分秒必争。可以说李继民是设备的"保护伞"，是蚌烟提高质量的坚强后盾。

"绿我涓滴，会它千顷澄碧！"李继民身上闪闪发光的"工匠精神"是企业最大的精神财富，让我们跟随他的步伐，砥砺前行，怀一颗赤子之心，为圆每个蚌烟人心底的那个"黄山梦""中国梦"而不懈奋斗。

柔肩似铁　竞绽芳华

——记"蚌埠市巾帼建功标兵"许琼霞

李　昆

> 轻轻地，她走来，身着一身整齐的工装，伴着淡定、从容的步伐，气质如兰、自信独立，她就是我们今天所要采访的主人公——许琼霞，大家都尊称她为"许老师"。
>
> 得知我们要采访她时，许老师是拒绝的，她认为自己做的都是本职工作，但当我们说想了解这些年她所从事的工作时，她思索了片刻，莞尔一笑，便打开了话匣子，娓娓道来属于财务人的芳华。

勤担责　善履职

"我叫许琼霞，1970年10月出生，1994年7月，毕业于合肥经济技术学院会计本科专业，同期被分配到蚌埠卷烟厂工作。进厂后我在三车间干了一年，1995年7月，分配至供应科做了五年的核算工作，2000年7月，调进财务科，工作至今，先后担任出纳、银行会计、费用会计、稽核会计、原辅料及配件核算、预算会计、主办会计等职务，会计从业年限27年。"就如同她的工作作风一样，她的自我介绍也是那么简洁明了，回忆如泉涌。许老师望向我们继续说道："上大学的时候我学的是会计专业，我很害怕我学的专业荒废了，同时也怕浪费了所学的专业，在进财务科之前，我一直都在坚持学习专业知识。所以我非常渴望能进财务科，后来我很幸运，如愿进到财务科，我干了一年的出纳，随后就干了很长时间的费用会计，从一开始的生疏到越来越熟练，我干得得心应手，但是干了一段时间后，我开始渴望能接触更多的财务业务，我更痴心地希望能了解所有财务领域的工作，所以当时我积极争取轮岗机会，从此开启了我漫漫财会学习之路。"

"财务工作需要掌握全面系统的专业知识及国家有关政策法规，知识更新得也快。为了更好地胜任工作，进入财务科后，我积极参加职称考试、公司财审知识竞赛、导师带徒

蚌埠卷烟厂财务岗位上的巾帼标兵许琼霞

等活动，以达到以考代学、以赛促学的目的。经过多年学习，我先后取得会计师、高级会计师、税务师等资格证书，提高了理论水平，并将学到的知识运用到日常工作中。"许老师兴奋地说道，"我很怀念那段时光，很充实。"

"干财务有 27 年了，27 年来我不敢有一丝懈怠，每一笔业务都是看了又看，审了又审，我得对每一个数字负责，对每一笔账目精益求精，严格按照财务制度的有关规定处理账务，为此很多同事都抱怨我审核太过细致，有点死板。"说话间，许老师笑了起来，如此迷人。透过她的笑容，我们仿佛看到了日复一日、年复一年谨慎核对每一笔业务的身影，以及无数个夜晚紧锁眉头盯着屏幕加班的身影。一沓沓票据在她的手中一页页翻过，枯燥但充实；一个个数字在一天天里计算着，单调但责任重大。耕耘在票据间，勤勉于计算中，她与优秀做伴，与勤奋相随，与责任同行。

干一行　爱一行

"干一行，爱一行"，是每个财务人心中的信念，这种信念一直引领着蚌烟财务人勇攀高峰，而这句话更是许老师心中的一棵树，随着岁月的积累在慢慢根深蒂固。许老师对专业知识掌握得非常熟练，处理业务自信而笃定。平时耐心答复业务部门的咨询，对同事遇到的业务问题，如何进行业务处理、处理依据、注意事项等一一解答。近年来，在财务岗位轮换交接过程及后续工作中，对会计人员新接手的业务进行传授、指导，保证岗位交接及财务工作顺利过渡。年轻同事们常说："有许老师在，我们就感觉心里有底。"

宝剑锋从磨砺出，梅花香自苦寒来。作为财务业务骨干，许老师并没有因为她在一个母亲、一个妻子、一个女儿的角色分摊中有所逊色，因为她的存在，加快推动了财务管理和队伍建设。自 2008 年以来，许老师所在的财务科连续多年荣获企业"先进集体"、安徽中烟"双优团队"等荣誉称号；2009 年以来，先后被授予蚌埠市"巾帼标兵岗"、安徽中烟"巾帼标兵岗"、蚌埠市"工人先锋号"、安徽省"青年文明号"等荣誉称号。

是金子总会发光，在历次安徽中烟财审知识竞赛中，许老师取得了"个人十佳"、笔试第三名、凭证装订第一名的好成绩。面对荣誉，她宠辱不惊。这些成绩的取得，凝聚着她的智慧、辛勤和奉献，她用青春和汗水诠释了中国女性的优秀品质，她用柔弱的肩膀和娇小身躯撑起了各项工作的半壁江山。她深深地爱着这个岗位，这里有她的青春，有她的回忆，在这里，枯燥的数字因她而注入了激情。

从业 27 年，许老师在财务的海洋里驰骋，她把"规范管理、勤勉履职、勇于担当"铭刻于心；她立足岗位，勤勉付出，在平凡的岗位上，演绎着财务人默默付出背后的不平凡；她勤于学习，乐于接受新知识，迎接新挑战；她善于思考，勇于跳出会计账本的方寸的局限，敢于提出财务人的新思路。她默默奉献，用女性特有的品质、辛勤的汗水，以高度的责任感和使命感，柔肩担重任。她用财务人的勤奋书写责任的书卷，绽放出属于自己的芳华。

静若杏花　悄然绽放

——记"蚌埠市五一劳动奖章"获得者王宝杏

孙景凤

　　没有惊心动魄的故事，没有色彩斑斓的传奇，回首走过的路，只有默默无闻的奉献与付出，她静若杏花，不争春色。她就是王宝杏，蚌埠卷烟厂高级统计师，在数据间来回穿梭，从容淡泊，悄然绽放。

　　王宝杏，2009年硕士毕业后，进入蚌埠卷烟厂卷接包车间，先后从事微机数采管理、卷烟成品辅材统计、精益管理等工作，2019年，进入企业管理科。13年来，她始终坚守初心、立足岗位，以巾帼不让须眉的执着和为企业出一份力的情怀，书写着不平凡的人生。下面，让我们一起欣赏她的精彩绽放瞬间。

精益求精　书写青春正当时

　　"统计工作枯燥，但我从进厂就在车间一线做微机数采管理员、统计员，一干就是10年，我都不敢想象是怎么走过来的。"谈及干统计员时的艰辛与付出，王宝杏说，"做统计员，每天我都战战兢兢、如履薄冰，与数据打交道，容不得半点马虎，每一个数据都反映着不同的生产状态和产品信息。"她深知数据统计的重要性，努力做到对每一个生产数据认真核算、校对，确保数据上报的及时、准确，丝毫不敢懈怠。

　　虽然王宝杏是计算机应用技术专业毕业，但学生时学习的计算机应用技术知识与统计知识还是有很大的差别。为了更好地做好统计工作，她系统自学了统计专业技术知识，先后取得统计师、高级统计师资格。统计工作不只是鼠标方寸间的游走，为了确定辅材消耗问题，她会接连一个多星期蹲守在车间生产线的异常点上，寻找原因，苦思解决方案，并对方案进行现场验证和改进。她常常能在一大堆密密麻麻的表格和干巴巴的数字中找到"兴奋点"。

　　"2012年的一件事情，让我终生难忘。"说起难忘的经历，王宝杏记忆的珍珠一下涌

蚌埠卷烟厂高级统计师王宝杏

了出来。那时，刚开始接触车间统计核算，恰逢月底辅材结账，既要核对辅材领用，又要核算辅材消耗，数据量非常大，加之对结账业务不熟练，她忙得焦头烂额。在复核时，她发现一项辅材消耗异常，再一一核对单据，发现账证一致，问题可能是库存账物不一致。那时已经是晚上 11 点多，重新盘库工作量非常大，还要继续加班，但不盘库会影响月度辅材消耗的准确性，最终她决定重新盘库存，一直忙到凌晨 2 点多才顺利结完账。"那时我还在哺乳期，那天顾不上给女儿喂奶，夜里婆婆把女儿抱到厂门口时，女儿小手紧紧地抓着我的衣服，哇哇大哭，我抱着她，我也哭。"谈到当时的情形，她眼里充满了对女儿的愧疚。

开头很艰难，但结果很完美。她严谨细致、认真负责、精益求精，统计的数据从未发生过一例迟报、错报和漏报。她立足工作岗位，利用统计分析方法，对大量生产数据进行分析，寻找数据之间的关联，进而挖掘出有价值的数据。当数据汇集到一个量级时，在她的眼里，"死数据"就变成了"活资料"。在一次次成功的赋予数字以生机的过程中，这朵青春之花也悄然绽放。

见微知著　不负韶华再出发

2014 年，王宝杏立足工作岗位，组建团队开展降耗攻关课题研究，创新构建辅材消耗"点线面"管控改善机制，通过一系列举措，使得车间关键辅材消耗水平得到显著提升，为企业节约年烟用辅材成本 400 多万元。自此，她开始了项目攻关之路。说到点线面，她认为："做什么事情都是如此，我们要学会从点到面、触类旁通，才能取得事半功倍的效果。"

2019 年 6 月，因工作需要，王宝杏借调到企业管理科从事目标管理和对标管理工作。7 月，企业选派她参加国家烟草专卖局运行司组织的卷烟工厂分类对标工作研讨会，她心里很忐忑，担心完不成这么重要的任务。为此，她认真做好参会前准备工作，查阅了大量对标相关资料，遇到有不明白的地方，积极向领导和同事请教直到弄懂为止。在研讨会上，专家们对是否保留烟支克重偏差指标持不同意见，她认为烟支克重偏差指标是评价卷接包工序过程稳定性一项重要指标，应该保留。通过这个指标，可以了解行业内各家卷烟工厂卷接包工序过程质量控制水平，便于卷烟工厂找准差距、找准标杆、实施对标，不断提升卷接包过程质量控制能力。她的观点得到了众多专家的认可，最终经专家商榷，此项指标保留在行业卷烟工厂分类对标中。"那次参会的经历让我增长不少见识，也为我后续开展企业对标管理工作积累了不少知识。"当谈到参会的收获时，她开心地说道。

能够提出让行业专家肯定、认可的观点，离不开她会前的充分准备，更离不开她对生产制造流程的谙熟于心，这是她从点到面的一个成长经历。在新的起点，见微知著、以点带面，诠释了王宝杏奋斗的青春韶华。

进厂 13 年来，王宝杏运用统计技术，先后主持和参与攻关课题 20 余项，解决企业多项难题，直接为企业节约资金 1000 多万元。这些课题中，有 1 项获安徽省一等奖，4 项获公司精益改善奖，14 项获蚌埠卷烟厂管理创新和 QC 成果发布评选一、二、三等奖。她的工作得到了企业领导的肯定，先后获得蚌埠市"五一劳动奖章""五一巾帼标兵""先进生产（工作）者"，蚌埠卷烟厂"东海标兵""优秀共产党员"等荣誉称号。

谈及成绩和荣誉，王宝杏总是说："我只是立足岗位，做好本职工作，企业给予我太多。我的每一步成长，都离不开企业的培育、领导和同事的帮助、家人的理解和支持。今后我仍将心怀感激，踏踏实实把工作做好。"虽然从容淡泊的她，在枝头甘做春天的信使，静笃从容、不骄不躁，但是，默默绽放的她，早已花满枝头，芳香四溢。

以灼灼年华"旭"写华彩青春

——记"蚌埠市五一劳动奖章"获得者张旭

许 巍

张旭，中共党员，工程师、注册安全工程师、注册二级计量师、电工高级技师。毕业于沈阳工业大学电气工程及其自动化专业，2012年8月，进入蚌埠卷烟厂，张旭用10年时间出色完成了从操作到维修、从技术向管理的全面转型，2016年，代表蚌埠卷烟厂取得蚌埠市职工比武第一名，曾获蚌埠市"五一劳动奖章""技术能手""向上向善好青年"等荣誉称号。

全能选手 扎根一线 孜孜不倦

进厂的这10年，张旭先后从事操作、电气维修、设备计量管理、班组管理岗位，"我非常庆幸自己在蚌烟这个大家庭里，厂里给了我们年轻人很多机会，让我们成长，我也遇到了很多好师傅，教会了我很多本领。"张旭感叹道，"我还记得我刚进厂的时候啊，比较笨，还好问，经常给师傅添麻烦，可能男人骨子里就是不服输吧，越是干不好，越想要干好，我就在浸渍器前仔细观察，很多东西自己上手就学得很快。"没过两年，张旭就凭着自己的勤奋好学、踏实肯干进了电工班，那时候他是电工班里最年轻的电工，每天跟着师傅们穿梭在车间各个工段。"还好师傅们不嫌我烦，我的问题可多了。"张旭憨憨一笑。他抓住能与师傅们学习的各种机会，不断请教，不断充实自己的理论知识。"我记得刚认识崔玲玲师姐的时候，我心想着一个女孩子居然能干好电工，心里就很佩服，就想着得从她那学点技术。我就找她带我去校准电子皮带秤，校准结束后，我就问她电子皮带秤的称重原理是什么，如何参与自动化生产控制之类的问题。崔师姐不仅给我讲了电子秤相关知识，还结合具体工艺标准讲解电控系统架构，我们聊得特别多，可能真是我的问题太多了，都错过了吃饭的时间。"进厂第9个年头，张旭当了制丝乙班的代班长，"愿吃苦"的

认真钻研业务的张旭

意识和"能吃苦"的毅力，让他在一场场磨炼中提升了能力，在一次次摔打中锻炼了本领。

优秀党员　任劳任怨　甘于奉献

"党建工作独树一帜，支部工作有声有色，队伍有活力、能战斗、善创新，支委班子成员懂党务、懂业务、懂管理"，这是制丝车间党支部给人的初识印象。作为党支部组织委员，张旭自觉履行职责，以甘当"螺丝钉"的奉献精神和冲锋在前的实际行动，践行新时代国企党务工作者的执着与担当。2020年，在决战决胜脱贫攻坚活动中，张旭两次带队赴五河县井头村完成"科技扶贫"工作，为金银花加工项目安装调试设备、铺设电气线路；为提高黄山品牌专线制丝线设备效率和保障产品质量，他与同事一道跟踪记录参数、建立设备档案、编制技术标准、开展创新课题；疫情期间，有同事被困家中，工作无法开展，张旭主动请缨，代理同事的业务工作。"多干点无所谓的，车间工作不能被耽误了，大家一起努努力，困难嘛，总是能克服的。"张旭笑着说。乐观和善的他是领导眼里的好助手，是同事眼里的好伙伴，是新进员工眼里的好榜样。在青年员工座谈会上，张旭鼓励大家要勤思善学、提升本领，学习中不断开阔眼界思路，完善知识结构，提高专业水平。多把心思用在干事业上。不为困难找借口，只为发展想办法。只有这样，才能更快地成长进步，更快地承担重要的责任。

温暖小伙　传递爱心　播撒希望

　　班组管理细碎且繁杂，顺畅组织生产、维持现场环境、保证工艺质量、力求安全平稳、和谐班组氛围等都是代班长需要面对的问题。为了让班组生产安全顺畅有效地进行，张旭成了"老妈子"，总是不厌其烦地反复督促、提醒员工，要将安全生产铭记于心而化于行。针对不同员工的性格特点，他选择更加有效的沟通方式。无论是班上、班下，他在处理工作矛盾、促进班级和谐方面都没少下功夫，"我经常站在别人的角度去想，我也会告诉别人我的难处，相互理解嘛。"张旭挠挠头，略显害羞地说，"青年员工越来越多，我希望大家都比我优秀比我强，所以我要做的就是经常交流，让他们感觉到被信任、被需要，激发他们的潜能和工作热情。"吴怡宁是2021年新进厂的员工，她说张旭就像她的哥哥一样："之前参加车间的征文比赛，我第一次写心里没底，旭哥帮我改的。这次我又报名参加了厂里的演讲比赛，也是旭哥鼓励我去见见世面，我可得好好加油，不能丢咱制丝乙班的脸啊！"小师妹认真说话的样子，像极了刚进厂时候的张旭。一代一代的制丝人，一代一代的蚌烟人。

　　以灼灼年华，续写华彩青春，张旭同志用行动为我们诠释了新时代的青年党员应有的精神面貌，以饱满的热情、昂扬的斗志，冲锋在为企业高质量发展的道路上。

第 六 章

公 司 精 英

固然经风雨　不改向阳心

——记安徽中烟公司"劳动模范"王红葵

王悦力

　　井头村地处五河县城东 7 公里处，2014 年，贫困发生率 7.08%，到 2019 年年底实现全部脱贫，2020 年，原先贫困人口人均年收入提高到 12803 元，外出务工的村民每回返乡，都不禁感叹家乡面貌的焕然一新。

　　与此同时发生转变的，还有蚌埠卷烟厂驻村第一书记王红葵的身份。从"城里新来的王书记"到"咱村里的贴心人"，在这份转变的背后，是王红葵扶贫路上潜行跋涉的一千三百多个日日夜夜。

从零到有再到优

　　"城里的领导来扶贫，就村里这个生活条件，他能待住吗?"一间小屋冬天冷、夏天热不说，还三天两头停水。一天、两天、三天，村民都等着看这"城里的王书记"能忍到啥时候，一个月、两个月、半年，吃住不离村的王红葵叫大家伙儿看傻了眼。

　　被王红葵的工作态度感染，脱贫小组组员们信心倍增，摩拳擦掌要为井头村开辟出一片新天地，只是困难很快来到他们的面前。

　　2014 年建档立卡以来，井头村贫困户一户一档收集的贫困户申请书、登记表等资料，经过多次检查整改后，纸质表单多处涂改、信息前后混乱、部分材料缺失，早已目不忍视，此项工作几乎要从零开始。在将近半年的时间里，王红葵白天入户走访，晚上再将核实后的准确信息录入系统，建立起分户档案盒与资料册，一户一档整齐明了，为脱贫攻坚战夯实了数据基础。

正在五河县井头村金银花地里查看收成情况的王红葵（左一）

"城里人"变成"贴心人"

2018年6月，刘銮红一家此时正为孩子高考择校的事发愁，"咱两口子都没有文化，哪里懂得报志愿，多亏了王书记！"在王红葵多次鼓励和建议下，范家韦也不负众望，成功等来了湖南工业大学的录取通知书。

可紧接着，孩子的学费路费生活费，却压得老两口喘不过气。"最困难的时候，又是王书记给我们带来了好消息，国家一年补贴学费5000元。"一下子解了刘銮红全家的燃眉之急。

范家韦的故事只是王红葵扶贫工作中的一个小小缩影。随着村民们的日子愈发红火，城里来的王书记却愈发消瘦。很多村民也是这时候才得知，王红葵的爱人在2017年10月检查出了乳腺癌。王红葵两副担子一肩挑，在帮助村民脱贫的同时兼顾着重病的爱人。"王书记这是把咱们村当成了另一个家呀！"这样有情有义、有血有肉的王书记，感动了这座村庄，而被感动的每一位井头村村民，也真真正正将王红葵看作自己的"贴心人"。

"沙土地" 辟出 "致富路"

"井头井头,一井死水还能致富?"一开始,没一个人看好王红葵要搞什么项目,井头村的"沙土地"不保肥、不保水,出了名的"漏财地",种得好的一年两三千元,种不好的还要亏本,这赔本的买卖谁愿意干?

王红葵不这么想,沙土地通透性好,不易受涝便于耕作,施用合适的有机肥料,少量多次追肥,就能提高土壤保蓄能力。2018年年底,在观看中央电视台七套农业专题片时,来自平邑九间棚的"北花一号"金银花引起了王红葵的注意。"15度斜坡、沙性土壤、耐寒抗旱",节目中出现的一系列专业名词,使得王红葵敏锐地察觉到,金银花与井头村可能会碰撞出不一样的火花!

王书记给我们算了这样一笔致富经,"每斤干花约150元,刨去人工、土地流转、厂房和烘干等各种费用,一百亩地收入50万元左右,到了盛花期就是100多万元。"2019年,村集体与外部合作金银花基地项目,首期流转土地160亩,并于秋季种植苗圃,去年刚刚投入生产,村集体就开始有了分红收益。王红葵带领着井头村民,闯出了一条因地制宜的、稳定的产业脱贫之路。

2018年,井头村被评为省级乡村旅游示范村;2019年,与蚌埠卷烟厂同时被评为脱贫攻坚先进集体。驻村扶贫的一千三百多个日日夜夜中,变的是井头村日新月异的发展,不变的是王红葵攻坚克难、敢打必胜的决心。

截至2020年7月,全国共派出25.5万个驻村工作队,累计选派290多万名扶贫干部驻村帮扶。王红葵习惯将自己称为"二百九十万分之一,伟大扶贫队伍中的小小一粟",可正是这一粟加一粟,却让我们感受到甚于千钧的重量;正是这一粟加一粟,使得我们更有底气、有信心、有能力,赓续伟大的脱贫攻坚精神,迎着全面推进乡村振兴的步伐继续前进!

从"车间工匠"到"智造先锋"

——记"安徽中烟'十三五'科技创新工作先进个人"吴壮

郁　晗　袁麒凯

　　2021 年 3 月，一个振奋人心的消息传遍蚌埠卷烟厂：安徽中烟"黄山"品牌专线顺利通过郑州烟草研究院测试评价，其中工艺制造水平取得 88.18 分的好成绩。听到这个消息，生产科科长吴壮激动万分，历经七载，这一优异成绩的背后是他和无数技改人日日夜夜的拼搏和付出。

　　作为蚌烟"十三五"技改的建设者之一，同时也是参与者和见证者，吴壮秉承工匠精神，不断创新，在推动"蚌烟制造"走向"蚌烟智造"的同时，也完成了自我的蜕变，成为大家心目中的"智造先锋"。他主持开展的 QC 项目"提高水洗梗水温能力控制指数""SQ317 型切丝机下铜排链在线自动清洁装置的研制"分别获得公司 QC 发布一等奖、国家局 QC 成果发布二等奖，技术成果项目"黄山品牌专线烟梗预处理段深化设计与关键设备开发"获公司科技进步奖一等奖。

黾勉从事　望闻问切铸匠心

　　时光倒回 2001 年，吴壮从安徽机电学院机制专业毕业，来到蚌埠卷烟厂制丝车间成为一名操作工。每天的工作除了维持正常生产外，还要在班中对设备进行巡查、保养。吴壮在膨胀线加料回潮岗工作，保养时需要穿着雨衣钻进大滚筒，进行设备的吹灰和维护。一番操作下来往往脸脏了，全身衣服也湿透了，汗迹混合着油污、烟灰。刚开始时，吴壮明显感觉吃不消，与舒适安逸的工作期望完全不同，这给刚踏入职场的他上了难忘的一堂课。看看身边的师傅跟他一样做得汗流浃背，甚至比他还要卖力，吴壮被这种扎实认真的工作精神打动了。师傅说："只要你能沉下心，打好基础，真正把活弄懂弄透，往后肯定能成为技术能手。"吴壮把师傅的话牢牢地记在心里，全身心地投入工作中，结合实践不断拓宽视野，持续巩固积累专业知识，如沐春风，快速成长。

正在分析问题的吴壮

2004 年后，吴壮走上修理工岗位，成为车间的技术骨干。"不能只等设备出现故障再去维修，功夫也要做在前。"他这样说道，"中医讲'望闻问切'，给机器看病，用的也是这个办法。"每个班吴壮都要在车间现场来来回回巡查上好几遍，望的是设备有没有异常变化，闻的是机械运转中各个关节有无异味，问的是机器运转的日常情况，切的是设备预防性维修。

从操作工、修理工到设备管理员，再到制丝车间副主任，吴壮经历了多次转岗，可不管在什么岗位上，他都时刻谨记身上的责任与使命，以高标准严格要求自己，认真完成组织上交代的每一项任务，立足本职工作，坚持钻研，扎实积累，做一个工作中的有心人，而支持他的动力正源于对企业无比的热爱和精湛技艺的执着追求。

身负重任　谈判桌前守初心

2015 年 6 月，根据工作需要，吴壮履职技改办任副主任，全面参与蚌埠卷烟厂易地搬迁技术改造项目，主要负责车间工艺路线制定、工艺物流设备及变配电设备的选型、招标、采购、合同签订、谈判以及设备安装和调试等。接到通知的那一刻，吴壮的心里既兴奋又紧张。兴奋的是能有幸参与到蚌埠卷烟厂易地技改这次百年工程中，紧张的是自己能否胜任这项任务。技改工作千头万绪，尤其是面对如此庞大的工程，作为工艺物流组常务副组长和电气组组长的吴壮深感身上的责任重大，容不得一丝马虎和懈怠。

在纷繁复杂的前期工作中，吴壮跟随时任厂总工程师丁乃红多次前往外地考察，与行业内规模型企业进行交流学习。专线主机多为进口，外方销售总监停留期有限，如何达到我方的预定目标？短暂的时间内双方想法需要不停碰撞。"考虑到安徽中烟五家卷烟工厂产品同质化的需求和黄山品牌专线的特殊工艺需求，多种设备需要个性化定制开发，而这些设备的价格、技术协议等内容都没有参照标准，需要不停在谈判中寻找平衡点。"吴壮说道，"在设备定制上涉及工艺设计理念和品牌特色的要求是我方由始至终坚持的，并没有给对方过多商量的余地。"显而易见，每轮谈判都不是一拍即合的，经过反复的磋商，才最终达成一致。前行之路虽有无数未知的挑战和重重困难，可他依然迎难而上，对他来说，这样的努力和付出，很值得。

技改之路上，吴壮内心坚如磐石，他勤奋、执着、求真、笃实，攻坚克难，打破技术壁垒，在设备选型、工艺路线制定、物流系统自动化建设等方面大胆创新，务求实效，将制丝工艺低强度松散、切丝机定长柔性切丝、冷却加香、密集烟丝库等工艺物流先进技术应用到新的"黄山品牌"专线，有效保证了制丝线设备选型和工艺路线达到国内领先水平。

统筹协调 易地技改秉恒心

2019 年春节前，在制丝线设备安装阶段，为了让设备安装厂家与建筑工程、公用工程组顺利对接，吴壮与联合工房总包方、各平行发包单位以及技改项目办、供电局和设备安装厂家积极沟通、协调配合，克服土建带来的种种不利影响，加班加点，追赶工期。直至制丝线设备全线打通。为了这一天，吴壮带领团队人员已经"五加二、白加黑"连轴干了好几个月，终于取得了易地技改制丝线调试阶段性胜利。

春节刚过，吴壮又带领工艺物流团队，一方面继续跟踪制丝线品牌带料调试，另一方面进入紧张的卷接包辅联设备安装和物流库安装调试阶段。随着外围设备调试安装完毕，卷接包车间基本具备搬迁条件。4 月 12 日，蚌埠卷烟厂召开了易地搬迁动员誓师大会，吹响了整体搬迁的进军令。吴壮协调各厂家做了周密的安排和计划，按照制定的时间节点，倒逼每台设备的安装进度，一整组设备搬迁就位牵涉到十几个厂家，其中协调配合的困难不言而喻。吴壮根据厂家分工不同，将搬迁任务落实到每一天、每个小时，力争做到每一个环节都有时间节点，坚决不能影响后道工序的施工。

随着卷接包设备搬迁完成，设备产能逐步恢复，技改各项工作进入收尾阶段，蚌埠卷烟厂易地技改项目获得阶段性胜利。四年的技改时光，吴壮舍弃了太多陪伴家人的时间，错过了太多孩子的成长。辛苦和欢乐是相伴的，吴壮说道："很幸运参与了易地技改整个项目的运作过程，见证了新厂房从无到有，从平地到高楼、从空旷的厂房到机器运行每一个关键时刻。回望经我手解决的一个又一个问题，攻克的一个又一个难关，我感到无比的欣慰和自豪。展望未来，我们所有技改人志在将黄山品牌专线打造成'国内一流，国际先进'的生产线，为全面建成卷烟智慧工厂、重返行业第一方阵，贡献自己的一份力量。"

从"车间工匠"到"智造先锋"，吴壮将汗水挥洒在这片土地上，将青春奉献给热爱的事业，在蚌埠卷烟厂过去80年的时间里，每一个历史性的时刻和取得的优异成绩，都离不开像吴壮这样的奋斗者做出的贡献与努力。在未来他们将继续以高昂的斗志和顽强拼搏的精神为企业的高质量发展再建新功。

功崇惟志　业广惟勤

——记"徽烟工匠"王良青

钱中钰

　　一个人有多少个 10 年可以奉献，王良青自毕业起，就在蚌埠卷烟厂工作，这一干就是 22 年。22 年来，他辛勤奉献着自己的青春，他始终以高昂的工作热情和积极的工作态度，全身心地投入热爱的事业中，为企业的发展倾注着满腔热血。多次被评为"先进生产者""技术标兵"的他，丝毫没有一丝骄傲，态度始终如一。他一直实践着用知识改变思想，用思想改变行动，他不断吸取着新的知识，更新着新的观念，以满足时代的更高需求，一步步地从维修工成长为制丝车间副主任，在平凡的工作岗位上稳步前行。讲述"蚌埠市优秀党员"王良青的故事，彰显蚌烟精神，激励青年员工技能成才，担当作为。

细致认真　刻苦钻研

　　2000 年 7 月，王良青刚刚毕业，本该血气方刚的年纪，却在他的身上看到一丝沉稳。他性格内敛，踏实稳重，接手了车间电气维修工作。面对全自动化的网控生产流水线，他丝毫不畏惧，没日没夜地勘查资料，就是为了满足生产线上的要求和标准。这条生产线关乎着全厂生产任务是否能顺利完成。他深知自己肩上的任务有多重，却义无反顾，面对压力毫不退缩，除了工作时间，业余时间也被他拿来做技术钻研，就连厂里的老同志也佩服他的这股子干劲。高强度的工作，练就了王良青忘我的精神品格，解决一切问题就成了他的日常，别人用两个小时解决的问题，他只要一小时。这得益于他擅长总结各种"疑难杂症"，他过硬的技术得到了同事的一致好评。加班加点的工作已经成为他的家常便饭，有时抢修设备，他和其他技术人员连续加班二十几个小时，设备不能正常运转，他绝对不休息。

走访市场听取消费者心声的王良青

学以致用　积极创新

2010 年，王良青在制丝生产线上苦练了 10 年，从一名普通的维修工人成长为一名"技术能手"。他知道要掌握新技术，就要善于学习，更要善于创新。他在工作期间，针对生产线的设备运行问题做了进一步的研究，从设备维修者的角度思考问题，成功将自己的身份由维修者转变为改造者。艺高人胆大这句话在他的身上体现得淋漓尽致。他改造过切片线翻箱机、压棒机与除尘的联锁控制等，经过他改造的设备，不论是在生产的稳定性上还是在设备的运行效率上都有了很大的提高。他将自己所学融入日常工作中，大胆创新，积极改革，为公司的效益添砖加瓦。此外，他主持或主要参与的项目连续获得各类奖项，其中获得公司 QC 发布一等奖一项，二等奖两项，公司科技进步奖三等奖两项。

求真务实　锐意进取

2015 年，公司生产制造部提出了关于松散回潮设备的相关攻关项目。针对长期困扰我厂的松散回潮生产段的三个主要问题：切片宽度不稳定、出口流量不均匀和设备误报警次数多的顽疾，王良青组织车间内的技术骨干进行专项攻关，并主持开展了名为"松散回潮工序加工能力的提升"的攻关项目。此项目通过六个部位的升级改造，解决了长期困扰车间的技术难题，尤其是解决了切片机出口流量由人工匀料这一问题，降低了操作工的劳动强度。因各项指标的优越性，该项目获得公司相关人员的好评，并获得了公司科技进步三等奖。

同年，王良青参与的"提高 FBD 出口水分均匀性和稳定性"这一项目，被评为中国质量协会优秀六西格玛项目。此外，他主导的"减少切叶丝线喂料机漏料量""浸渍器进料在线自动均料装置的研制"通过企业内部选拔被推荐至中国质量协会进行发表评奖，均获得了一等奖的好成绩。他利用自己的专长，为公司创造一笔又一笔的财富。俗话说：失之毫厘，谬以千里。在技术上一线之差就可能造成几万、十几万，乃至无法估量的损失。所以，他始终在安全的前提下，把提高经济效益放在首位，他经常用"求真务实，做一个锐意进取的实干家"来勉励自己。

严于律己 尽职尽责

他时刻保持着一名共产党员面对工作严于律己、尽职尽责的心态，积极参加公司组织的实践活动，为加快蚌烟发展、做大做强"黄山"品牌奉献自己的绵薄之力。为了提高自己的思想认知水平，他始终贯彻落实党的路线、方针、政策，默默地在自己的领域发光发热。

22 年的时光，王良青的工作态度和工作作风，受到了厂领导的高度好评，对王良青的付出给予了充分肯定，也得到了同事们的钦佩。他经过长期积极的努力，奠定了良好的工作基础，在平凡的岗位上起到了桥梁和纽带的作用。这是他经常挂在嘴边的一句话"低调做人，潜心做事，为公司产品的高质量发展做贡献。"他时时刻刻不忘以共产党的标准来严格要求自我，默默地追求着自我的人生理想，践行着入党誓言，他出色的工作成绩就是他交给蚌烟最好的答卷。

厚厚的老茧抵在最后一道防线

——记"徽烟工匠"张保永

许　巍

> 张保永，安徽中烟在聘高级技师，现任蚌埠卷烟厂卷接包车间长白班卷接维修组长，扎根生产一线近 40 年。他的创新及改造项目曾先后获得国家实用新型专利八项、发明专利一项，2012 年，他获得安徽中烟"黄山杯"职工技术比武第一名，是厂内人人称赞、名副其实的"先进生产工作者""技术标兵"。2016 年，他被授予安徽中烟"攀登先锋·徽烟工匠"称号。

解决"软"故障的"硬"汉子

"什么是软故障？"张保永笑着解释道："偶尔出现但又不易解决的我们就叫它'软故障'。"前期公司技术中心反馈短支烟在市场上偶尔会有双层水松纸质量问题，虽然量很少，但影响很大。为啃下这块硬骨头，他只要有时间就仔细观察设备运行状况，功夫不负有心人，通过对切纸轮分配盘压簧压力、水松纸回收、缺滤嘴时双支烟吹拢、搓板轮表面加装清洁风装置等一系列的调整和技术改进，该质量问题得到圆满解决。

黄山"徽韵"中支设备车速一直不超过 5000 支/分钟，班产 40 箱左右，由于该产品烟支较细以及水松纸表面光洁度高的特性，易出现跑条频繁、空头、水松纸偏移等故障，无法提速生产，影响设备效率及能源消耗，为此他经过仔细观察，对设备进行局部改造，以上问题得到有效改善，目前车速可达到 5800～6000 支/分钟，班产可达到 55 箱左右。张保永总是用"硬"方法解决每一项"软"故障。

攻坚"大"难题的"小"破口

工作 40 年，对于张保永而言，车间就是他的家，每一台设备都如同他的孩子一样。

正在现场教学的张保永（左一）

他专注于解决常规设备问题及故障的同时，也不忘攻难关、破难题，勇于创新，大胆突破。

公司科技项目"新型盘纸补偿传动装置设计与应用"，对卷接设备盘纸补偿传动进行颠覆性改进，将理论与实践相结合，经过多番验证效果良好。改进后新型盘纸张紧装置零故障，免维护，减少原材料及备件消耗，每年可节约 20 多万元配件费用。这项技术创新荣获国家实用新型和发明两项专利，获得多项行业重要竞赛的奖项，并且填补了国内烟机制造业一项技术空白，作为常德烟机厂大修设备时的标配进行推广。

除此之外，他还针对 PROTOS70 和 ZJ112 卷接设备劈刀盘因异常原因被打坏、维修时间较长、影响设备效率等问题，重新设计一套劈刀盘保护装置，能够有效避免齿轮箱内的齿轮受到冲击而不被打坏，通过改进，既提高设备效率又节约制造成本。

40 年间，维修和操作已经在他的双手上留下一层厚厚的老茧，这层老茧是他奋斗钻研的荣誉勋章，也是车间工人心中的坚实屏障。

传授"好"技术的"坏"师傅

"一枝独秀不是春，百花齐放春满园。"在张保永心中，技术要代代相传，才能不断改进、完善，才能在岗位上发挥出最大的效用。他从不藏私，将自己的知识经验、技能技巧倾囊相授，毫无保留地传授给青年员工。在他的指导和带领下，数名青年员工迅速成为车间维修骨干，为车间做出突出贡献。

但是在徒弟们的心中，他可不是一位"好"师傅，他严厉到近乎苛刻，不允许一点疏忽漏洞的存在。他曾说："现在对你们越严格，以后出问题的情况就越少，风险也就越小。"作为高技能人才，他不但将技能、技艺在本厂传播，还将经验毫无保留地传授给同行业其他厂家。技术支持滁州卷烟厂和石家庄卷烟厂，解决他们的技术难题；在中国烟草总公司举办的高级技师复核中，他提出的科技项目创新理念被评为优秀案例并制作成视频，向来自全国各地的高级技师们推广普及。

正是凭借着近乎忘我的敬业精神和对技术永不懈怠的执着追求，张保永不断克服一个个技术瓶颈，跨越一座座技术难题，完成一个个技术上的创新和改进，手上也留下了一层层厚厚的老茧。他以敢于突破，勇于创新，执着追求的职业信念，成为保障车间生产及产品质量的最后一道防线，谱写着一名普通技术人员的攀登之旅！

奉献青春　点燃梦想

——记"徽烟工匠标兵"王超

孙景凤

> "让青春烈火燃烧永恒，让生命闪电划过天空，用所有热情换回时间，让年轻的梦没有终点！"青春，一个充满着力量，充满着期待，充满着求知，充满着方向的年华，青春的我们甘愿燃烧，青春的我们乐于奉献。跟随蚌埠卷烟厂文化创新工作室，我们一起走进动力车间王超的青春岁月。

脏活累活抢着干

2010 年 7 月，王超带着对前程无限的憧憬，带着年轻人无与伦比的朝气和敢为人先的激情，进入蚌埠卷烟厂动力车间。先后从事操作工、机电维修工，并积极参与车间技术创新改造等活动。

数年的沉淀，污水处理站污水池里积累了大量的污泥，当时还没有进行过清淤工作，水很脏，味道也很重，严重地腐蚀着设备，污水设备维修开始变得频繁，维修工加班加点变成家常便饭。那一年，在污水处理站，经常会出现机电维修工王超的身影。给人印象最深的一次是 2011 年 8 月 17 日，他进入 PAM 加药罐里清除沉积的 PAM。他穿着长长的靴子，从罐口爬进去，他的脚陷了下去。药很黏稠，想抬脚都不容易，拿着铲子弯下腰，他开始干了起来。一铲、两铲、三铲……看得出，每一铲都要花费很大的力气。再加上罐口很小，里面空气不通畅，每次探身出来，都会看到他呼吸急促。中途，维修师傅几次要替换他，都被他拒绝了："这药粘在身上不好清洗，这药量也不是太多，我自己行的。"就这样，直到把罐底清理干净，他才爬了出来。满头大汗，衣服都湿透了，加上黏稠的药液，他的衣服紧紧地粘在身上。本以为他会第一时间去清洗，但是，他并没有在意，而是及时帮助恢复了设备的正常运行。这件事很快在车间传开了，得到了大家的赞赏。就这样，两年过去了，王超扎根一线，沉淀了自己。他的这些努力，车间领导和师傅们都看在眼里。

善于开展课题研究的王超

关键时刻站得出

　　青春就像一把在铸的宝剑，不容得你有片刻的等待和迟疑。2012 年，应车间工作的需要，王超来到车间办公室工作。两年的多的沉淀，由此，他开始了新的追求，跟设备、工艺打起了交道。在新的起点上他追求卓越，释放青春能量。

　　2015 年 9 月 23 日，接到车间跟班调度的电话，空压机 2 号水泵的控制开关断开了，送也送不上去。放下电话，王超赶紧向现场跑去。来到现场，询问了情况，就在刚刚，当班电工下来检查情况，按按钮的时候，电又送上了，这是怎么回事，大家都皱起了眉头。这时，王超突然说："把手电筒给我。"只见他拿着手电筒走到电控柜后面，打开柜门检查了一下，然后走出来高兴地说："问题找到了，是软启动的进线烧坏了！""软启动烧坏了，为什么刚才不能开启，现在又能开启了呢？"一个电工问道。"应该是因为一开始温度过高，线路接触不良，现在温度降了下来，所以线路又能接通了。"王超答道。当讨论如何进行维修的时候，王超建议取消 2 号水泵开关的软启动，直接由开关控制设备启停，然后对软启动进行维修。他的想法得到了大家的赞同，最后设备恢复正常。平日的挑灯夜战，勤学苦练，终于没有白费，大家纷纷对这位面对问题胸有成竹，处理问题游刃有余的小年轻竖起了大拇指。

模范作用带得好

"十二年磨一剑，今朝出鞘试光芒。"怀揣着梦想和激情，王超进入蚌埠卷烟厂已有12个年头。12年里，王超坚守岗位、积极探索，发挥模范带头作用，带领车间团员青年用青春点燃激情，用奉献诠释青春。

作为车间支部组织委员，王超十分注重支部党员教育，组织开展了重温入党誓词、党史学习、观看警示教育片、党员植树、拔草等多种形式的活动，和支部党员一起加强党性修养，提高综合素质和业务水平。通过围绕中心工作组织活动、一对一谈话等，他积极了解支部党员的思想动态，有针对性地进行引导，鼓励支部党员多学、善学、巧学，不断向一专多岗的复合型人才转变。他一次次带领支部党员投入车间创新工作中，组织实施的项目多次获得大奖：他主持的3项QC课题分别获中质协全国成果发表赛一等奖、国家烟草专卖局第二十七届优秀质量管理成果发布二等奖、安徽省优秀QC小组成果一等奖，2项课题获公司技术创新优秀奖，4项课题获安徽省重大合理化建议项目和技术改进改造成果奖，2项建议获公司合理化建议金点子奖。他先后获得"蚌埠市优秀共青团干部""蚌烟十佳青年""东海标兵""徽烟工匠标兵"等荣誉称号。在他的带领下，支部党员都取得了很大的进步，维修电工技师证书、中级QC诊断师证书、六西格玛绿带资格证书……一份份满意的答卷一次次点燃了大家的激情。

"如果你是一滴水，你是否滋润了一方土地？如果你是一缕阳光，你是否照亮了一份黑暗？如果你是一粒粮食，你是否哺育了有用的生命？"不要小看这一滴、一缕、一粒，正是他们的汇集，灌溉了万顷良田，照亮了锦绣中华，哺育了新的生命，而绽放的正是青春中最美丽的花朵！

王超，一个36岁的小伙子，从一名普通操作工做起，坚守在自己的工作岗位上沉淀心情、释放能量、奉献青春，在奉献中实现了自己的价值，在奉献中得到了进步和成长。愿大家都能这样，在蚌埠卷烟厂这片肥沃的土地上奉献青春，点燃梦想！

从"新兵"到"标兵"

——记"徽烟工匠"苗国奇

王振韵

> 他是企业生产管理领域的排头兵，他是大家眼中的集经验与智慧于一身的行家里手。他常说："生产线上，每一个零部件都会经过精心打磨、精益求精，干好任何一件事都需要有工匠精神。"正是秉持着这份信念，他从卷接包车间的一名修理工"新兵"，一步步成长为徽烟"标兵"，他就是蚌埠卷烟厂生产科调度员苗国奇。

修理"新兵"铸匠心

自 1984 年参加工作以来，苗国奇先是在卷包车间担任修理工，后进入生产科负责生产调度，变的是岗位，不变的是始终如一的敬业态度。

回顾担任维修工的那段岁月，苗国奇深知设备维修是一个必须 24 小时待命的工作。除了日常的设备检修，设备出现突发状况时，为了不影响生产争分夺秒地进行抢修已经成了家常便饭。每天，苗国奇都会提前到岗，认真了解车间设备运行的整体情况，对设备运行出现的问题认真分析、找准原因、精准解决。初出茅庐，当时的苗国奇，遇到问题时常因为缺乏经验而陷入困境。但他从未气馁，更不轻言放弃，他向机台师傅们虚心求教，直到学懂弄通。如果是操作方面的原因，他就一遍又一遍、耐心细致地指导机组人员，将自己积累总结的技巧经验与操作工交流分享；如果是设备自身问题，他一定会找出原因，及时加以解决。在排除故障后，他仍会花大量时间开展事后分析，积累维修经验。"没有解决不了的问题，只要够钻研够努力，"苗国奇坚定地认为。

就这样，他耐心学习、积累经验、总结技巧，虽然看似成长不快，但步步扎实，在修理工的岗位上兢兢业业，发挥自身技能优势，挖掘设备潜能，他一步一步从修理组的"新兵"成长为可独当一面的修理精英。

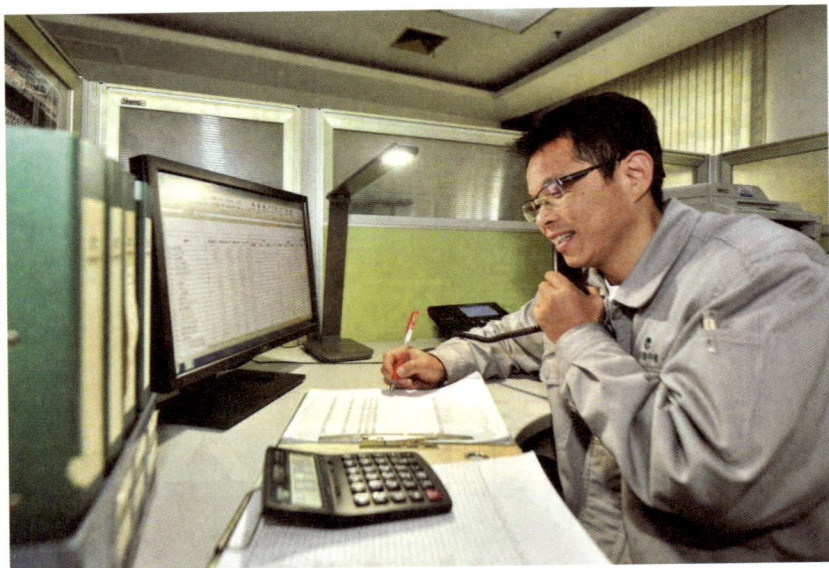

正在制作生产计划表的苗国奇

调度"标兵"保生产

人生就是不断的挑战与转换，2001年，苗国奇进入生产科担任生产调度，新的岗位有新的要求、新的体验、新的挑战。岗位不同，态度不变，苗国奇依旧不忘初心。

在生产科，他脚踏实地、认真负责、任劳任怨，得到部门领导和同志们的一致好评。作为一名生产调度，他严格遵守有关规范生产经营的规定，自觉规范生产行为，按公司的生产计划，排定月度生产作业计划及月度进度表，并及时下达生产调度令，组织生产，尽量做到事前预测准确、事中调控、及时调整，较好地满足了市场需求。在生产过程中，他主动创造条件，正确处理生产同销售的关系：既满足销售需求，又兼顾生产条件，坚持与市场部门保持信息沟通，加强品牌变化的前期预测，做到衔接有序、调控及时、保障有力；采取灵活的生产组织、计划和控制形式，提高生产管理对市场需求变化的适应能力，有力地支持了市场销售，提高了品牌竞争实力。在此期间，他先后获得"蚌埠卷烟厂先进生产者""公司优秀共产党员""徽烟标兵"等荣誉称号。

他坚持每日深入车间、班组和机台，了解生产进度，掌握生产动态，"以厂为家、刻苦钻研"用在他身上再合适不过。如果说成为徽烟标兵的这条路充满奋斗与汗水，苗国奇一定当之无愧。

他始终秉持匠心、埋头苦干、服务企业、奉献社会，30多年来，以"一根筋"精神坚守技术一线，不断积蓄实力、储备技术，用行动证明努力不会被辜负，"新兵"也可以成为"标兵"。

勇于担当甘于奉献　做新时代的奋斗者

——记"安徽中烟十大担当人物"张文斌

杨诗琦

> 张文斌，1990 年从天津商业大学制冷与食品冷藏专业毕业，进入蚌埠卷烟厂，先后在设备科、技改办和动力车间任职，多次参与厂重大技术改造，为蚌烟的蓬勃发展贡献一份力量，2019 年荣获安徽中烟十大担当人物。
>
> 刚进蚌烟，张文斌在五车间工作，主要生产高档烟。虽是一个独立车间，但制丝、卷包、动力设备样样都有，"麻雀虽小，五脏俱全"，张文斌先后在动力设备、卷接机组担任操作工，这为他在今后的工作打下了良好的基础。

不计日夜攻难关

1991 年 4 月，根据工作安排，张文斌调入设备科，负责对接制丝和动力车间工作，承担设备日常管理、巡检、维修和改造等设备管理工作，一干就是十年，对他来说，印象最为深刻的就是 1997 年那次八天八夜溴化锂制冷机组大抢修。

正是酷暑难当的时候，厂里的溴化锂制冷机出现故障。制冷机夏天为空调机组提供冷源，制冷机组运行不正常，不能提供空调机组所需的冷水，卷包车间温湿度就不能满足卷烟生产工艺要求，生产无法组织，厂里面临停产的风险。张文斌火速前往动力车间，和车间维修工商讨检修方案后，说干就干，面对庞大而炙热的蒸汽溴化锂制冷机设备一起查找问题，端起检漏液，在一个一个阀门上涂刷寻找漏点；打开设备端盖，在设备内部的换热管道排查渗漏点。疑点在逐个排除，问题在聚焦，面对可能的"病因"，与车间一道商讨下一步维修方案。有心人天不负，经过八天八夜的鏖战，症结点在大家共同努力下现出原形，制冷机终于恢复正常运行。在这次抢修中，张文斌将课本上学到的制冷原理能够与检修实践结合起来，对设备运行规程有了进一步的理解；对设备运行参数设置的科学性有了新的认识，做到知其然，知其所以然，增强工作信心与能力，找到工作努力方向和目标，快乐在辛劳中孕育，笑容在汗水中绽放。

"安徽中烟十大担当人物"张文斌

不惧困难敢创新

  除了设备管理维修改造工作外，张文斌在创新方面也是一把好手。起初厂里所使用的卷烟机机型杂乱，设备密封性不好，卷烟碎末穿过滤芯器进入真空泵活塞腔，导致真空设备进气阀芯堵塞，卷烟运行所需的真空度达不到烟机设备运行的标准，烟尘进入机体与润滑油混合不断摩擦，存在安全隐患。频繁地更换滤清器影响生产，提高了运行成本，市场上也没有用于真空系统的除尘设备可以选用，立足于自主创新成为解决问题的首选。张文斌设计一种新型除尘器，将旋风式和沉降式除尘机理结合起来，从除尘原理上解决气体中所含不同的尘埃粒径降落所需的区域微环境。图纸设计出来了，加工制作安装调试，第一次试验以失败告终，除尘器结构设计上出了问题。面对失败，张文斌并没有停下探索的脚步，而是从失败中总结经验，对结构加以修改，试验成功。真空泵的保养从每班两清减少至每周一清，降低了保养难度和频次，这项创新成果获"蚌埠市技术创新二等奖"。

  2000 年，他调入技改办参加蚌埠卷烟厂"十五"技改工作，为解决燃煤锅炉对市区环境的污染以及解决就地改造厂房面积不足的问题，锅炉由燃煤型调整为燃气型，我厂成为蚌埠市首家使用天然气作为锅炉燃料的企业。天然气是人见人爱又令人可畏的气体，无毒无味，燃烧后也不产生有害物，属于清洁能源范畴，同时它又是易燃易爆使人窒息的气体，使用过程中稍有不慎将会带来不可估量的安全问题。项目建设从方案设计开始必须高度重视安全设备配备及位置设定，操作与应急处理规程的制定，施工过程的质量监管等等。终于在大家的不懈努力下，攻克了燃气锅炉房这一难关。张文斌说，接手这样的工程一点不害怕是假的，但总要有人身先士卒，做事情还是要从坏处着想，向好处努力。在此期间，他还参与厂区给排水、消防喷淋、制冷站、污水处理站、生产指挥中心、烟叶醇化库、一钢仓库消防管网等项目改造与建设工作。

2010 年，安徽中烟选址蚌埠筹建再造烟叶公司，张文斌全程参与了项目规划、工程建设，并于 2014 年 10 月主持项目验收工作。随着蚌烟"十三五"易地技改项目的推进，张文斌被调回蚌烟易地技改项目办，负责公用工程项目，对外协调市政水电气汽能源外网的建设方案谈判与衔接，对内带领公用组同事们研究项目建设方案与步骤，拟订招标方案与编制 60 余项招标文件，积极探讨 BIM 新技术，并在项目实施过程中将新技术与施工蓝图有机融合起来，指导厂区管线布局和安装，起到事半功倍的效果，培养了一批新技术使用人手。数年来的辛苦换来了崭新如画的厂区，厂区内水电气汽设施、通风空调、除尘与异味处理、消防排烟、安防、污水处理、道路与地下管网等等都留下他们工作的脚印，践行着严、细、实的工作作风，有力保障项目整体有序开展。项目获得 2021 年国家住建委评定的三星级绿色工房荣誉称号。

不遗余力斩佳绩

2020 年 5 月，张文斌调任动力车间党支部书记、主任，再次踏上新的征程。经过多年设备科、技改办的工作经验积累，张文斌对动力车间的设备从原理到操作都烂熟于心。在他的带领下，车间全体干部职工凝心聚力，攻坚克难，不断挖掘发掘技改潜能。2022 年，在克服疫情影响下，全年实现厂区废水零排放，新厂区污水处理比例为 100%，卷烟实物综合能耗 2.77 千克/万支，设备故障停机率为 0.09%，在线监视测量设备完好有效率、关键区域温湿度控制稳定性、培训计划达成率、贯标体系运行率和安全隐患整改率 100%，完成了部门二级目标合同，车间设施全年运行无事故，厂级两项重点任务有条不紊推进。

现如今，重新回到技改办，张文斌又有了新的工作课题。面对问题他保持着一贯的工作方针，坚持"偏信则暗，兼听则明"，从不同角度考虑问题，多与人沟通；提高自身专业水平，多实地调研，不断推陈出新，学习新技术并在实际工作中灵活运用，为智能化、数字化工厂建设贡献智慧与力量。

作为安徽中烟十大担当人物，张文斌在自己获得荣誉的同时，更希望能激励更多的青年员工积极投身于岗位工作。对青年员工的成长，张文斌有着许多的建议：立足岗位成才，拓宽专业空间，做一个有责任心人；坚持好的工作态度，营造好的工作氛围，善于总结提升自己，做个有心人；多问为什么，多思考才能多创新，努力做和新时代同步的人。

在其位　谋其事　任其职　尽其责

——记"安徽中烟优秀班组长"葛鹏飞

郁　晗　汪健宇

> 班组是企业最基本的组织细胞，是完成企业各项生产经营任务的最基层组织，一个优秀班组的创建离不开基层管理者的辛勤付出。作为蚌埠卷烟厂卷接包车间丙班的代班长，葛鹏飞以谦虚谨慎的态度，追求卓越的精神，带领班组成员不断在平凡岗位上演绎着非凡的风采。近日，在文化创新工作室的安排下，我们来到卷接包车间，聆听属于他的基层管理者的故事。

笃实好学　脚踏实地开启人生新篇

2014 年，葛鹏飞经过招聘进入蚌埠卷烟厂卷接包车间。之前几年在外的工作经历，让他格外珍惜现有的工作机会。为尽快进入工作状态，他一心泡在生产线上跟师傅虚心请教，从干中学，在学中干，力求理论与实践的统一，一步一个脚印，做好机台上的每一项工作。

4 年后，葛鹏飞凭借踏实能干的工作作风和出色的工作表现，在众多年轻人中脱颖而出，成为丙班的代班长。从操作工到代班长，葛鹏飞深深地感到肩上的担子越来越重，而自己也有些力不从心。

作为班组长要统领全局，不仅要掌握操作技能，还要锻炼出辨析故障的能力、预防隐患的技术，遇到"苦累脏险"的关键时刻就能顶上去，职工才能服气。长期深耕于包装车，让他对包装车有着充分了解，可这对一个代班长来说，远远不够。为满足工作需求，下班以后，他仍然留在车间继续学习卷烟机、封箱机和外围设备操作及机械知识，陌生的领域，学习起来从零开始。在跟师傅学习的过程中，葛鹏飞认真且刻苦，没有一丝的浮躁和急于求成，如同刚进厂时一样，时光荏苒，初心依然。

优秀班组长葛鹏飞

以身作则 率先垂范践行使命担当

要干就要干出样子，要带就要带出一流班组。打铁还需自身硬，他坚持以党员的标准严格要求自己，每天上班第一个到现场，做好班前准备工作，班内认真巡检、落实各项工作要求，下班最后一个离开车间，检查车间水电，筑牢安全防线，一个班下来，经常要走上两万多步。

2019年，蚌埠卷烟厂易地技改如火如荼地进行，为了不耽误生产，老厂和新厂的生产、搬迁计划同步进行着。设备安装调试的各类问题接踵而至，班组内操作人员和修理工也常被分布在两地。"易地搬迁的45天里，我经常需要'两线作战'，既要保证老厂的生产稳定有序地进行，又要在新厂配合设备安装，组织生产调度。常常是一个电话，我就要从老厂来到新厂；再一个电话，我又要立刻从新厂赶回去。"葛鹏飞笑着说起这段经历，对他来说代班长不仅是一个职业，更是一种责任，要对得起班组成员的信任和企业的选择，即使再苦再累也没关系。

去年夏天蚌埠市接连下了几场暴雨，中班临近下班时，厂区外已积水颇深。大雨滂沱，回家的路更是难行，大家的心情都十分焦灼，生怕回不了家。葛鹏飞当机立断，对班组成员回家方式做统一安排，挨个机台进行确认。把骑电动车和自行车的人员安排到了厂车上，坐厂车不方便的员工也安排了相应开车的同事送回家。下班后他对每个员工一番叮嘱，目送他们出厂门后，又转身返回车间现场巡视，排查是否有漏雨点。为了保障安全生产，葛鹏飞选择在车间留宿，夜间巡视。直到第二天有人来接班才风尘仆仆地回家去。为什么不安排班组内其他人留下呢？他是这样说的："作为班里的'铁靠山'和'排头兵'，有什么累活急活我得排第一个。"葛鹏飞以身作则，将蚌烟人敬业奉献、永不懈怠的精神发挥到极致，也影响着班组内的每一个人。在他的带领下，丙班成为车间里能打硬仗的优秀班组集体。

情系员工　赤诚真心打造卓越班组

班组管理，说着容易做着却难。在葛鹏飞看来，班组管理最重要的就是以人为本。以人为本的管理在班组中如何具体实施？作为代班长如何处理制度与人情的分寸？笔者询问葛鹏飞，可他却笑了笑没有直接回答，带着我们来到现场办公室的电脑面前，打开了一个文件夹，呈现在眼前的文件里有班组里每位员工的生日和基本情况，班组各项工作内容的归纳，按时间节点列举的班组典型事例，以及班内员工所获得的各项荣誉……这些文件真实地记录着自 2018 年葛鹏飞当代班长以来和伙伴们的每一段经历。

在葛鹏飞的心里，班组就是他的家，每位员工都是他的家庭成员，而他就是这个家庭的大家长。"管理班组靠的是一颗心，一颗为员工、为企业着想的真心。"葛鹏飞向我们道出了他的"管理经"，每当工作中遇到分歧，他总是以企业利益、职工利益为出发点，耐心解释、沟通疏导，赢得大家的理解与支持。

对于年轻一代，葛鹏飞从来都是知无不言、言无不尽。他经常与年轻人一起谈信念，聊工作，把知道的技术方法和多年的工作经验分享给大家，让年轻人快速成长，保持班组的朝气与活力。他以创建"学习型"班组为核心，因材施教，根据班组内员工的自身特点制订相应的培训计划，开展"老带新、传帮带"，培养了一批技能型人才。同时组织成立创新小组，鼓励青年员工积极参与企业改革创新项目。

一系列小举措不仅融洽了班组氛围，更助力了班组成员发展成才和班组综合实力的提升。在他的带领下，班组年轻骨干迅速成长，形成了"70 后、80 后、90 后"的阶梯状精英团队。

担任代班长以来，葛鹏飞所带的班组在 2019 至 2021 年连续 3 年获得厂级模范班组称号，2019 年和 2020 年被评为公司的优秀班组，而他本人也获得了 2019 年和 2020 年的优秀班组长称号。

在小小的班组里，他尽情地释放着自己的能量；在大大的企业里，他默默地担负着使命。葛鹏飞和他的班组，始终坚守在平凡的岗位上，在无数个清晨、黄昏和午夜，寒暑不辍，全力生产，在未来他们将继续和蚌埠卷烟厂一同勇攀高峰，再创佳绩。

我的青春"符号"

——记"安徽中烟烟机维修技术能手"符伟

王悦力

2011年参加工作的符伟，是个地地道道的"八五后"，也是安徽中烟目前最年轻的机械维修技师，可他跟普通年轻人好像又不大一样，他不怎么玩微信。符伟的微信朋友圈没照片，也不发状态，两个字的微信名倒是简洁好记——符号。"没有特别的意义，符号可以是一个人、一种语气，或是一份心情。"符伟是这么解释名字来由的。

逗号——停下到拿下

早高峰，符伟开车行驶在熟悉的朝阳路上，忍不住瞪起眼睛看路口的指示灯，"红灯像个逗号，代表停顿。"路口的红灯亮了，车流会停滞；包装机的红灯亮了，说明有故障。

2014年年初，卷接包车间新进了两台包装设备——ZB47型高速机组，如今产量遥遥领先的高速机组，其实也有过一段"愁云惨淡"的日子。当时对于蚌埠卷烟厂而言，ZB47机型的一切都是新的，如何尽快发挥产能，从全车间到全厂，都顶着巨大的压力。

在"要我干"和"我要干"之间，刚满26岁的符伟欣然选择了后者，他作为包装机组的维修工，肩负起调试设备的重任。调试初期，高速包装机一个班甚至能亮起上百次"红灯"，其中光辅机烟包异位这一项停机故障就占了几十次。经过找问题、寻根源，多次试错以及反复试验，符伟通过对转动塔位置、润滑等各方面的调整与改进，终于攻克了这一难题。

只是来不及高兴，新的问题"条盒商标纸折叠不到位"又摆在了他的面前。调整条盒纸定位块，没用；移动上导板位置，一毫米、两毫米反复来回地试，不行。"红灯"一次又一次亮起，符伟没有气馁，从烟条推板到通道压板，他没有放过设备上的任何环节，同时他发现条盒纸材料在进行人为预折后，可以一定程度上减少故障次数。而当时的高速机

技术能手符伟

生产速度在 480 包/分钟，也就意味着符伟与机台人员在保证生产的同时，一个班需要人工预折两万多张条盒商标纸。那段日子里，因为反复预折商标纸，他的手上大大小小开了许多口子，回家后只能用热水浸泡来缓解痛苦。皇天不负苦心人，在一次又一次地拿下亮起的"红灯"之后，高速机组产量终于首次突破了 80 箱大关，符伟也成了为这把"宝剑"开锋的第一人。

问号——未知和求知

2019 年对于蚌埠卷烟厂来说，注定是不平凡的一年，历经 5 年的异地搬迁技术改造项目进入了全面收尾、整体搬迁阶段。2019 年 4 月 15 日，卷接包设备正式开始搬迁，设备安装进度能否如期完成，设备产能能否尽快恢复，这一系列问题在蚌烟人心中画上了一个大大的问号。而此时，符伟与卷接包车间设备搬迁先头部队的其他成员们一道，面对未知的工作环境，肩负起了设备搬迁调试的重任。

"什么状况都可能发生，几乎无法预测。"符伟回忆起那段技改岁月是这么说的。每部设备从拆解、烤漆、搬运、就位到安装，每一个环节都需要协调配合，那些看不到、摸不着的故障使符伟时刻绷紧了神经。而更多的是他不曾开口说的，设备搬迁调试伊始，符伟与安装调试团队的成员们便早早开启了"白＋黑""6＋1"的工作模式，从旭日初露到月明星稀，经常是工作间歇回过神来，发现早已过了饭点。如此强度的工作，几乎连轴转了两个多月，在大家的共同努力之下，终于，5月28日这天，赶在节点之前，完成了卷接包车间所有设备的搬迁安装任务。

学道酬苦，业道酬精，艺道酬心。进厂11年，卷接包车间几乎承载了符伟的大半个青春，也让这个不怎么爱说话的大学生，从一名普通的包装机司成长为一名大有作为的机械维修技师。认识符伟的人都说他身上有股特殊的韧劲——遇到不懂的设备问题必须弄懂，不放过每一个向师傅请教的机会。2011年7月，刚毕业的符伟进入蚌埠卷烟厂工作，通过两个月间的刻苦求学，竟提前完成了本该长达一年的学徒培训，就在同年10月，他所在的机组获得了企业劳动竞赛一等奖，而他个人更摘得"青年岗位技术能手"称号。

省略号——忘记与牢记

进厂以来，由于工作中的突出表现，符伟先后取得蚌埠卷烟厂"优秀共产党员""东海标兵""先进生产者"等荣誉称号，他所参与的科技项目也斩获多项公司级、厂级科技进步奖。如此丰硕的荣誉与成绩，在符伟的自我介绍中，却时常被省略、被忘记。

而符伟心中牢记的，也最常挂在嘴边的，是感恩。感恩于企业积极搭建各种平台，促进他的进步成长；感恩于师傅们毫无保留地授业解惑，提升他的专业技能；更感恩于家人的理解与包容，支持他在日后的学习工作中百尺竿头更进一步。

私下里，同事们有时与符伟开玩笑，戏称他为"符（富）一代"。许多人听后付之一笑，却也不禁深思，在如今的蚌埠卷烟厂，符伟似乎也渐渐成为一个"符号"，他意味着年轻进取，象征着困知勉行，代表着谨慎谦虚。放眼望去，在蚌烟卷包青年中，"符二代""符三代"们早已悄然间初露锋芒。多一些这样的头雁领航，何愁没有群雁齐飞，何愁不能"春风一夜到衡阳，楚水燕山万里长"？

如果用一个"符号"来为自己的青春标注，符伟选择了省略号，略去曾经的荣誉成绩，也略去以往的鼓馈旗靡，不围困于虚荣的光圈，也不桎梏于失意的藩篱。唯有立足当下，才能轻装上阵，不断为企业的高质量发展贡献出自己的一份力量！

奋斗正当其时　青春永不言悔

——记"安徽中烟五一劳动奖章"获得者徐凯

郁　晗

　　"2—4机台的卷烟机反复跳闸，排查了图纸上的信号点，没找到故障原因……"这个正在机器旁埋头苦干、不时对照图纸拿着工具测量的年轻人叫徐凯，前不久刚获得了公司颁发的五一劳动奖章。俯身一个多小时后，通过检查程序，他终于找到了图纸上没体现的第四个故障点，更换新的接触器排除了故障，让2—4机台重新开始运转起来。

从窥豹一斑到行家里手　成长的不仅仅是技术

　　2012年，徐凯大学毕业进入蚌埠卷烟厂工作，从一名备工开始做起。步入工作岗位以后，机械知识的匮乏和实操经验的不足，时刻对徐凯产生着"倒逼效应"。为了让自己尽快地成长，他认真学习业务知识，刻苦钻研操作技术，虚心向老师傅们请教学习。

　　徐凯说："我常常觉得自己不够聪明，不是能够一点就通的人，但我相信勤能补拙。"在工作中遇到问题，他都会及时记录下来，包括出现故障的原因和分析、解决过程中遇到的困难和经验，确保再出现时能够凭自己的力量有效解决。记录的笔记越来越多，徐凯处理起故障也越来越熟练，逐渐从最初的门外汉成长为能独当一面的技术能手。

　　也正是在与机器打交道的过程中，徐凯看清了自己内心的热爱和前进的方向——要成为一个用技术说话的人，一个用真材实料、真抓实干为企业服务的人。

从机台操作到电工维修　转变的不仅仅是身份

　　刻苦、认真、坚持——这是别人眼中的徐凯。10年的付出与努力，徐凯以执着专注的态度，精益求精的精神获得了领导和同事们的一致认可。

检查电器运行数据的徐凯

2019 年，蚌埠卷烟厂开启了易地搬迁技改工程项目。卷接包车间外围库以机械设备替代人工实现生产线自动化。一时间大量的新电子设备、新电气故障成了外围库稳定运行的"拦路虎"，壮大电工人才队伍势在必行，徐凯便是通过这次机会，经层层选拔后，开启了自己的电工之路。

"这对我是一个全新的挑战。"徐凯说，"面对全新的技术和设备，我知道只有付出加倍的努力才能做好这份工作，才能无愧自己的选择和领导的厚望。"厂家调试期间，徐凯购买了大量电气专业方面的书籍，白天片刻不离地跟在工程师的身后，晚上就在家里钻研。设备图纸一张张翻阅分析，程序指令一行行尝试推敲，就这样经过一段时间的努力，他的技术水平也得到了突飞猛进的提升。

对于徐凯来说，从操作工到电工，转变的不仅仅是身份，还有肩头的责任。知重才能知责，知责才会尽责。"从前我只需要做好本职工作，保证自己机台的正常生产，而现在我要对整个班组的正常运转负责。"徐凯抿了抿薄唇，眼中流露出坚毅之色。

"只要和机修电气有关的事，他都要问清楚弄明白。"身边的同事这样说道。虽然年纪不大，可就是凭着这样一股"轴"劲，徐凯渐渐成为同事眼中的技术能手、成为青年职工学习的榜样。

从大赛小白到拔得头筹　收获的不仅仅是荣誉

2021年4月，徐凯接到了"黄山杯"比赛的通知，那一刻他的心里是既紧张又兴奋。此时，距离他成为一名电工才不过短短两年时间。兴奋的是，在这次大赛中能够和五家厂的优秀选手同场竞技，是难得的学习成长机会。紧张的是，徐凯希望能够在大赛中取得好成绩，为自己也为企业夺得荣誉。

由于之前没有过参加大赛的经验，从接到通知开始到正式比赛，7个月漫长而枯燥的时光中，徐凯好像在黑暗中摸索。为了不耽误车间的生产，徐凯既要坚守在工作岗位上，又要抽出大量的时间来积极备赛。白天他与指导老师和队友一起讨论优化操作流程，解决训练难题；晚上伏在书桌前，梳理总结技术要点，进行新的程序编写。这样枯燥而重复的训练，徐凯不曾有一日间断过。随着看过的书越来越厚，编写的程序越来越多，实操排障的速度越来越快，一点一点的光亮也开始照进他前行的道路。

成绩出来了，第一名！徐凯发自内心地笑了。谈及感想，徐凯首先提到的是一起并肩作战的队友："我们参赛的是一个团队，团队中不乏能力强者，宋旭以前参加过比赛，经验丰富，夏钰铭在编程方面能力出众。他们一直在帮助我支持我，今天我的这份荣誉里也有他们的一份，我十分幸运我能在这样的团队中成长。"对于他个人努力的部分，他只是淡淡带过，"未来的路还很长，我需要努力的地方还有很多。"

不忘初心，不负使命，用坚持的态度和拼搏的精神，为自己所热爱的事业努力奋斗，这是徐凯的人生信条。在未来他将继续以实际行动在生产一线上为企业的高质量发展添砖加瓦，奏响青春凯歌。

科班出身　实干为王　大企栋梁

——记"公司烟叶原料手感水分技能竞赛一等奖"获得者王科梁

张　冰

　　大国工匠必来自一线锤炼，才能百炼成钢。在安徽中烟蚌埠卷烟厂物流分中心，有一位面色黝黑、五大三粗犹如黑塔一样的壮汉王科梁。

　　初见他，绝想不到他是中国科技大学经济技术学院农学专业的高才生，2002年大学毕业的他，来到了蚌埠卷烟厂原料仓库工作，这一干就是20年，身在企业最默默无闻的物流部门，历经岁月的洗礼打磨，在他身上早已看不见一丝一毫的书生意气。他就像扎根在泥土里的一株高粱或烟草，浑身散发着朴素的泥土气息，走近他，才能嗅出五谷丰登的芬芳。

　　未见王科梁，就有所耳闻他的故事和传说；初见王科梁，和想象中的却又完全不一样，这引起了我的兴趣，那么王科梁到底是一个什么样的烟草物流人呢？

专心：干一行钻一行

　　在独具特色的蚌埠卷烟厂醇化库质量创新工作室，说起原料养护、仓储管理和现代物流来，一下子打开了王科梁的话匣子，他如数家珍地告诉笔者，2021年，我们在原料仓储养护管理中，努力探索新思路，运用质量控制系统性思维，提高过程管理水平，积极健全生产过程全要素管控模式，抓好原料养护、清洁保养，做好物资质量管控等工作。加强计量管理和监视测量，保原料、保供应、保质量、保成本，班组成员鼓足干劲，奋力拼搏，着眼于创新思路、精细管理，以过硬的管理效能，保持了物流分中心原料仓储养护管理在公司层面领跑者的地位，圆满完成了"全年原料养护管理检查平均得分大于98分"的关键考核指标，并着力营造"精心仓储、匠心养护"的仓储文化。

　　王科梁高兴地对我说，我们以质量创新工作室为平台，通过与中科大等专业院校开展研究项目合作，加强数字化运用，开展智能化养护研究，积极探索原料养护工作从人工密

正在对库存原料进行抽查的王科梁（左）

集型向自动化、信息化、智能化的转变。而新技术的运用，也将为企业克服人员年龄偏大、文化程度偏低等不利因素，提供了一个弯道超车的机遇；同时，也为企业下一步现代物流发展储备了技术力量，只有立足于当下，着眼于未来，才能更好地为企业高质量发展提供原料战略保障……

面对这样一位热爱自己工作、说起物流建设难掩喜悦之情的同志，我想起了他的一个小故事。2007 年，单位指派他和另外两位同志到绩溪外租库，对 7000 多件进口原料逐一进行人工开箱检查。他们 2 月底穿着棉袄来到绩溪大山里，对一箱箱原料进行翻垛检验，一直忙到 5 月底，才穿着短裤回到蚌埠。临出发时，妻子怀孕才 3 个月，回来时，肚子已经很大了，王科梁说：关键时候没有陪伴妻子感到很愧疚。

从王科梁的神情中，我能读懂他对家庭深沉的挚爱、对工作深深的热爱，还有那常人不易察觉的执着追求和不懈钻研精神。王科梁以实际行动很好地诠释了什么是干一行、爱一行、钻一行。

业精于勤，行成于思，只有胸怀理想、执着追求梦想的人，方得成功。

醉心：爱琢磨敢创新

王科梁是一个勤于思考、善于学习、敢于创新的人，为了提升企业物流管理水平，他不断地学习新知识，提出新思维，运用新技术，在创新道路上不停地琢磨着、探索着。

2008 年前后，在一次烟叶供料的过程中，王科梁发现有部分烟箱底部烟叶有霉变现象，随后几天，又陆续发现此类现象。强烈的责任心促使他必须找到问题的根源并加以解决，于是他开始翻箱倒垛查找原因：原来是在平房库和楼库一层储存的片烟，因地表湿气上升，造成最底层烟箱最下面的片烟长期受地面湿气浸染，从而导致了霉变。问题找到了，怎么解决又是一个大问题，他带领团队成员，开动脑筋，查找资料，咨询专家，厘清思路。最终，功夫不负有心人，在一次带孩子吃汉堡和三明治的时候，他突发奇想，创造性地提出了"三明治"货位铺垫法的思路。说干就干，在班组成员们的共同努力下，通过改变底层烟箱的铺垫方法，从根源上杜绝了烟叶底层霉变现象，良好实效引起公司物流中心和五家分中心的高度关注，公司物流中心在实地考察后，迅速在五家物流分中心进行了推广和实施。"三明治"货位铺垫法，一举攻克了平房库烟叶货位底层浸染霉变难题。

王科梁不断在创新路上砥砺前行，取得了一项项优异的成绩，获得了许多行业内的荣誉与奖励，这是最好的证明。2010 年，他在安徽中烟公司举办的第一届"烟叶原料手感水分技能竞赛"中，荣获个人一等奖；2016 年，原料班组作为蚌埠卷烟厂参赛代表参加了全国质量协会在重庆举办的第五届全国"质量信得过"班组选拔赛并喜获一等奖；2019 年，他组织开发的"烟叶养护醇化质量的智能化管控建设方案"，获公司"黄山杯互联网＋"竞赛三等奖；2021 年，获"黄山杯原料仓储养护知识竞赛"个人二等奖，并经公司推荐，入选烟草行业物流人才共享库。

没有爬不到顶的山，只有不敢攀登的人。王科梁以一份纯粹透彻的初心，坚守在自己的岗位上，他是一位耐得住寂寞、坐得住冷板凳、下得了苦功夫的我们身边默默无闻的最美物流人。

匠心：勇突破创佳绩

初心在方寸，咫尺在匠心。

制心一处，无事不成。时间洒在哪里，哪里就会开花结果。世界上没有不劳而获的事情，心系一处，无事不成，这就是匠心。

2014 年年初，公司物流中心要求五家企业的原料仓储货位利用率要达到 93％的考核指标，而蚌埠卷烟厂原料库当时的货位利用率在最高峰时只达到 85.4％，简单的 7.6 个百分点，却需要对近 60 万担原料进行大调整，如何在最短的时间，用最便捷的方式，完成最合理的布局，取得最大化的效果呢？王科梁又一次沉下心来，反复思考，大胆求证，利用六西格玛工具，率领团队，发扬敢啃硬骨头的拼搏精神，通过实地反复测量，不断优化垛位布局，改善堆垛方案，制定实施细则，终于圆满地打赢了这场硬仗，顺利通过了公司物流中心的现场考核，提升了企业资金有效利用率，减少了外租库使用费用，取得了良好的经济效益。

王科梁不仅仅善于思考，更敢于冲锋陷阵。有一年夏天，蚌埠发大水，长淮库紧急启用抽水机进行排涝，可是面对瓢泼大雨，抽水机根本来不及排涝，面对仓库随时可能进水的紧急状态，王科梁和部门同事立即驱车赶赴长淮库。出了蚌埠一片汪洋，完全看不到路，这时车辆也不争气地熄火了，王科梁和同事们跳下车，一边蹚着水探路，一边推车前进，终于及时赶到长淮库，顾不上休息，开始帮着倒垛抢险……

是一种什么力量支撑着王科梁为了企业甘于默默奉献呢？王科梁说，我们家三代人都在企业工作，是蚌埠卷烟厂"养护"着我们的家庭。我自小就知道东海烟厂是新四军创办的红色企业，蚌埠卷烟厂是我们一家的衣食父母，是我们家族幸福生活的源泉，我们合家对企业都有着深深的感情……

所谓匠心，就是对一项工作发自于内心深处最深沉的爱的结晶，王科梁，你就是一位咬定青山、立足岗位的大企栋梁。

敢于突破、善于思考的王科梁，在原料仓储养护管理岗位上，带领班组成员进行了一系列改革创新，工作绩效得到了有效的改善和提升。眼下，王科梁正带领着他的团队，立足创新驱动，积极开展烟叶醇化前沿技术研究，提高技术储备资源。以质量创新工作室为有效媒介，请进来、走出去，对接和融合公司技术中心、物流中心和中科大烟草与健康研究中心等科研力量，开展烟叶醇化新技术的课题研究、编制烟叶全生命周期图谱，探索数字仓储、智能养护的新模式，打造原料仓储养护转型升级的"新引擎"，立志为助推公司高质量发展、提高原料仓储养护管理软实力、提升企业核心竞争力做出积极贡献。

"魏来"可期　深扎安全一线的"守夜人"

——记"黄山杯安全生产专业技能竞赛一等奖"获得者魏来

李鹏飞　路思捷

> 在蚌埠卷烟厂，有一群"守夜人"，在默默守护着企业的安全，我们今天的主角——安全保卫科的魏来，就是其中之一。

学无止境　青年派中的模范生

"安全工作关乎着大家的生命安全，关乎着企业的生产安全。安全工作如同构筑一面防火墙，帮助企业抵御危险，帮助大家守护生命安全。"正如他的信念一般，他对安全工作的坚守和责任感，让他成为蚌烟的坚盾，成为安全一线的一名卫士。

从 2015 年至今，魏来在安全保卫科从事安全技术管理工作，作为一名优秀的安全技术人员，他具备较强的专业安全技术能力，多次参加公司安全检查，参与企业安全标准化创建，针对问题帮助部门整改完善，完成百余份安全课件制作。在工作之余，他也在不断学习以提升自己的职业素养，在企业的他勤勤恳恳，尽心尽职；在家的他求知若渴，韦编三绝。2017 年，他通过考试取得注册安全工程师职业资格；撰写的论文荣获中国烟草学会 2020 年学术论文三等奖；参与的课题获公司 2020 年精益改善项目一等奖。

"在安全生产领域涉及的法律法规就有 280 余项，学习是一件有始无终的事情。"他经常用这句话来告诫自己。他努力学习，焚膏油以继晷，恒兀兀以穷年，积淀下来的学识与经验助他打造了过硬的业务能力。工作期间，多次荣获企业"先进生产者""青年岗位能手""优秀共产党员""东海标兵"等称号，逐渐成长为一名优秀的安全技术人员。

安为己任　安保科里的先锋盾

安全生产是国家和政府赋予企业的重要责任，魏来在安全保卫科的工作中逐渐感受到

正在进行安全答题的魏来

安全生产的重要，他努力践行"安全第一、预防为主、综合治理"安全生产方针，凡涉及安全问题，他时刻犹如在弦之箭，总能出色而及时地解决一切安全工作。

他作为参赛队员，参加2017年安徽中烟公司安全岗位达标竞赛，所在团队获得团体一等奖；所提出的"关于整合企业职业健康安全标识，建立安全标识引导系统的建议"入选2019年度安徽中烟公司合理化建议"金点子"，提升了企业安全目视化和标准化指引效果；2019年9月，参加公司"黄山杯"安全生产专业技能竞赛，荣获个人三等奖；2020年9月，参加公司"黄山杯"安全生产专业技能竞赛，荣获个人一等奖。

安全保卫工作听起来简单，但是实际工作千头万绪，需要时时小心，处处精心，即便在最安逸的时候，安保工作者也不能有一点懈怠。凭借着对工作的热情，魏来成功入选安徽中烟公司安全生产人才库，成为保障企业安全的卫士。

自认平凡　同事心中的不平凡

"安全工作点多面广，责任和担子很重，安保线上的每一名同志都很辛苦，有的同志在安保一干就是一辈子，为企业安全做出了很多，应该写写他们，他们才是真正的英雄，我只是个普通人罢了。"这是采访过程中魏来对我说的第一句话。而"谦虚"和"专业"是同事们对他评价中的高频词汇，随着对他的深入了解，我发现自认平凡的他却有着非常不平凡的成绩。

2020 年 1 月，又是一年春节到，正当大家都沉浸在节日的喜悦中，尽情享受年味的时候。突如其来的疫情，让企业春节复工陷入停滞，但企业安保值班工作仍需坚持。蚌烟安保战线上的同志舍小家为大家，毅然坚守在抗疫一线，书写着安保人的新年贺词，描绘着不一样的新春年画。魏来协助厂办公室，积极与高新区管委会协调，统筹组织开展企业复工复产通行证办理和发放工作，为企业按期复工复产提供有力保障。虽然防疫任务艰巨，人员力量有限，但为保障企业职工复工通行的诉求，他尽全力确保复工复产不受影响。

魏来在自己的工作岗位上勤勤恳恳，与其他安保同仁一道，默默地为职工生命安全和企业生产安全贡献着自己的力量，为蚌埠卷烟厂连续 17 年斩获全国"安康杯"优胜单位称号提供有力保障。

自从选择安全保卫工作的那天起，7 年来，风雨兼程，魏来作为一名保障企业安全的"守夜人"，他始终坚守初心和使命，成绩背后，是他在安全工作道路上留下的万里足迹。企业发展的前路中，他正在扫清障碍，为我们开辟出一条安全的快车道，今日如此，日日皆然，未来可期。

钢铁是怎样炼成的

——记"黄山杯卷包封装设备操作技能竞赛一等奖"获得者段飞

朱 瑞

> "没有不重要的工作，只有不认真工作的人。"这是段飞时常挂在嘴边的一句话。他在 2020 年全国烟草行业首届操作技能竞赛中取得第八名、2019 年和 2021 年两次获得"黄山杯"卷包封装设备操作技能竞赛一等奖的好成绩。

咬定青山不放松　立根原在破岩中

段飞，中共党员，硕士研究生，毕业于合肥工业大学化学工程专业。2015 年 7 月，段飞毅然决然地辞去徐州自来水厂的工作，来到蚌埠卷烟厂。在卷接包车间，他从一名备工做起，每天上班时他都比别人来得早，向上个班的同事询问机器运转情况，了解是否有故障，是否有需要注意和维修的地方。每天下班他都比别人走得迟，他要将机器的状况交代给接班的同事，以便于他们能更加顺利地工作。段飞不仅认真负责地完成自己的本职工作，还虚心向前辈们请教，和同事交流。他将技术学以致用，把自己的所听、所学、所做融会贯通，运用到日常操作中，精益求精是他的目标。在日常一个班八个小时的工作中，除去吃饭的时间，他总是坚守在机台上。加材料、看烟库、看质量、上烟、处理故障、停车保养……他认真地对待每一天的工作，忙忙碌碌，却依然有条不紊地处理着每一项任务。他没有急躁和抱怨，在默默地发光发热。

纸上得来终觉浅　绝知此事要躬行

段飞热爱本职工作，虚心好学，刻苦钻研技术，有创新精神。他知道如果仅仅掌握理论知识是远远不够的，对于自己来说，并不能熟练掌握机器的实际操作。他深刻了解，实

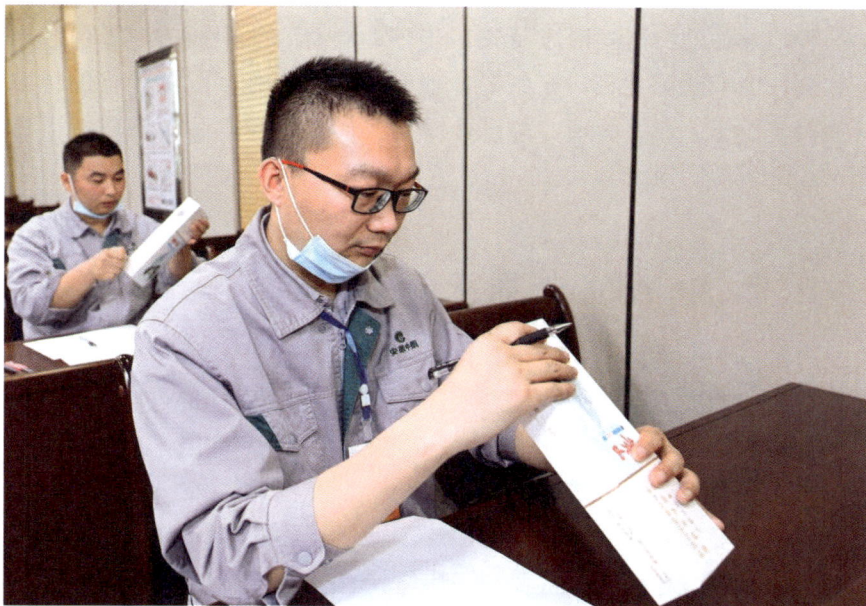

竞赛中的段飞

践是检验真理的唯一标准。他经常趁设备轮保或者维修时，跟在修理工身后，默默地学习设备的传动原理以及修理技能。他坚持在学习中实践，在实践中学习，遇到不懂的问题，一定要打破砂锅问到底。当时他所在的生产黄山（软一品）的 BO 机组，设备性能不太稳定，在日常工作中，他总是会细心观察，耐心做好设备保养维护，将学习的理论与实践相结合，使得包装机组设备运行性能有了大幅度提高。在机器出现故障时，他能迅速排故，在烟包有质量问题时，他能根据烟包外观迅速找到原因并处理。段飞善于在工作中发现问题，凭着对工作的执着追求，通过努力学习理论知识、刻苦钻研操作技术，明确自身职责，掌握机器操作，保证产品质量。他由一名普通备工逐渐成长为一名包装机高级操作工，现在正在努力成为一名优秀的维修工。

看似寻常最奇崛　成如容易却艰辛

段飞在多次竞赛中取得好成绩，在别人看来可能只是幸运，但只有段飞自己知道，他在背后付出了比别人更多的努力，挥洒了比别人更多的汗水。"黄山杯"卷包设备操作技能竞赛由理论考试、产品质量检验实操、设备排故以及操作实测等四项组成。要想取得好成绩，四个项目都需要熟练掌握。段飞在车间操作的机型是 GDX1，却在 GDX2 包装机型的比赛中两次获得了一等奖，由此可见他付出的努力，以及让人佩服的超强学习能力和动手能力。白天他在厂里训练，一遍又一遍地拆开重装，再拆开再重装，不知疲倦。晚上他在家里训练，拿着两个女儿的小脸盆当作工具箱，准备一些物品当作工具和零件，在茶几上摆开阵势，模拟零件的清洁润滑以及安装步骤，端着脸盆里面的"零件"来来回回地走，一遍遍重复，生怕遗漏任何一个细节。他的每一次训练都以最严格的标准来要求自己，就这样坚持了下来。训练后期，每日开展竞赛模拟，模拟后当场总结再进行专项训练，确保每一个细节做到极致。

鹤发银丝映日月　丹心热血沃新花

当然，段飞的成功最离不开一个人的付出与栽培，那就是他的老师李银平师傅。段飞认真地说道："能在黄山杯操作技能竞赛中，两次取得了一等奖的好成绩，并代表安徽中烟去参加全国比赛，与李银平师傅对我的训练和培养是息息相关的。我深深地感受到老师在工作中所展现的'爱岗敬业、争创一流、艰苦奋斗、勇于创新、淡泊名利、甘于奉献'的劳模精神。他是我的好老师，更是我的好榜样！"在全省选拔赛结束后，由于离全国赛日期临近，李银平师傅带着段飞立刻赶往芜湖卷烟厂，准备训练。为了尽快适应全国比赛的环境氛围和机器设备，李银平师傅把一切能考虑到的问题都准备妥善，就是为了让段飞熟悉设备，熟悉考试环境，让段飞以最平常的心态发挥出自己最好的水平。

整个比赛期间，领导们的关心和重视也让段飞感到温暖。段飞说："车间领导对我参加比赛十分重视，每次在我训练的时候，领导们都会前来关注。张勇多次与我谈心，关心我的训练状态、疏导我的心理压力。每次去外地比赛，都是工会主席刘桂成亲自动员，他鼓励选手放松心情，不要给自己太大压力，才能发挥自己的正常水平，还让大家出门在外注意安全。当然，全国比赛能够进入决赛，也是我们安徽中烟共同努力的结果，公司生产制造部领导多次看望备战选手，掌握选手的情况，关心选手身心健康。"

不经一番寒彻骨，怎得梅花扑鼻香。段飞同志在蚌埠卷烟厂的 7 年工作时间里，立足岗位、兢兢业业，得到同事和领导的高度赞同和认可。他始终以高昂的工作热情，全身心地投入工作中，为企业的发展贡献着自己的一份力量。

知行若梅

——记"黄山杯烘丝设备操作技能竞赛一等奖"获得者夏若梅

汪伟刚

> 夏若梅，中共党员，2015年进入蚌埠卷烟厂，获得"安徽中烟技术能手""黄山杯"操作技能竞赛一等奖等荣誉，先后从事制丝车间薄板烘丝机操作工、中控操作工，现为制丝车间跟班工艺员。她用7年时光展现了一名蚌烟优秀青年的精神风貌，用工作实践讲述了一名基层青年员工的成长故事。

若梅般寒而愈香

"已是悬崖百丈冰，犹有花枝俏。"梅花总是怒放于凛冬，总能在恶劣环境中不改本色，夏若梅正如她的名字一样，诠释着一名优秀年轻女工的精神风采。

2015年，夏若梅大学毕业，进入蚌埠卷烟厂制丝车间，当上薄板烘丝机操作工。易地技改前，薄板烘丝机岗位工作环境较为恶劣，高温、高湿与噪声总是相伴左右。"噪声比较好解决，戴上耳塞就会好很多，但是高温高湿就没法了，到了夏天，后背基本处于潮透状态。"薄板烘丝机线上工作过的老师傅如是说。

在这种工作环境中，天生比较怕热的夏若梅从未有过任何退缩，每一班都坚守岗位、兢兢业业，保质保量完成生产任务。她在工作中不断实操磨砺，多动脑去想、多动手去做，立足岗位践行自己踏实工作的信条。

岗位虽然平凡普通，工作虽然枯燥劳累，但是夏若梅端正的工作态度与认真的工作作风获得了领导与同事的一致好评，在此期间，夏若梅获得企业"优秀共产党员""优秀团干"等荣誉称号。

若梅般先木而春

"一朵忽先变，百花皆后香。"梅花先百花而盛开，敢为"花"先，引领春风的脚步。

进行数据分析的夏若梅

2019 年，蚌埠卷烟厂技改搬迁后，夏若梅的岗位被调整为薄板烘丝中控操作工。与此同时，制丝新线刚投入使用，新设备的许多特性也有待于摸索。"刚来中控的时候，制丝车间对于新线薄板烘丝机烘后水分 CPK 的合格率格外关注，我想我可以发挥一下我的专业优势，从数据之中寻找答案。"统计学专业毕业的夏若梅回忆道。

在接下来的工作中，夏若梅便开始了与 CPK 的较量，她详细记录下薄板烘丝机生产过程中的一组组相关数据，每组数据有多达 10 个变量组成。在记录了足够多的数据之后，夏若梅便静下心来走进那些数据之中，努力寻找各参数之间的关联性与规律性。

真理往往是安静的，只有平静的、专注的心才能听得见，经过两个月的潜心研究，夏若梅终于参透了这些数据中的玄机，率先建立起了一个以脱水值与筒壁温度为 X 轴、以烘丝机过料重量节点为 Y 轴、以不同生产牌名为 Z 轴的立体化制丝新线薄板烘丝机操作指南。在这个指南的指导帮助下，新线薄板烘丝机烘后水分 CPK 合格率问题迎刃而解，并稳定维持在了 85% 以上，为日后制丝车间质量工艺工作的进一步开展，提供了充分的前提条件。

由于在中控操作工岗位上的突出表现，夏若梅先后获得企业"先进生产工作者""青年岗位能手"等荣誉称号。

若梅般战霜斗雪

"雪虐风号俞凌然"，梅花面对风雪带来的困难与挑战，亦能凌寒独开，淡定处之。

2021年8月，经过车间的层层选拔，夏若梅被选派参加2021年"黄山杯"烟机设备操作技能竞赛。

"黄山杯"烟机设备操作技能竞赛由理论考试、实操测试及感官判定三部分组成，令夏若梅感到意外的是，最令她感到担心的项目居然是感官判定物料水分，而不是像很多其他参赛选手那样短板在于理论或者实操方面。

"可能我的感觉神经天生就比较'大条'吧。"夏若梅无奈地笑着说，"在车间刚开始选拔参赛选手的时候，我抓取物料水分判定成绩在所有人中是倒数的，当时是真的感觉不出来物料水分的差别。"

对于这个意料之外的短板，夏若梅下定决心要强"己"所难，她将几乎所有的工作间隙都利用起来，只要一有空就赶往生产线上进行练习。随着抓取练习次数的增多，从手心传来的神经信号逐渐清晰起来，曾经被她自己评价为"大条"的神经，在经过反复地用心练习后也变得细致敏感起来。在临近大赛时，她已经能准确地判断出物料的含水率，及时有效地补齐了自己的短板。

经过激烈的角逐，夏若梅最终以笔试第一、总分第一的成绩获得了2021年"黄山杯"烘丝设备操作技能竞赛的第一名。谈论到比赛结果时，她诚恳地说道："在备赛过程中，车间领导在人员协调、竞赛指导等方面给了我很大的支持，同事们也都用各自的方式给了我很大的帮助与鼓励，没有领导与同事们的支持帮助，我也取得不了这样的成绩。"

2021年7月，夏若梅再次走上新的工作岗位，在谈到任制丝车间跟班工艺员近一年来的感受时，她表示："干这份工作，让自己对车间质量工艺工作有了更全局的把握，我会在车间领导的带领下，继续尽力而为。"

如您所见，在蚌烟制丝工艺质量工作岗位上，又一朵"精神之梅花"正在含苞待放。

第 七 章

东海标兵

"照片里的你　真帅"

——记蚌埠卷烟厂"共产党员十大先锋"刘振宇

毛爱莉

看照片，说故事。今天，我们的主人公叫刘振宇，48岁。

他是一名退伍老兵，是一名司炉工，是一名社区志愿者，更是一名共产党员。

翻开他的相册，让我们聚焦他的一张张照片，讲述他的一段段故事。

不负韶华　青葱岁月献给军营

第一张老照片中，这个穿着一身军装、满脸稚气的小个子，就是刘振宇。他出生在军人家庭，父亲、母亲和姐姐都是军人，血液中流淌着红色基因，有着解不开的军人情结。

1992年，18岁的刘振宇如愿以偿地穿上军装，成为一名光荣的中国人民解放军，并加入中国共产党。

在伍期间，刘振宇积极投身到各项军事训练和理论学习中，很快便适应了部队生活。谈及军事理论学习，给刘振宇留下印象最深的，便是中国军队赖以成名的独门秘籍——大规模大纵深穿插战术，这是当年中国陆军能在劣势火力的背景下，登顶世界第一陆军的底气。

所谓战术穿插，就是把军队散开，穿过阵地，然后重新聚拢军队，围攻敌军。采用这一战术，敌军所有的阵地全部失效，整条防线犹如马蜂窝一样处处漏洞。

当兵时的刘振宇

能聚能散这一点，只有中国军队做到了。连熟悉这套战术的美国和苏联，也不敢轻易尝试。因为部队动向被敌军知道得一清二楚，那跑到敌后去"包围"别人，纯属找死。

大规模大纵深穿插，必须满足一个核心条件——隐蔽。为了完成隐蔽和潜伏的任务，朝鲜战争中，邱少云被活活烧死在荒草地，一动不动；长津湖战役中，冰雕连在夜色中全连都被冻死在阵地上，也一动不动。

中国军队之所以成为一支战无不胜、攻无不克的强军劲旅，一个重要原因，就是拥有并坚持了党对军队绝对领导这一军魂。共产党员们用坚强的党性、强大的纪律性、不怕牺牲的精神，熔铸中国军魂，代代相传。

4年的军旅生涯，脱去了刘振宇身上的稚气，增强了他的体魄。而他坚持用党性熔铸的中国军魂，融入了他的骨髓，根植于内心，细化于每一天的衣食住行、工作生活中。

党员的责任，军人的风范，铸就了刘振宇奉献的人生。

工作中的刘振宇

兢兢业业　无怨无悔扎根蚌烟

第二张照片中，刘振宇正在锅炉站房巡查设备、停气关阀。

脱去戎装，换上厂服，刘振宇在动力车间锅炉房一干就是25年。变化的是容颜，不变的是初心。

2018年，我厂易地技改搬迁工作正处于安装调试阶段。新厂的工作条件十分艰苦，刘振宇是第一批驻扎新厂的动力车间值班人员。当时的锅炉设备还在安装调试阶段，锅炉房值班室的门窗也未安装。刘振宇必须早早地把羽绒服、厚棉袄套上身，因为一到深夜，锅炉房如冰天雪地般彻骨生寒。

艰苦的环境没有影响刘振宇的工作热情。他努力学习新厂锅炉的相关知识，虚心向同事和安装人员请教问题。很快便掌握了新设备的操作和排故方法。

2018年12月19日凌晨4时，刘振宇像往常一样戴好安全帽，开始夜班巡查。

"这是什么声音？"正在锅炉站房巡查的刘振宇突然听到一阵嗞嗞声。

"好像是哪里漏气了。"另一位当班司炉工王储德回答说。

"才巡查过锅炉设备，管道都是好好的，没有蒸汽泄漏啊。不对，好像是在外面！"说罢，刘振宇立刻冲出锅炉站房。

他循着声音一点点靠近，借着灯光仔细排查。

"是这里，小心！是燃气调压柜的法兰盘漏气了，燃气正在泄漏！"刘振宇很快发现这个问题的严重性。他撤离到安全地点后，立即联系相关人员，报告问题，并进行警戒。经过抢修，设备恢复正常运行。

从此事不难看出，刘振宇对于工作的严谨态度。"干一行、爱一行。我是锅炉工，那就要搞好锅炉的操作和点检，及时发现问题、解决问题，保证车间用气。"他用25年的坚守诠释着这句话。

不忘初心，牢记使命。操作技术能手刘振宇在自己的岗位上坚实扎根、兢兢业业。

逆行而上　尽己所能抗击疫情

第三张照片中，刘振宇身穿志愿者的红马甲，忙着为小区居民测温消毒，看上去略显疲态。

2020年，注定是不平凡的一年。当新年的钟声敲响、乍暖还寒时，一场瘟疫席卷全国，新冠肺炎确诊人数陡然上升，蚌埠成为灾区之一。

2015年起，刘振宇就主动参加社区志愿者活动。疫情肆虐，他又毫不犹豫地加入抗疫志愿者行列中。

莫道君行早，更有早行人。天还没亮，刘振宇就准备出门，前往防疫站点义务执勤。

"你平时还要去厂里值班，哪有这么多精力搞这些？现在还是特殊时期，志愿者工作就暂时放一放吧！"刘振宇的妻子对他说道。

"正因为现在是非常时期，我是退伍老兵，又是党员，更应该去帮忙，去出一份力。"刘振宇轻声回答。

"有社区的人，还有医护人员，你就别去凑热闹了，万一再带病毒回来，家人也跟着遭罪！"刘振宇妻子有些生气，更多的还是担心。

参加志愿者活动的刘振宇（左四）

"现在疫情严峻，咱们社区人手不足，大家都是加班加点地忙碌，我得做点事情，心里才踏实。你放心，我会做好个人防护，勤洗手消毒，不给家里添乱，不给国家添乱。"刘振宇笑着，戴上口罩急匆匆地走出家门。

"哎，赶紧把手套戴上，外面冷，别冻着。"妻子朝着门外的刘振宇叮嘱着，摇摇头，脸上却挂着微笑……

虽已立春，气温却堪比大寒。尤其是太阳落山，最是难熬。久站小区门口，手脚冰凉，寒风直往刘振宇的领口袖口里钻，风吹在脸上像针扎一样，吹进眼里，泪水直淌。刘振宇却觉得自己就在战场上，像当年冰雕连的战友一样，中国军魂之气上涌，寒意亦奈我何！

小区全封闭时期，刘振宇协助社区人员运送生活物资，工作量和体能消耗倍增。第一天送菜，他就跑了一百多家，每份菜好几斤重，一户户送到居民家门口。

"有什么需要帮忙或者跑腿的，喊我们就行。"刘振宇对居民们热情地说着，他的额头却冒着汗珠，浑身早已湿透。

防疫工作并不是所有人都能理解和体谅的。在工作中，刘振宇需要和各种人打交道，难免会遇到一些有负面情绪的人对他冷嘲热讽，不愿配合防疫工作。但他依旧温暖包容，动之以情，晓之以理。用温度化解隔阂，坚守防疫工作的最后一道防线。

结束了一天的志愿者工作，刘振宇回到家中已是深夜。由于长时间佩戴口罩，他的耳根被勒得很疼，鼻子也被磨得通红，有些破皮。

摘去口罩，洗手消毒后，刘振宇整个人瘫坐在沙发上，浑身无力疲惫不堪。但他却十分欣慰，因为这一天的防疫工作很顺利，大局稳定。

通过这三张照片，我们讲述了发生在刘振宇身上不同身份的故事，却都反映出一位基层共产党人的品质与初心。

诚然，中国共产党是一个有着百年历史的大党。中国共产党历史，就是一部反映中国共产党人不忘初心、牢记使命、全心全意为人民服务的历史。

璀璨星河，由点点繁星所组成；汪洋大海，由滴滴水珠所汇聚。刘振宇的一张张照片，是当下 9500 多万中国共产党人的缩影，诠释着基层党员对人民的赤子之心，对祖国的热爱之情。时代需要这样的照片，更需要这样的共产党员。

照片里的刘振宇，真帅！

安全线上的那道光

——记蚌埠卷烟厂"共产党员十大先锋"高麒

周 杰

> 有人说，他是安全线上的"排头兵"，遇到困难挺身前；有人说，他是创新道上的"领头羊"，管理创新他最行；有人说，他是传道路上的"讲经者"，倾囊相授无保留。他进厂 20 年，5 次获得东海标兵，2 次获得先进生产者，2 次获蚌埠市安康杯竞赛先进个人，他就是蚌埠卷烟厂十大党员先锋高麒。
>
> 初见高麒时，他一副不善言辞还有点腼腆的模样。当笔者提到他热爱的安全专业时，他一下子打开了话匣子，对他的领域如数家珍。

千磨万击还坚劲　任尔东西南北风

没有人天生就是优秀的，只有后期的努力和坚持。高麒，2002 年毕业于安徽理工大学自动化专业，进厂后在制丝车间干过电工，还曾是中控室的第一批"元老"。2009 年，高麒从制丝车间来到安全保卫科负责安全技术管理工作。

"学安全知识走不得捷径，必须有坚持不懈、脚踏实地的积累。"这是高麒经常说的一句话。

艰难困苦，玉汝于成。刚来到安全保卫科时，高麒还是安全领域的"小白"，安全管理对于他来说是全新的领域。他对学习总保持着如饥似渴的热情，每天悉心研究安全法律法规，虚心向同事请教，法律法规一条一条地过，笔记一遍一遍地做。他说："安全法律是必须坚守的底线，真正掌握了核心技术，有了看家本领，碰到问题不慌乱、不退缩。"三个月后，他就可以独立组织开展安全管理工作。2011 年，他取得注册安全工程师资格，日复一日，长期地坚持，成为安全方面的行家里手，从企业走向公司、从公司走向行业。

2010 年，安徽中烟在蚌埠卷烟厂试点开展危险源辨识工作。作为安全保卫科的年轻骨干力量，高麒主动请缨，承担编写危险源辨识清单的任务。为了高质量地完成任务，他

高麒正在进行安全知识授课

虚心请教技术骨干，从危险因素类别、作业活动、风险条目辨识评价到对应的法律法规和条款，每一项内容都刨根问底、追本溯源。在学懂弄透之后，他又抱起材料直奔车间，与班组兼职安全员、岗位操作人员一起分析梳理每一条危险源的控制措施，有针对性地确定风险评价表的内容。

功夫不负有心人，经过近三个月的努力，他跑遍全厂 180 多个岗位，关注每个岗位作业前、中、后的过程，逐项进行步骤、动作分解，形成 2700 多条危险源辨识记录，为公司、企业职业健康安全管理体系有效运行奠定了基础。

高麒，作为安全战线上的青年党员，他立足岗位、恪尽职守，用青春和热情书写着共产党员的责任和担当。不管是厂区、库区，还是施工作业现场，在企业的每个角落都有他检查安全隐患、履行安全职责、巡查的身影；节假日阖家团圆、共享天伦的时候，他依然兢兢业业地坚守岗位，毫无怨言，为企业的安全稳定奉献自己的力量；无论是烈日炎炎，还是寒风凛冽，他总是迈着矫健的步伐，挥洒着辛勤的汗水，强化作业现场管控，抓好安全隐患排查治理和各项安全措施的落实，把安保工作落在实处，确保企业生产安全运行。

问渠那得清如许　为有源头活水来

"唯创新者进，唯创新者强，唯创新者胜。"对待安全工作，高麒满腔热血，十几年如一日。在实践中总结，在总结中创新。为了提高工作效率、提升业务水平，他总会在忙碌的工作中，挤出时间自学新技术、新知识、新本领。他带领安全保卫科的安全三人组，经常开展"头脑风暴"，"我们安全组三人分别是'70后''80后'和'90后'，我虽然在年龄上比他们大一些，但在工作和思想上还要向他们取经，了解各个年龄阶段的想法、创新地开展安全工作，在基层部门、车间往往可以事半功倍。"

近年来，高麒牵头编制了企业内部26个安全管理制度、66个安全操作规程，建立了以一个总体预案和8个部门级现场处置方案为主体的厂级生产安全事故应急预案；他基于岗位考虑，以小见大，提出的基于ABC管理法的施工现场管控、工业企业风险预警预测、"4321"安全责任体系等创新工作方法，多次在行业、公司和蚌埠市进行宣讲、推广，得到各级的好评。他开拓创新、锐意进取，换来的是企业安全生产的丰硕果实，企业连续17年保持"全国安康杯竞赛优胜企业"称号。

"作为一名安全技术管理员，应按18个字要求自己：勤于学习、善于思考、敢于创新、严格、细致、执着"。

高麒在创新路上笃定前行，取得了一项项优异的成绩，获得了许多荣誉与奖励。2020年，他组织开展的"一岗一卡一图在应急预案中的应用"项目获公司精益改善三等奖；2021年，组织开展的"基于多体系融合安全管理信息化系统设计与实践"课题获公司精益改善成果一等奖；2021年，参与的"关于整合企业职业健康安全标识，建立安全标识引导系统"建议荣获公司合理化建议"金点子"。

高麒用自己的实际行动，展现了一位年轻工匠"博学之"的学习理念、"审问之"的深究细探、"慎思之"的勤思钻研、"明辨之"的清醒思辨和"笃行之"的果敢坚定。

不要人夸好颜色　只留清气满乾坤

做个平凡的人，高麒是一个谦逊的人，他成就众人而不居功，总是把"这都是我的本职工作，我取得的成绩都是源于我们安全团队，没有他们就没有现在的我"这句话挂在嘴边。高麒觉得他取得的成绩离不开企业的培养，他始终反哺于企业，将他的宝贵经验倾囊相授。"我觉得最骄傲的事情，就是我带了一个好徒弟。"说到他的徒弟魏来，原本低调的高麒脸上露出了自豪的笑容。

2020年，安徽中烟举办"黄山杯"安全生产专业技能竞赛，高麒牵头带队备战。仅仅半个月的时间，他不遗余力地组织训练，编制详尽的训练计划，带领安全团队一次一次模拟考试；针对现场隐患排查的重点难点，他细致全面地梳理清单，一点一点销号式演练。最终，蚌埠卷烟厂获得团体第一的好成绩。在个人赛中，魏来取得了第一名，而高麒得了第三名。当得知魏来第一名时，高麒激动地一把抱住了徒弟，"青出于蓝而胜于蓝，看着他成长起来了，我真为他高兴。"

"授人以鱼，不如授人以渔"。高麒善于总结工作经验，提炼工作方法。他针对不同岗位需求，编制具有特色的教材和课件，通过课堂集中轮训、现场教学、一对一辅导、交流讨论等形式，近年来开展培训 30 余场，涵盖安全生产标准化、安全文化、体系管理等各个方面。他制作的《企业安全管理多体系融合探索》《双重预防机制实践》《火灾事故案例》等课件分别在行业安全网络分院、安徽中烟、蚌埠市公司培训以及在蚌埠市双重预防机制建设现场会上宣讲，为带动全员安全素养作出贡献。"安全生产不是嘴上说的那么简单，事故警示案例分析可以常敲警示之钟，应急预案演练可以防微杜渐。"他指导、协助基础部门制订各类重点部位现场应急处置演练方案，并参与各项应急预案演练，有效地提升企业和员工的应急处置能力，让安全网织得更密、安全阀拧得更紧、安全扣系得更牢。

"麒哥最让我佩服的地方就是，他不喜欢讲他做了什么，太低调了，他都是靠自己去干。每当我遇到困难不懂的问题时，他都手把手地教我，不厌其烦直到我弄懂为止。"安全保卫科吴修成说道。高麒就像太阳一样，发光发热照亮了别人，自己却宠辱不惊，默默无闻，这也是同事们最敬佩他的地方。

"择一事，终一生，不为繁华易匠心"。是一种什么力量支撑着高麒十几年如一日为企业默默奉献呢？高麒说："这是源于对蚌埠卷烟厂的感情。小时候父亲抽的就是小铁罐装的渡江烟，当时就知道蚌埠卷烟厂是一家很有名的企业。后来大学毕业后，能够进入蚌埠卷烟厂工作我很自豪，我爱这里的工作氛围，爱这里浓浓的人情味儿，这是一种蚌烟人的情怀，我希望经过自己的努力，企业会变得越来越好……"

因为热爱，所以奉献；因为责任，所以坚守。"可以不光芒万丈，但不要停止自己发光。"13 年来，始终扎根在安全管理第一线，谈起自己的工作，高麒坚定地说道。

夕阳红里绽放的一树美丽之花

——记蚌埠卷烟厂"共产党员十大先锋"冯雪花

郁　晗

> 每个节假日，都是老百姓与亲朋好友欢聚一起的幸福快乐时光，但在安徽中烟蚌埠卷烟厂离退办工作的几位同志却是最忙碌的时刻，每到逢年过节，公司和企业各级领导，都要深入职工的家中，进行走访慰问，把党和企业的温暖送进千家万户，作为离退办的工作人员，他们几乎"倾巢而出"，马不停蹄地奔走在慰问老干部、老党员、老工人与困难职工的路上，其中有一个敏捷而又干练的身影，她的脸上始终洋溢着美丽灿烂的笑容，她就是蚌埠卷烟厂离退办冯雪花同志。

倾注真诚　做服务上的热心人

16 岁的冯雪花从洛阳二炮 54 基地 80304 部队退伍来到蚌埠卷烟厂，因为弹得一手好钢琴，成为黄山艺术团的一名艺术工作者。艺术团的工作简单而重复，大部分时间她都在练习曲谱和为演出伴奏。"我很少走到台前，每天和我做伴的就是一架钢琴，所以那个时候的我特别腼腆，说话声音很小，也不和别人打交道。"虽然不是台前最耀眼的存在，可钢琴旁那一抹沉静优雅的身影却还是走进了很多人的心里。温柔、如春风般和煦——是大家初见她时的印象。

2009 年，黄山艺术团迁至合肥，团里的职工也要跟着走。经过深思熟虑，冯雪花决定留下来守护这片从小长大的土地，调入厂离退办从事老干部和党支部组织工作。"从事离退办工作，最重要的就是要'嘴勤''腿勤'，还要有足够的耐心。"冯雪花说道。每年开展离退休老干部体检工作，对她来说是最忙碌的时候，为了做到精细化实施，确保不遗漏任何问题，她需要认真统计每位离退休干部的具体情况，对部分记忆力差、听力下降的老同志做到提前通知、反复通知、上门通知；为部分腿脚不方便、年纪较大的老同志积极协调、做到挨个接送。主动解决他们面临的实际困难，最大限度地满足老同志们的需求。

企业离退休职工的贴心人冯雪花

冯雪花笑着说："我的女儿说我从事离退办工作以来最大的变化就是话变多了，嗓门也越来越大了。"她坚持实事求是，一切从实际出发，与离退休干部和党员群众保持密切联系。认真听取离退休干部的意见和建议，为老同志排忧解难。无论事情大小，她都热情接受，耐心服务、尽力解决，从不推诿或回避矛盾、躲避问题。对一些不符合政策、难以满足的要求，她据理说明，耐心地说服引导，积极协调部门领导和相关部门共同做好工作。

为了丰富老干部的退休生活，冯雪花还积极发挥自身特长，策划并组织退休党员开展了大合唱、诗朗诵、广场舞、趣味游戏等文化体育娱乐活动，较好地展示了离退休党员的生活风采和精神面貌，增强了退休党员的集体荣誉感，使企业离退休党建工作和老干部精神面貌焕然一新。

从事离退休工作以来，冯雪花时刻保持军人本色、践行党员初心，以高标准严格要求自己，不断地出色完成上级领导交办的各项工作任务，赢得了领导和同事们的一致认可，她本人也荣获公司"优秀党员"、蚌埠卷烟厂"共产党员十大先锋"称号。

付出真情　做保障上的细心人

冯雪花始终牢记的一句话：共产党打江山、守江山，守的是人民的心。"老干部也是一样的，他们为国家、为企业打下了江山，也守了一辈子，如今人已年迈，更应守好他们的心。"冯雪花这样说道。作为离退办的一名工作人员，她要求自己将"五心"服务理念，付诸日常具体的工作中，即：待人接物要热心，言谈交流要耐心，工作过程要细心，处理

冯雪花（上）和厂退委会职工一起表演搏击操

事务要真心，最终结果要暖心。

　　离退休老干部的工作看起来并不复杂，但包罗万象，想要做好并不容易。多年来，冯雪花脚踏实地、任劳任怨，以务实精神和责任意识，做好离退休老干部的服务工作。她认真落实老同志的各项待遇，耐心做好老同志的政治思想工作。为了做好老同志的服务管理和信息的及时更新，她经常上门走访，了解老同志的近况，并将这些基础信息认真整理归档。每位老干部的身体状况、经济条件、子女情况她都了如指掌、铭记于心。每年春节、中秋节、重阳节她都去每一位离退休干部和困难党员家中慰问，陪他们话家常；离退休干部生病住院，她总是第一时间到病床前探望，把党和企业的关怀和温暖送到他们家里，送到病床前，送到他们心坎上。

　　刘广茂老人的子女身在外地，大多数时间都是老两口独自在家，除了工作走访和节日慰问，冯雪花在周末闲暇之余也会上门看望老人，陪他们聊聊家常，说一说厂里的事。老人将青春和热血献给了蚌埠卷烟厂，也对厂里的每一人每一事有着割舍不掉的情感。"每次我都会告诉他不要下来迎我，年纪大了腿脚不方便，在家等就好。可每次我走进小区，都会远远地看见他在单元门门口等着。"迎到冯雪花，老人拿出自己早已准备好的茶水、时令水果，握着她的手，亲切地聊天谈心，临走时还要把大包小包的零食塞给她，让她分给离退办的其他同事。像刘广茂这样的老人还有很多，照顾他们、陪伴他们已经成为冯雪花生活的一部分，而不仅仅是工作需要，对于她来说，这些老人不仅仅是自己的服务对象，也是亲人，而她也担任着老人与企业联系桥梁的角色。力的作用是相互的，冯雪花以真心诚意待人，也收获了老人们的认可和信任，他们亲切地称呼她为"亲闺女"。

十三载寒来暑往，十三载倾情付出，冯雪花坚持把青春和汗水奉献在岗位上，把忠诚和担当落实在服务上，把细致和温暖体现在行动上。她表示，未来将继续以一片赤诚之心守护着满园桑榆。

"三牛"精神指引人生航向

——记蚌埠卷烟厂制丝车间袁星伍

何永忠

> 在中华文化里，牛是勤劳、奉献、奋斗、力量的象征。习总书记说："人们把创新发展，攻坚克难比喻为拓荒牛；把为民服务，无私奉献比喻为孺子牛；把艰苦奋斗，吃苦耐劳比喻为老黄牛。"在蚌埠卷烟厂制丝车间就有这样一位"牛人"，他就是袁星伍，一位党龄38年的老党员。

攻坚克难　敢做拓荒牛

袁星伍是一名退伍军人，在4年的军旅生涯中，他干过侦察兵、军械员，练就了敏锐的洞察力，积累了机械维保的相关经验，这为后来从事维修工作打下了相关的基础。离开部队后，他就投身到蚌烟大家庭，一开始在卷包车间做维修工，将部队上刻苦钻研，敢于探索的精神发挥在企业一线，治理车间跑冒滴漏，为生产节能减排、技术升级积极想办法，练就了过硬的业务处理能力。从一开始维修每分钟3000支的卷接包设备，到后来的6000支、8000支的高速设备，每一次的技术升级，他都认真学习设备有关维修技术，提高机械设备的效率，提升产品产量、质量。

袁星伍告诉我："未来是你们的，但不是你们哪一个人的。"虽然对于操作而言，不需要很高的学历，但是企业赋予了我们更多的期待，我们可能带来比这个岗位更多的东西，超越这个岗位的基础价值。对于你们青年员工来说，要勇于创新，刻苦钻研，敢做拓荒牛！

无私奉献　甘做孺子牛

袁星伍1984年入党，今年是他入党的第38个年头。他始终把党的宗旨牢牢记在心里，参加工作后，更是用实际行动践行党的宗旨，全心全意为人民服务。从事维修工作期

袁星伍师傅正在检查蒸汽管路压力值

间，他全心全意地为相关机器设备保驾护航，哪里出现问题，他都第一时间赶去现场，为机台师傅解决问题，让生产任务能够保质保量地完成。除此之外，他还带领职工群众学习政治理论知识，了解时政新闻，帮助职工群众及时了解国家的有关政策，学习一些最新的会议精神等。他还热心帮助工作上遇到困难的员工，悉心地指导员工解决问题。

袁星伍告诫我说，"作为一名共产党员，心里要时刻装着群众，要做一名合格的人民服务员。"作为新时代的青年，我们要有理想，有责任，有担当。时刻牢记党的宗旨，以"俯首甘为孺子牛"的担当作为，争做时代先锋。

艰苦奋斗　实做老黄牛

自 1984 年参加工作以来，袁星伍先是在卷包车间做了 16 年的修理工，解决了大大小小不知多少问题。2000 年，袁星伍来到制丝车间，成为制丝车间的一名修理工，后来又在加香站干了 10 年的操作工，再后来又回到修理工的岗位。在一次维修传动皮带时候，他不慎坠落，在医院养好身体后又重新投入工作中。因为那次跌落留下了后遗症，他拿东西时，手偶尔会止不住地颤抖，所以不能继续从事维修工作，现在是膨胀线热端的一名操作工。袁星伍 38 年的生产工作始终如一，像老黄牛一样踏踏实实做事，老老实实做人，一生任劳任怨，为企业发展默默贡献自己的力量。

袁星伍这样和我说："不管在什么岗位上，都要踏踏实实地做好自己分内的工作，不要好高骛远，一屋不扫何以扫天下？"他的话引人深思，我觉得对于我们新员工来说，不管你是什么学历，都要踏踏实实做好自己分内的事，做好自己的本职工作。如果我们没有一颗自由心，那么哪里都是牢笼。

袁星伍以勇于创新的拓荒牛精神、无私奉献的孺子牛精神、吃苦耐劳的老黄牛精神，成为一个爱岗敬业、乐于助人、脚踏实地的"牛人"。对于我们青年员工来说，对自己的未来都有着无限的幻想和憧憬，能将自己的青春奉献给烟草事业，能很好地实现自我价值。我们不但要仰望星空，更要脚踏实地。我们一定以袁星伍为榜样，学习他"三牛"精神的"秘籍"，成为新一代的"牛人"。

鲜花献给甘作底色的她

——记蚌埠卷烟厂人力资源科成玉萍

路思捷　管国浩

> 成玉萍在蚌埠卷烟厂工作 20 余年，不计得失、无私奉献。因为担当，所以她始终履职尽责、勤学钻研，将每一分努力都汇聚成工作中前行的力量；因为传承，让接力棒在每一位蚌烟人中得以传播，让新进员工们远方有灯、脚下有路、眼前有光；因为忘我，所以只要企业有需要，就坚持在工作岗位上"不管不顾"。
>
> 成玉萍作为一名老党员，身上的光和热就像"峡谷里的灯盏"，一直在默默陪伴着蚌烟人前行。

绘就勤勉敬业的"奉献底色"

"我最先是在二车间干捺烟工，那个时候还不像现在自动化程度这么高，烟在卷烟机里生产之后传送下来，需要人工给它们捺起来放到一个'铁卡子'上面，然后再拿到包装车间制成烟包。"自 1995 年进厂以来，成玉萍在平凡的岗位上无私奉献着自己的青春。没有因为工作的枯燥重复而懈怠，不会抱怨脏忙琐事而消磨斗志。她不断学习，以高度的责任心完成着各项工作，1998 年，转入行政科负责房屋综合管理工作亦是如此。

2009 年，成玉萍进入事部门工作。万事开头难，对于人事档案、信息统计、招聘工作这些新的内容，让她觉得自己是人事工作的"边缘人"。专业知识上的欠缺，让她更加笃定勤学善练的重要性，她不断通过参加培训、阅读人力资源管理的相关书籍为自己充电，逐渐地对工作得心应手起来。由于历史原因，我厂的专业技术评审工作相对落后，使得当时企业的专业技术人员较少。她负责专业技术工作后，在厂领导的重视下，认真研究分析专业技术职称评审文件，每年对员工上报的评审资料进行认真整理和归纳。经过多年的努力，高、中、初级专业技术资格人数分别由 2009 年的 4 人、50 人、90 人增加至目前的 15 人、141 人以及 221 人。厂内专业人才"百花齐放"的今天，背

工作中的成玉萍

后有着领导的支持和成玉萍等人事工作人员辛劳的付出。"这是我交出的一份满意答卷。"成玉萍说。

绘就无微不至的"温柔底色"

从 2010 年到 2021 年，蚌烟每届进厂新员工感受到的第一份温暖都来自成玉萍。朝气蓬勃的新员工们思想敏锐、可塑性强，正是探索职业规划的关键时期。攀登者企业文化的传承，就像是在传递接力棒，是一种情感的寄予，更是新员工建立起对蚌烟归属感和认同感的重要连接，由成玉萍传递出去的第一棒让每一批新员工都做到了远方有灯、脚下有路、眼前有光。

"看着他们初来蚌烟朝气蓬勃又稚气未脱的模样，就像是看到我们家孩子以后上班的样子。"成玉萍眼中满是温柔。为了让他们能尽快适应从学生到员工这一身份的转变、尽快融入蚌烟这个大家庭，从入职体检到进厂报到再到入职培训，她事无巨细，体检时提醒新员工不要吃早饭、帮他们保管随身物品、只见过一次就可以在报到时温柔地说出每一个人的名字、培训午休时会轻轻地将空调温度调高。成玉萍就像是蚌埠卷烟厂和新进员工之间的一根纽带，将新员工与蚌烟紧紧串联在一起。

绘就为厂实干的"担当底色"

"看到现在人才库建设走上了正轨，'人才蓄水池'已经初具规模，我发自内心地为企业感到高兴！"这是成玉萍在谈到企业人才库建设工作时发出的感慨。为了充分发挥人才优势，厂党委决定出台人才库建设方案，这个重担自然而然地落到了人力资源科全体成员肩上。"都是职责范围内应该做的事情，需要我去做什么我就会尽自己最大的能力把它做好。"说起人才库方案建立的过程，成玉萍莞尔一笑。面对全新的方案设计，一开始，成玉萍和她的队友们无从下手，但是在厂党委的指导下，凭借着多年的工作经验，大家很快理清了思绪。从调研厂内目前存在的人才培养问题到提出建设管理、技术、技能三支人才队伍，成玉萍作为科室的一分子总是积极建言献策、履职尽责。

她的工作可能在外人看来并不起眼，甚至还有些枯燥、辛苦。可正是在这一份普通得不能再普通的工作中，在一件件平淡无奇、琐碎繁复的细节里，成玉萍拿出了绣花般的耐性，推动着人才库方案的建设。如今，人才库建设方案已经落地实施，"人才蓄水池"生机盎然，这充满朝气的景象背后离不开属于成玉萍的一份默默奉献。

谈及这么多年的工作，成玉萍说："我的初心就是做好我的本职工作。"她是一名普通的蚌烟职工，她用自己的默默奉献将芬芳留给了他人，用自己的全部精力践行着全心全意为蚌烟服务的宗旨，用实际行动生动地诠释了攀登者的实质内涵。作为蚌埠卷烟厂人力资源科的一员，接下来的日子里，她将继续在蚌烟人前行的道路上陪伴着大家，甘做蚌烟斑斓画卷中的一抹底色。

专注者常得　知足者常乐

——记蚌埠卷烟厂卷接包车间顾玉泉

汪伟刚　张　斌

> 顾玉泉，中共党员，于1984年进入蚌埠卷烟厂，先后从事卷接包车间操作工、设备修理工。
>
> 顾玉泉作为一名修理工，他的工作在绝大多数时候都不会有什么变化：接班、巡查、维修、交班。日复一日，年复一年，他的工作内容就是这么朴实无华，甚至枯燥。但顾玉泉却每天都能专注高效地工作，并且总是处在乐呵呵的状态。他的眉毛很有特色，笑起来的样子总让人想起"喜上眉梢"，无论设备出现多大的难题，或是别人因为机器故障而失态，也从来没见他发过脾气。
>
> 我们对此感到十分好奇，顾玉泉是怎么做到的呢？原因其实很简单，他的故事也并不复杂，请待我慢慢道来。

专注者常得

1984年，顾玉泉刚进厂的时候就遇到了巨大的考验：进车间才3周就要操作机器，可是在技校里只是学了一些简单的知识，连老虎钳子都没怎么摸过；也没人来指导，不像现在还有签协议的"师带徒"；转班很辛苦，10小时、12小时的倒班都要干；还要自己带饭，像如今这样的职工食堂可不敢想；遇到设备上的问题也不敢喊修理工，因为怕挨骂……工作的压力比自己预计的要大得多，同批进厂的同事还真有受不了苦而离职的。

在当年那种艰苦的环境中，顾玉泉确实也想过放弃，他回忆道："我那时候做梦梦到过开的机子出故障了，把自己都给吓醒了，哈哈。"但自打进入车间时，他就有了一个非常明确且坚定的目标："当上设备修理工"，这就走了不甘心啊，咬咬牙，再坚持一下，也许梦想就成真了呢。下了决心就好好干：他跟着带自己的师傅好好学"新中国""莫林8"等卷接机的操作方法；偷偷瞧一瞧别的老师傅是怎么侍弄设备的；休息的时间也不想这想

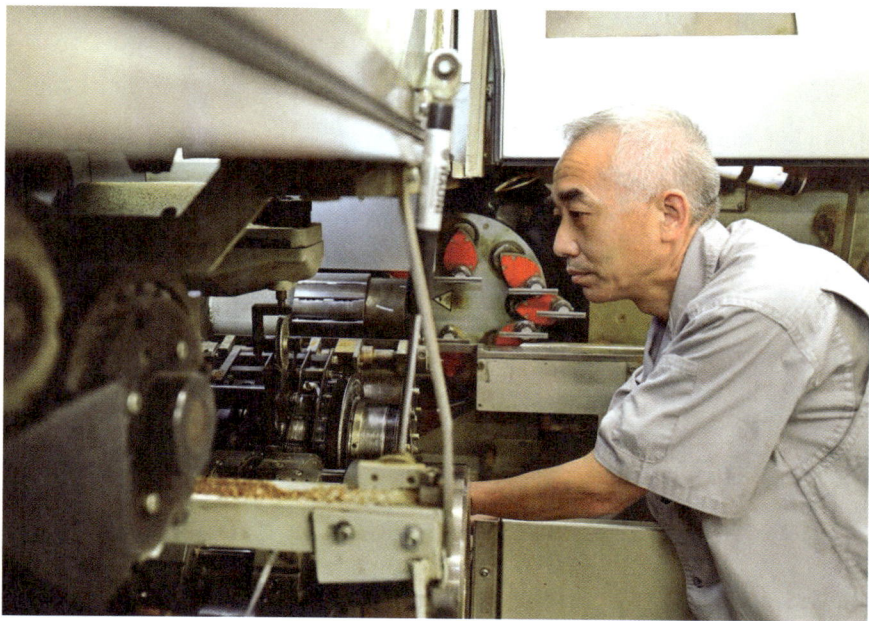
顾玉泉师傅正在检修卷烟机

那的，全投进设备的研究上，争取早日把设备吃透。每当苦了、累了、想放弃了，他就想象一下自己人生理想实现的景象，心里就又充实了起来。

1994年，车间引进了新的卷接设备——PT70，顾玉泉看到这台机器眼都直了。真的太先进了！好想开一下这种机型啊！他被新设备深深地吸引了。

不同于旧设备，新设备有完善的学习资料，还有修理工手把手教学，遇到这样的机会还不好好把握机会去学习，太对不起自己了。当然新设备也不是想去就能去的，领导会以平时的表现为重要参考。机会总会留给有准备的人，顾玉泉长期以来的工作态度有目共睹，与人为善的性格让他人缘颇好，他的报告递上去，立刻就得到了领导的批准，顾玉泉得以成为当时第一批学习PT70的操作工。

这种积极主动的学习精神和被按着头皮硬学可不一样。顾玉泉对于新设备的学习犹如海绵吸水，胜任了PT70卷接机操作工不到两年，就因其优异表现，如愿以偿地成为PT70卷接机修理工。

知足者常乐

心愿终于实现了，顾玉泉不知道该如何用言语来形容当时的心情，最后只化为两个字：满足。从那时起，顾玉泉担任卷接机修理工直到现在，"优秀共产党员""岗位能手""东海标兵""先进工作者"……他把蚌烟一线员工能拿的奖几乎拿了个遍。对此，他坦率地说："我就只是普普通通的工人，能干一辈子修理工我就很知足了，领导安排我当修理工，是对我的信任。再说了，一山更比一山高，天天想这想那的，什么时候是个头呢。在这个岗位就应该好好干，高高兴兴来，高高兴兴走。说到底，咱做这工作也没什么让人刻骨铭心的事情，就是去解决设备问题，搞好生产，搞好咱自己心情就好。"

由于工作出色，领导建议顾玉泉向党组织靠拢。这对于顾玉泉自己来说是天降大任，不知道从什么时候开始，顾玉泉被周围的同事以"老党"相称。"一听到被人叫了'老党'啊，这心里不自觉地就涌上了一股压力，也感觉有那么一种共产党员的责任在身上。"顾玉泉正色道。一些人这么喊他可能只是出于亲切或者方便，但顾玉泉依然注意自己的言行举止，严格要求自己的工作作风，可不能给这个"外号"丢脸啊。

顾玉泉再过几年就要退休了，他作为一名修理工的职业生涯也即将走向尽头，他那种兢兢业业、温良谦恭、知足常乐的精神品格，一直影响着周围的人。这位即将把大半辈子献给蚌埠卷烟厂的修理工，现在依旧在车间一线不知疲倦地奋战着，因为对于他来说，对得起自己"当上修理工"的人生理想，对得起别人喊的一声"老党"，这就是他的初心。

整顿规范战线上的"铁门栓"

——记蚌埠卷烟厂办公室锁立波

周玉景　胡永苓

> 在蚌埠卷烟厂办公大楼里，有个大家都非常熟悉且响当当的名字，叫"锁子"！对，偶尔你会听到他打电话告诉对方："对，我姓锁，门锁的锁！"你不要以为这是快递员的名字或者刚分来的大学生，他可是我们厂办公室里负责整顿规范工作的老同志，锁立波。年轻人称他为"锁老师"，年龄稍大的都喜欢喊他"锁子"，这个称呼让大家感觉特别亲切。

守门员　铁门栓

锁子从事整顿规范工作，简单说就是从事内部专卖品的监督和招标采购监督工作。在这个岗位上，他一干就是18年，从原先的一名纪检监察员转变成内管员，改变的是岗位，不变的是一颗积极向上的心。他曾获得"东海标兵"等荣誉称号，还多次被评为"优秀党员"和"先进工作者"，这荣誉的背后，凝聚的是辛勤的汗水和无私的奉献，是一个个平凡而又动人的故事。

规范整顿是企业发展的生命线，作为基层内管员，就是要把好企业内部专卖品的监督大门，做好"守门员"，甘为"铁门栓"。比如专卖品废嘴棒的处理，烟机设备的销毁，如果处理不好，销毁不到位，废嘴棒、废烟丝、报废烟机等流入市场，那就会给制造假烟的人可乘之机，后果很严重，影响很恶劣，会直接影响我们行业的健康发展。所以说，作为监管员，必须要有高度的责任心，严谨的工作态度，"鹰"一样的眼睛才行。记得2010年前后，蚌埠卷烟厂的废弃物处理，需要运到山东指定的地点进行处理，锁子不辞辛苦，一趟趟坐着大货车全程跟到山东进行现场监督。他就是这样较真的人，他以严谨细密的工作作风，成为蚌埠卷烟厂整顿规范战线上的一道"铁门栓"。

获奖后的锁立波

婆婆嘴　碎碎念

　　每个月，相关内管部门都会上报原料、生产、下脚料、准运证等相关数据，锁老师都要核对这些数据的逻辑关系，这时你就看他忙得"天昏地暗"，不停地打电话，问这问那，核对数据的真实准确。中午，食堂里，他还带着业务部门报送的报表，在食堂现场办公，一会喊"小李，你来一下"，一会又逮着一个，碎碎步跑过去，碎碎念的，一番又一番交代。常常别人都吃完了，他的饭也都凉透了。有时我们打趣他："蚌烟数你最忙，能否让人安静地吃个饭？"他会说："我心里有事，吃不下，再说也省得人家再跑一趟，当面交代比电话说更清楚。"看到了吗？这就是他勤做实事的样子，一张"婆婆嘴""碎碎念"，折射出锁子尽心尽责的工作态度、工作热诚。

　　2020年的夏天，易地搬迁技术改造项目接近尾声，老厂需要报废一批烟机设备，他每天上午到新厂区处理日常工作，下午赶往老厂，监督烟机设备的切割报废。一趟趟地往返于新厂、老厂间，风里来雨里跑，他从夏天一直跑到冬天，一跑就是半年，亲眼见到整个烟机设备被完全切割得七零八落后，他才放心。渴了，自带水解决；热了，用随身带的小毛巾擦擦；下班了，自乘公交车回家；血压血糖高了，小药瓶随时救急。

2020年6—9月，完成报废374台套专卖设备销毁监管工作；9—12月，完成报废23台套专卖设备及通用设备的销毁监管工作，无一差错。半年下来，锁子瘦了，脸黑了，头发更加稀松了。同事们见了他都说他变了，变成"小老头子"。但这期间，他没有说过一句苦，也没有叫过一声累，这是什么精神？这是对企业奉献和负责的精神，这是一个优秀内管员守土有责的坚韧品质，这是一名先进党员的先锋模范作用。

监察官　黑脸汉

锁子还负责招标采购工作的监督，对招标方式、招标程序、评标过程等重要环节进行监督。工作中，他开启"鹰"一样的眼睛工作模式，"这个条款有点倾向性，不行，得删除""再强调一下谈判纪律""请把你们的授权委托书和身份证拿出，我们核验一下"……这时的锁老师是不苟言笑、严肃无比的，仿佛是一个"监察官""黑脸汉"，眼镜片背后那双眼睛像"鹰"一样不停闪烁。望着个头不高的他，相信你一定会为这个有着良好职业操守的人竖起拇指。正是锁子扎实严谨的工作作风，我厂在招投标监督方面做到了规范、廉洁、安全、优质、高效、节约。

一口清　主心骨

随着行业规范管理工作的增加，各类检查任务繁重。2021年，在迎接国家局、省局、安徽中烟、蚌埠市局的各种规范管理工作检查中，由于数据多、时间紧、工作量很大，锁老师身先士卒，经常性加班加点。而此时，正值儿子高考，父亲患病住院，爱人在外地上班。锁立波二话不说，白天忙工作，上半夜给孩子做好饭，下半夜在医院病房里陪护父亲。在那么辛勤的工作生活状态下，锁子咬着牙坚持了下来。经过他一遍遍地核对数据，一次次地查验清单，让每个数据、每项业务了然于胸，做到了全部数据资料的及时性、准确性、规范性。在迎查中，他冷静自信、应答如流，成为迎查时的"一口清""主心骨"，圆满完成了迎查工作，得到了上级检查部门的表扬和认可。

这就是职场中的锁子，一个基层的普通管理人员，没有轰轰烈烈的举动，也没有响亮的豪言，却用自己的行动，默默诠释着"奉献"和"责任"。在工作中，他尽心尽责，友爱同事；在家庭生活中，孝顺父母，关爱家人，这就是平凡而又不平凡的"锁子""锁老师"。

人如其姓、人如其名，锁老师，以其"铁门栓"的精神，锁住的是企业的规范管理，锁住的是企业的经济平安。锁老师，近 30 年，一如既往地坚守初心，践行使命，以赤子之心，照亮规范整顿前行的道路。

积极乐观的蚌烟好人

——记蚌埠卷烟厂审计科胡永苓

赵 黎

> 蚌埠卷烟厂有这样一名员工，作为一位母亲，她既要照顾双方老人，又要兼顾自己的孩子；作为企业员工，她更是一心扑在工作上，为企业的发展奉献着自己的青春。她的名字叫——胡永苓。她是一个勤奋工作的好党员。

勤奋工作

胡永苓一直勤奋工作。作为一名共产党员，胡永苓在平凡的工作岗位上，默默勤奋工作了近30年。她始终以斗志昂扬的工作热情，爱岗敬业的工作态度，永不止步的探索精神奋斗在审计一线。审计是要求业务能力极强的工作之一，每年财经、法律法规等制度更新时，她总是认真学习，第一时间了解和掌握，常常给业务部门提供最新、最及时的指导和帮助，避免业务人员多跑冤枉路，为企业的审计工作保驾护航。

审计工作是辛苦的，多年的审计生涯让她具备丰富的审计经验、扎实的业务功底，不管面对什么样的困难和挑战，她总是敢于拼搏，勇挑重担。

2008年以来，蚌埠卷烟厂相继开工建设了生产指挥中心、烟叶醇化库一期和二期工程、安徽中烟再造烟叶有限责任公司薄片线、蚌埠卷烟厂易地搬迁技术改造等项目。胡永苓作为一个女同志和男同志一样，不辞劳苦一次次奔赴工地实地察看，参与招投标、合同审核、跟踪审计等工作。

近30年来，胡永苓坚持审计原则，不让违反原则的审计事项蒙混过关，不厌其烦地给业务人员做耐心解释工作，直至他们认可。多年来，她提出审计建议数百条，所审的合同履约率达100%。

工作中，她做事从不拖拖拉拉；作为生活中的老大姐，她幽默风趣，对人总是笑脸相迎，在参与审计项目时，她总会尽心尽责、保质保量去完成，为工程规范运作、顺利完工无怨无悔、默默地奉献自己的一份力量。

蚌烟好人胡永苓

孝敬老人

　　胡永苓是一个孝顺的好女儿。2004 年至 2018 年，胡永苓的丈夫被派到外地工作，由于工作繁忙，很少照顾家里，10 多年时间里，她除了担当起妻子、母亲的责任外，还要尽女儿、儿媳的义务孝敬双方父母。她的公婆住在遥远的乡下，为了方便照顾他们，胡永苓就把公婆接到自己身边一起生活，怕他们爬楼梯不方便，就贷款给公婆买了一套带电梯的房子，公婆总是说媳妇比女儿都好。

　　2010 年，胡永苓的父亲被查出患阿尔茨海默病和肺癌，此后 10 年时间里，她悉心照顾。父亲每次住院，她总是第一时间赶到，给父亲最贴心的照顾，缓解了母亲的焦虑。2019 年，父亲去世前半年里，神志不清，大小便失禁，连护工都非常嫌弃。每天下班，她都准时回到家里，像是照顾婴儿一样照顾父亲，一遍又一遍给父亲擦洗身子。经常这边洗好，几秒钟后父亲又拉了一床单，她没有丝毫的怨言，仍耐心地清洗起来，并像哄孩子一样让焦躁的父亲安睡。由于她的悉心照顾，父亲没有患上可怕的褥疮。

富有爱心

胡永苓还是一个富有爱心的人，不论是到孤儿院、希望之家，还是去自闭症儿童康复中心，参加党支部、工会组织的爱心活动，总是少不了她的身影。

2014年5月，胡永苓和她的同学们，自费组织到龙亢镇看望了四位留守儿童，给他们买去了足球、篮球、文具、书包，并和他们交流谈心，让他们要对生活有信心，理解父母的选择，努力学习，早日成才。

2016年3月，在参加一次市作家协会活动时，她听说有留守儿童患白血病，二话不说，当场掏出500元捐给孩子。

2018年6月，她听说丈夫单位的同事患癌症急需AB型血清，当时蚌埠市AB型血库的血清告急，而该同事已经处于弥留之际，她不顾儿子还有六天就要高考，毫不犹豫赶到血站，要求献出血清。血站工作人员获知她是第一次献血，病人只需要血清，劝她想清楚，但她仍然坚定地献出200毫升血清。献完后，她感觉头晕得厉害，回家后，从晚上6点到第二天早上8点，昏睡了14个小时，身体因新陈代谢刺激产生不适，起了红疙瘩，一个多星期才消散。后来当她知道丈夫的这个同事又延长了半年的生命，她觉得一切都值了。

2020年，疫情突如其来，胡永苓所在的小区封闭了一个多月，她和丈夫加入居民自发组成的志愿者队伍中。封闭期间正值寒冬，她不顾疫情危险，站在寒冷的风中疏导居民进出，耐心地讲解国家防疫政策，化解居民的焦虑情绪。她还经常加入社区党员志愿服务队，扫雪、清扫卫生、清明节值勤等。

2020年夏天，胡永苓收到了来自科苑社区党委对她防疫期间所做工作的感谢信。

舞文弄墨

胡永苓热爱生活，爱好摄影、写作、阅读、旅游。多年来，她参加社会和企业的摄影、征文比赛等活动，获得了不少好成绩。她最喜爱舞文弄墨，把写作视为她生命的一部分，她相继在《安徽商报》《蚌埠日报》《淮河晨刊》《南京晨报》《都市风》《老年报》等报刊上发表过近百篇文章。2013年，她加入了蚌埠市作家协会，被蚌埠日报聘为作家采访团成员和《都市风》杂志特约撰稿人。

2013年2月，蚌埠市公关协会负责人找到了胡永苓，请求她去采访国家二级演员赵慧荃女士，她爽快地答应下来。她利用业余时间和节假日多次采访赵女士，历经多日，她采写的文章《我的艺术之路》在《南京晨报·话说蚌埠》连载，受到了蚌埠文学艺术界艺术家们的关注。胡永苓也受到了《南京晨报·话说蚌埠》栏目邀请，和其他作者们共谈创作体会。

舞文弄墨，增添了胡永苓热爱生活的乐趣。

一分耕耘一分收获，胡永苓相继被蚌埠市审计局评为"内部审计先进个人"，以及蚌埠卷烟厂"先进生产者""优秀党员""蚌烟好人"；她的家庭在 2016 年被蚌埠市授予的"五星文明户"、2017 年被蚌埠市授予"最美家庭"称号；她本人 2021 年获得了公司党组授予"十大巡察干部"的荣誉称号，多次为我厂审计团队获得国家烟草局、安徽省审计厅、安徽中烟表彰做出了贡献。

她就是这样一个让生活始终变得丰富多彩的人，她积极乐观，对生活充满热爱，在愉悦自己的同时，也感染着周围的同事和亲人们。

从心出发　砥砺前行

——记蚌埠卷烟厂技改办毕浩民

孙景凤　杨诗琦

> 笔挺的腰杆、忙碌的身影，是我们对已年近六旬的毕浩民的第一印象。进入蚌埠卷烟厂以来，毕浩民在平凡的工作岗位上任劳任怨、奋力前行，用坚守诠释着不平凡的责任和担当。下面，让我们跟随他的脚步，一起感受他职业生涯的"心"路历程。

静心钻研　勤学致用

"在进蚌埠卷烟厂之前，就听说烟厂非常注重人才培养教育，重视生产效率，当时的蚌烟在全国也是很出名的。所以公司技校招人，我就报名参加了。"1984年，毕浩民作为第一届公司委培的技校生进入蚌埠卷烟厂。

"我实习的时候，还是在红旗一路那个厂，没多久就搬到张公山老厂了。当时，搬迁后的环境可以说发生了天翻地覆的变化。我们厂已经实现全空调、全除尘、全封闭的'三全'生产车间了，在全国都是比较先进的。"毕浩民激动地诉说着他进厂时的场景。

由于在车间操作YB13包装机时表现良好，以及在技校时学习成绩优异，工作不到一年，毕浩民就被抽调到技工学校教材编写组，负责"教材插图"的编辑工作。当时参与编制教材的大都是经验丰富的老师，毕浩民深刻体会到他们严谨的工作作风和一丝不苟的工作精神；同时，他也深刻感受到自身知识储备的缺乏。毕浩民利用业余时间，在技校"机械加工工艺与设备"专业进行了为期五年的学习和深造。

1987年，毕浩民调入设备科，负责卷接包设备零件的测绘。当时部分烟机设备是引进的，零配件需要进口，采购时间长，价格昂贵。为了节省外汇，很多进口零配件都是厂里工作人员自己测绘，然后制作、装配的。

"我印象最深的是那次测绘Mk3卷接机组的一个齿轮。那个齿轮不大，是一个中间齿

正在研究设计图纸的毕浩民

轮，但是很重要。拆下来之后，我们发现齿轮已严重磨损。当时就有人提议不用做了，买个新的吧，做了也不一定能用。但是，采购时间太长，时间紧、任务重，设备不能就这么停着，会直接影响生产进度。我就根据磨损较少的部分，进行了测绘和修正。等齿轮做出来安装调试的时候，我特别紧张，心都提到嗓子眼了！结果，调试很成功，大家都不约而同地竖起了大拇指。"毕浩民回忆道。

"不畏浮云遮望眼，只缘身在最高层。"通过毕浩民测绘齿轮这件事，我们体会到年轻人要不断加强学习，注重经验积累，学以致用，勇敢地突破自己，保持一颗永远追求的心。

沉心思考　苦练本领

1988 年，随着蚌埠卷烟厂"七五"技改的推进，毕浩民进入七五办（现在的技改办）配合制丝工艺设备的安装调试。从此，毕浩民开启了他的技改人生。

"十五"技改之前，蚌埠卷烟厂由主厂房和名优烟车间两地生产，如何进行"脱壳"技术改造，是一个非常令人头疼的难题。毕浩民经过深思熟虑后，向厂里建议：先对名优烟车间进行扩容改造，将名优烟车间 3000kg/h 制丝线改造扩容成 5000kg/h 制丝线，将原主厂房内卷接包设备也搬迁至名优烟车间三层。暂时将全部产能移至名优烟车间，然后再集中力量，在主厂房进行"十五"期间技改。毕浩民利用自学的 CAD 绘图技术，设计与绘制了名优烟车间脱壳改造项目的平面、立体图。这是我厂第一次将 CAD 绘图技术大规模地用于实际项目工程中。

"十五"技改期间，我们厂从德国虹霓公司引进了 HDT（气流式烟丝干燥机）。设备很先进，但是当时从 HDT 里调试出来的叶丝却出现了一个严重的问题——烟丝缠绕。怎么办？当时外国调试人员也在，他们找了各种原因，想了很多方法，也咨询了公司的高级技术人员，都没有解决。毕浩民是负责跟厂家对接的，天天和他们一起在现场想办法。最后，毕浩民提出了一个猜测：是不是风速太大了，吹得烟丝旋转缠绕？这个想法得到了大家的认可。症结找到了，解决起来就简单了。通过调整风机变频器参数，逐步降低风机转速，减小风机的风量，烟丝缠绕的问题最终得到了解决。

雪茄烟技改项目中，为了节省投资和设备占地面积，毕浩民创造性地提出叶丝和梗丝共用一套生产线。通过切丝机变频控制切丝宽度、烘丝机温度与风量变化和电子秤流量变化等，最终实现了叶丝和梗丝的切丝、烘丝和风选共用一条生产线的构想，大大节约了成本。

在多次技改中，毕浩民沉心思考，解决了一个又一个难题，攻克一个又一个难关，练就了一身真本领。

稳心做事　奉献传承

"从 1988 年开始，我参与了多次技改，但是'蚌埠卷烟厂易地技改'是我经历过的体量和规模最大、难度也最大的一次。"蚌埠卷烟厂易地技改项目启动的时候，毕浩民已经 51 岁。刚刚结束蒙城雪茄烟生产部易地技改建设，他的体力和状态都需要时间恢复，但是他选择继续技改事业。在此次技改项目中，毕浩民前期承担着工艺物流建设，后期负责卷接包设备及辅联设备的购置、安装、调试及投入生产等工作。

2020 年 6 月，正是夏季炎热的时候，冒着毒辣的太阳，毕浩民负责两组进口佛克包装机组的核酸检测和开箱、转运与进场工作。在疫情期间，他克服重重困难，申请到外籍工程师来华邀请函，组织外籍工程师在最短的时间内完成两组设备的就位与安装，并顺利投产。毕浩民负责的项目还有 1 台 YF27D 滤棒发射机和 2 台 YB19 型卸盘机地安装工作；5 号滤棒发射机和滤棒卸盘机地移位工作；三醋酸甘油酯储罐及系统和滤棒成型机负压与环境除尘系统改造项目……

多少个烈日暴晒的午后，多少个阴雨连绵的泥泞，多少个临时加班的紧张工作，无数张待审阅的图纸，无数个激烈讨论的会议，无数条标注颜色的技术条款……就这样，毕浩民一干又是 8 年。如今，蚌埠卷烟厂易地搬迁技术改造项目即将总体竣工验收，59 岁的他，并没有就此停下，依然精神饱满地奋战在技改一线，并将自己的经验毫无保留地教给青年学生。明年六月，他就要完成自己的技改使命，将神圣的交接棒传递给下一代技改人。

接受采访的时候，毕浩民坦言："作为技改人，要一直在路上。我们要时刻关心烟机厂的设备动态，关心兄弟企业的技改动态。烟机厂有哪些新设备？有哪些烟厂在技改？其他烟厂的生产线有什么优缺点？有哪些经验教训可以吸取……我们要主动吸收新知识，一旦厂里需要，可以随时拿出来帮助我们解决问题。"

"马不扬鞭自奋蹄"，从毕浩民身上，我们看到的不仅仅有激情燃烧的青年热血，更有余热生辉的老当益壮。虽已临近退休，但他工作不止、奋斗不息。让我们再次紧跟他的脚步，从心出发，砥砺前行！

退伍不褪色

——记蚌埠卷烟厂安全保卫科李冬生

王振韵

> 生活中，总有一些默默无闻的人，用自己的平凡力量守护着我们的平安，忠诚履职、无畏辛劳，用汗水为我们的工作和生活筑起一道防线，蚌埠卷烟厂安保科的李冬生就是这样一位平凡却闪着光的人。

李冬生，1997年进入蚌埠卷烟厂，作为一名退伍兵，"退伍不褪色"，恪尽职守、勇于担当，全身心投入工作，凭借自身努力得到领导和同事们的一致好评。2011年12月，他到安全保卫科担任一钢仓库门卫至今。安保工作是一个普通且平凡的工作，工作时间长，辛苦枯燥，经常会受到各种误解、指责。安保，即"保一方平安"之意，其主要职责为防火、防盗及保障责任区域内的人身安全，维护正常工作秩序、治安秩序、防患于未然。李冬生作为一名党员，在安保岗位工作已有10年，他把党徽别在胸前，把奉献藏在心间。

2020年新年伊始，新型冠状病毒感染的肺炎疫情突然来袭。在这个病毒肆虐、举国抗击的关键时期，当所有人都响应抗疫号召居家隔离时，作为党员的李冬生主动请缨，义无反顾地奋战于抗疫一线，为大家的健康与平安忙碌奔波着，为我们筑起抗击疫情的钢铁长城。李冬生说"作为一名退伍兵，抗击疫情是我义不容辞的责任。"疫情发生以来，他经常戴着口罩，拿着防护物品和口罩、护目镜，免费发放给公安干警、公交司机、出租车司机、环卫工人、路政检查站人员和社区居民。在防疫物品如此紧缺的时候，他自掏腰包，用实际行动为预防新冠肺炎贡献属于自己的一份力量。他说："我是蚌埠人，我尽自己最大的努力来帮助蚌埠，这都是我应该做的。"

人民战士为人民，退伍依旧铸忠诚。"疫情来了，我们就要面对，国家有困难，我就要上前！"党员李冬生说，而他也切实按照自己的所言这么行动着。据悉，李冬生及其亲友从疫情暴发开始，共捐赠50多万元抗疫物资，免费为买不到口罩的群众发放约10万个口罩，虽然开销很大，但其家人都很支持他回馈社会的举动。危难关头，最能显出一名党

正在库房门口防疫执勤的李东生（中）

员的担当精神，李冬生把疫情防控当作践行"不忘初心牢记使命"的战场。"我只是做了一个党员应该做的事！"李冬生说。

春回大地，随着蚌埠卷烟厂的复工，一钢仓库门口一间临时搭建的防护棚、一张桌子、一个卡点提示牌附近总是有李冬生忙碌的身影，他的身影让人感到安心、让人感到温暖。"请出示复工证明""请测量一下体温""请把口罩戴好"，执勤、测温、劝说、解释、记录，为企业复工复产后进入仓库的职工逐一测量体温、为进出的人员和通勤车辆消毒、对人员信息进行登记，这都是李冬生奋斗在疫情防控一线的日常工作。身处仓库出入口，不可避免地会接触大量的外来人员，被感染的风险很大，但李冬生他们毫无畏惧、不厌其烦地向出入人员解释防疫要求，认真落实防疫措施，始终坚守在蚌烟抗疫第一线，为企业员工构筑起了阻击疫情的一道严密牢固的防线，牢牢把好人员进入仓库的第一"关口"。

"生命重于泰山，疫情就是命令，防控就是责任"，李冬生始终秉承认真细致、任劳任怨的态度，踏踏实实地做好疫情防控工作。作为一名党员，他对工作的"倔强"也感染了很多同事："我是党员，我要坚守我的岗位。"他就是这么"倔"地发挥着共产党员的先锋模范作用。一名党员就是一面鲜亮的旗帜，哪里最困难，哪里最危险，哪里就有共产党员的身影。李冬生同志冲得出、顶得上、靠得住，以模范行动践行初心使命，为打赢这场没有硝烟的战争，奉献出了属于自己的力量。

采访李冬生的时候，他对我说："能让更多的人加入志愿者队伍就是我的初衷！"将工作中的责任感延伸到社会中，尽职尽责地完成自己的工作使命之余，又心系社会，以党员的责任时刻严格要求自己，这就是李冬生，把党徽别在胸前，把奉献藏于心间，用自己的实际行动践行着一名党员的宗旨。

山高人为峰

——记蚌埠卷烟厂行政科高峰

李　刚

　　"退伍不褪色，退役不退志。"是他时常挂在嘴边的话。短短5年的军旅生涯造就了他的坚毅与执着，无论在哪个岗位，他都干一行、爱一行、专一行，时时处处身先士卒，忠实履行自己的职责，他就是蚌埠卷烟厂行政科安全员高峰。

　　高峰，共产党员，1986年10月，退伍后分配到蚌埠卷烟厂。当过操作工、安保人员，编过企业报、跑过营销。在工作中，他始终把人民群众的利益放在首位，以最高效率、最快速度、最高质量作为标准。他在部队期间12次立功受奖，2次荣立三等功。退伍后先后7次被安徽中烟、厂党委表彰，先后获得先进工作者、优秀共产党员、优秀党务工作者荣誉称号。他所在的党支部，荣获安徽中烟基层先进党组织称号。支部连续8年在厂党委年度考核中被评为优秀，由他撰写的庆祝中国共产党建党90周年征文被国家烟草专卖局评选为一等奖。

　　作为一名退伍军人、一名共产党员，他始终牢记全心全意为人民服务的宗旨，时刻以优秀党员的标准严格要求自己，处处发挥党员先锋模范作用，恪尽职守、爱岗敬业、勤勤恳恳、任劳任怨，以自己的言行诠释了共产党员、退伍军人的先进性。

书写企业改革发展故事　　追寻黄山品牌发展历程

　　1989年，因工作调整，他开始从事蚌埠卷烟厂厂史展览馆的筹备工作。4个多月的时间，他用笔记录下10万字的企业发展历史，白天寻找、采访企业退休老人，晚上回到家整理记录，硬是靠笔和纸把企业历史"串在一起"。短短一年多的时间，厂史展览馆从展馆布局、内容、历史大事件、文物征集等与企业相关的实物，从不同的地方、捐赠的对

参加登山比赛的高峰（左一）

图为高峰（左）在攀登者企业文化登山节活动中

象，源源不断地摆放进厂史馆。

2012年5月，他和张冰等寻根之旅小组成员一起，奔赴蚌埠卷烟厂建厂原址地——江苏盐城益林镇，探寻企业红色基因之源，挖掘支撑企业发展的铁军精神。他们采访当年在新四军三师后勤卷烟厂工作过的老同志，听他讲述当年企业发展历史，聆听当地新四军老战士参加黄桥之战的经历，参观盐城新四军纪念馆，从益林镇志的点滴细节中，挖掘出蚌埠卷烟厂的起源。他白天采访、摄影，晚上把采访的资料整理汇总起来，短短4天时间，形成近万字的采访手札，记录了企业建厂之初的发展历程。

1990年4月，他负责企业宣传工作。为了尽快适应工作，他主动加强学习，认真研究"企业报"政策规定。一本本材料，读了又读，翻了又翻，纸张都起了毛边。为了深入挖掘企业在改革开放中的先进典型和工作亮点，他经常深入班组、机台，采访车间新闻人物，及时宣传行业部署，大力弘扬企业文化，他主编的《东海报》《东海人》杂志和东海电视台节目受到全厂干部职工的好评。

1993年6月8日，黄山品牌一夜之间成为全国人民热议的话题，他撰写的长篇纪实通讯《"黄山烟"诞生记》为黄山品牌走俏大江南北起到了锦上添花的作用。真正的高手都是悄无声息的摆渡人，勤奋则是到达彼岸的舵手。

志愿服务乐于奉献　热心公益文明相伴

多年来，他时刻秉持"当文明人，做文明事"的人生理念，认真践行社会主义核心价值观，积极参与社区"礼让斑马线，文明伴我行"志愿服务和文明城市创建等工作。在企业参加全国文明单位和蚌埠市文明城市创建过程中，他热心企业和社会公益事业，经常捐款捐物，奉献爱心。作为支部组织委员，在"汶川捐款捐物""驰援武汉"爱心捐款时，他和支部党员们积极参与，并发动身边人捐款捐物。他还通过支付宝公益平台奉献爱心，积极参加"关心留守儿童、关爱孤寡老人、走进残障儿童中间"等一系列活动，累计公益捐赠 65 次，参与公益活动 18 次。

把初心写在行动上，把使命落在岗位上。作为一名退伍军人，一名共产党员，一名普通的志愿者，他始终牢记全心全意为人民服务的宗旨，恪守"奉献不言苦，追求无止境"的人生格言，为建设美丽企业默默地贡献自己的力量。

疫情防控主动担当　孜孜不倦执笔为企

有这样一群人，他们穿上军装保家卫国，脱下军装退伍不褪色，依然保持着良好的战斗作风。他们始终保持着无私奉献的军人本色，积极请缨作战，诠释着军人的本色。

2020 年的春节，是一个极不平凡的春节，一场抗击新冠疫情的战役在全国各地打响。多年养成看新闻、读报习惯的他，政治敏锐性让他感到又一场"大考"即将上演。2 月 1 日，他通过支部党员群，把抗击新冠疫情的资料发给大家，同时要求全体党员时刻保持"临战状态"。

因为他所在的部门就是全厂抗疫工作的主责部门。面对疫情，他坚持每日研读电视新闻报刊，及时跟进党中央的最新思想和行业及省、市最新工作部署，将其融入企业政策和文字汇报材料中，指导工作、推动工作。

2 月 2 日 21 点左右，他接到厂党建工作科负责人的电话，要求把企业抗疫工作的做法形成文字上报。他放弃休息时间，连夜通过电话和微信，收集、采访全厂各部门积极防疫抗疫的做法和措施。他心里明白，越是这种关键时刻，越是考验党性原则的时候，就越要坚守岗位，越要勇挑重担。面对各种信息，经过他仔细筛选，终于在第二天凌晨五点钟，全部整理完毕，把企业抗击疫情的情况和新闻报道及时发了出去。几天后，人民网安徽频道、中国烟草资讯网等报道了企业抗击疫情的新闻。

从那天开始，到企业顺利复工复产，他和支部其他同事就没有休息过一天时间。一起坚守厂门，一起到车间、办公区域及厂区公共区域消毒，一起搬运抗疫物资。别人休息时，他还要把稿件及时写出来、发出去。不知道是什么力量，唤起了他那颗充满热血与责任的心，传承红色作风，发扬军人本色。

沧海横流显砥柱，万山磅礴看主峰。他虽然脱下了军装，但是"退伍不褪色，退役不褪志"，依然战斗在为人民服务的前沿阵地。30 多年来笔耕不辍、忠于职守、一心为民，持续强化责任感和使命感，以更高的荣誉感和责任心做好本职工作，同时带动身边的同事立足岗位，爱岗敬业，用执着信念继续书写退役军人的新风采。

大 事 记

1942年秋天，新四军三师于金彪等八名战士在苏北阜宁县益林镇附近的小村里开办小烟铺。

1943年，按照"建阳独立团"的指示扩大生产，成为初具规模的随军小型烟厂。

1944年5月1日，小型烟厂正式取名为"东海烟厂"。

1945年5月1日，改"东海烟厂"为"中国东海烟草公司"。

1946年秋，"中国东海烟草公司"奉命改编为两个分厂：一分厂随军到达山东莒南县天齐庙；二分厂先迁至益林镇附近的羊寨，再迁到山东滨海区李家桑园，后与一分厂在天齐庙会合。

1947年7月，东海烟草总公司在山东成立。总公司下设滨海、莱阳、烟台3个分公司。上级把山东的建华烟厂、建国烟厂和苏北的中国东海烟草公司合并为"滨海烟草分公司"，于金彪任分公司经理、党支部书记。

1948年2月，东海烟厂奉命分水陆两路南下，到苏北合德镇，后又转移到洪泽湖岸边的小王集，复名为"中国东海烟草公司"。

1949年3月，东海烟厂奉命随军由苏北南下，进入蚌埠，在蚌埠宝兴面粉厂（原大来烟厂）旧址开工生产。

1950年1月，"中国东海烟草公司"改名为"东海烟厂"。

1952年10月，公营"八一"烟厂并入国营"东海烟厂"。

1958年，公私合营"蚌埠烟厂"并入国营东海烟厂，迁址到红旗一路。推出蚌埠卷烟厂历史上第一个甲一级品牌卷烟"黄山"香烟。

1958年10月17日，原国家主席刘少奇视察"东海烟厂"。

1964年7月，"国营东海烟厂"正式更名为"国营蚌埠卷烟厂"。

1983年9月，位于张公山西侧的新厂竣工，正式投入生产。

1993年6月8日，蚌埠卷烟厂推出"特制黄山"卷烟，掀起石破天惊黄山潮。

1998年11月，获得中英文两个版本的ISO9002国际质量标准证书。

2001年，蒙城雪茄烟厂并入蚌埠卷烟厂，命名为蚌埠卷烟厂雪茄烟生产部。

2004年2月，"黄山"品牌被国家工商总局认定为"中国驰名商标"。

2005 年 3 月，蚌埠卷烟厂带头走向联合，与合肥、滁州卷烟厂合并成立黄山卷烟总厂。

2006 年 5 月，安徽烟草工业完成二步重组，蚌埠卷烟厂并入安徽中烟工业公司（后更名为安徽中烟工业有限责任公司）。

2014 年，安徽中烟"黄山品牌"专线暨蚌埠卷烟厂易地技改项目开工建设。

2019 年 10 月，蚌埠卷烟厂从张公山搬迁到长征南路，企业踏上了新的征程。

后　记

　　千里淮河，奔腾不息；百年珠城，日新月异。2022年，在党的二十大即将召开之际，蚌埠卷烟厂喜迎企业80周年华诞。站在新的历史起点上，处于百年未有之大变局中，中国企业立破并举、涤旧生新。国内外大环境和烟草行业都在发生着深刻的调整和最具革命性的变化。在这样的历史背景下，蚌埠卷烟厂在顺利完成易地技改搬迁后，开启了继往开来的新征程。

　　为此，蚌埠卷烟厂文化创新工作室决定采访企业80余位历代先进人物，抢救性挖掘、整理、撰写和出版这些劳模工匠、党员干部和企业员工的先进事迹，向企业80周年献礼。在厂党委和厂工会的大力支持下，在党建工作科、制丝车间、卷接包车间和动力车间、离退办等部门的鼎力协助下，以文化创新工作室年轻人为主、各部门宣传骨干为辅的创作团队，在短短的43天时间内，发扬敢打硬仗、甘于奉献的拼搏精神和战斗意志，咬紧目标不放松，发起了一场突击和冲锋，打了一场漂亮的攻坚战。团队全体成员辛苦努力，顺利完成本书初稿创作任务。

　　本书中记载的主人公故事，全都是来自工作生活中真实而平凡的故事，犹如我们的父辈和我们的兄弟姐妹的故事一样，亲切、自然、生动。其中有些故事，落满灰尘，即将淹没于岁月的长河中；有些故事，平凡到尘埃里，却如大自然里的野花充满着幽香；有些故事，正在我们身边静悄悄地发生着，潜移默化里温润和感动着我们。感谢这群可爱的年轻人，用自己额外的付出，把蚌烟历史忠实地记录下来；感谢这支精悍的文化团队，做成了一件非常有传承价值的事。赓续企业精神，讲好蚌烟故事，就是把安徽中烟的故事载入了史册，就是把无数的中国故事留给了我们的后人。

寻根之旅追根溯源

　　记录历史，是为了更好地告诉未来。

　　长期以来，蚌埠卷烟厂始终坚持传承新四军铁军精神和企业文化中的拼搏精神，尤其是在党的十八大精神感召下，持续不断地加强企业红色基因的挖掘和传承工作，在烟草行业里独树一帜，受到多方关注和好评。

抗战时期，新四军三师驻扎在苏北盐城阜宁地区，师长兼政委黄克诚、副师长张爱萍、参谋长洪学智。1942年秋，在一次反围剿战斗中，于金彪营长及高明显、宋长和、姚士安、贺才生、张玉清、赵云才、朱广山等八名干部战士光荣负伤。在益林镇师部医院养伤期间，为了增加部队供给，减轻经济压力，他们创办了随军烟厂。1944年5月1日，经上级批准，这个小烟厂正式定名为"东海烟厂"。因此，企业自诞生之日起，就有着与生俱来的红色基因和红色血脉。

早在2012年，蚌埠卷烟厂为了迎接建厂70周年，开展了寻根之旅活动。在时任厂长、党委书记李国栋，党委副书记张明林的支持下，组建了以政工科张冰为组长，郭虹、张宏巍、周杰和高峰为组员的寻根之旅小分队，于当年5月赴苏北盐城地区探寻企业发源地。这是

中华人民共和国成立初期的企业生产车间

蚌埠卷烟厂 2012 年开展"寻根之旅"活动

企业时隔 70 年，第一次派人到蚌埠卷烟厂发源地——阜宁县益林镇寻根溯源。功夫不负有心人，寻根之旅小组找到了东海烟厂招聘的第一代老工人、为企业站岗放哨的老民兵等历史亲历者；在镇政府的帮助下，查阅了益林镇地方志，确认了东海烟厂建厂初期相关史实；通过实地勘察，确定了东海烟厂原址，并拍摄了大量的图片和视频资料，制作了《寻根之旅》纪录片。2015 年，在镇政府领导与寻根之旅组长握手地点，益林镇政府出资竖立了一块"东海烟厂原址"纪念碑。2017 年，企业又组织了多批年轻人赴益林镇开展红色寻根之旅活动。

红色基因的挖掘与运用

2017 年，安徽中烟正式启动了软科学项目研究申报工作，这是一个难得的契机。原寻根之旅小组成员经过反复研讨和多次磋商，决定组建"蚌埠卷烟厂红色基因的挖掘与运用"软科学项目组，张冰、张宏巍任组长和副组长，项目组由唐慧、王超、毛爱莉、许巍、周杰、夏明昆、王悦力、王显禄 10 人组成。经过认真筹备和精心策划，在时任厂长、党委书记王茂林的支持下，项目成功入围公司软科学重点研究项目。

在公司企管部副部长张艳和钟瑶的指导下，项目组经过三年时间的不懈努力，克服种种意想不到的困难和险阻，以坚韧不拔的顽强意志，求真务实的钻研精神，推动项目研究取得了可喜成果。三年里，项目组行程近 14000 公里，跨越安徽、江苏、山东、黑龙江、湖北五个省份，走进盐城、淮安、淮阴、临沂、大庆等市，以及益林、阜宁、天齐庙、李家桑园、岚山头、红安等十多个县乡、区和村庄，先后走访了 100 余位有关专家和群众，收集整理了大量历史史料，对企业厂史进行了补充、完善和更正，绘制了完整的企业迁徙

2015年，益林镇镇政府树立的"东海烟厂旧址"纪念碑

路线图。项目对企业历史变迁的完整性、准确性，红色文化传承的广泛性、深入性，以软实力促进企业高质量发展的推动性、有效性起到了积极的促进作用。

项目实施以来，小组成员累计在社会、行业和企业媒体发表报告文学、通讯等各类题材文章30余篇，发布相关论文3篇，制作《寻根之旅》专题视频2部，举办庆"七一"主题教育专场活动1场，开展形势教育巡回演讲11场，通过全方位、多角度、深层次开展红色文化的宣贯活动，提升了职工对企业红色文化的感知度、认可度，增强了职工的荣誉感；同时，通过面向工、商、零、消等各类群体，深入皖北各销区公司开展红色故事与黄山品牌宣讲82场，系统地把企业红色文化与品牌建设和市场宣传结合起来，拉近了工厂与市场、机台与柜台间的距离，月文化"软科学"宣贯活动，促进企业"软实力"提升，助力企业高质量发展。

国防大学抗大研究中心特约研究员、盐城新四军纪念馆副研究员、原盐城新四军纪念馆文史研究部主任陈宗彪写给红色基因项目组的专家评审意见中说："该项目的研究过程及成果，既有跨越地缘之广度，兼有穿越历史之深度，更有体察人情之温度。项目组根据调查研究形成的东海烟厂迁徙路线图等图文、影像资料，都具有极高的史料研究价值和收藏价值，某种程度上填补了新四军历史研究中的一片空白，特别是在抗战时期，新四军创办随军企业打击日伪对抗日根据地的经济封锁和围剿方面，具有深远的历史意义和长远的借鉴意义。"

红色基因项目组邀请新四军老兵参加"七一"主题教育活动

创建蚌埠卷烟厂文化创新工作室

2020 年 5 月，在软科学项目研究成果的基础上，在时任厂党委副书记、副厂长刘泓杰，副厂长、工会主席刘桂成的谋划下，为进一步横向打通党政工团企业宣传和群众文化建设工作，激发员工参与企业文化建设热情，释放职工中蕴藏的文化创新巨大潜力，参照劳模创新工作室模式，决定组建蚌埠卷烟厂文化创新工作室，这在当时是全公司乃至烟草行业首创的一件文化创新盛事。

此后在文化创新工作室的基础上，厂党委书记、厂长赵立进一步提出，构建独具特色的"4+3"蚌埠卷烟厂创新体系，即：管理、文化、安全、质量 4 个企业管理类"创新工作室"和 3 个车间"劳模创新工作室"。

文化创新工作室由成立时的 10 人，发展到目前近 30 人，成员所在部门基本涵盖了企业各个部门。团队成员均具备良好的专业知识储备，具有较高的综合素养，并积极向复合型人才方向转变，团队各方面建设都取得了较大突破，目前已经成为企业口口相传的一支精英团队。难能可贵的是，工作室自创建以来，一直保持着积极健康的工作状态和良好的团队协作精神，是一支精干和谐和充满战斗力的团队。团队成员多次参与企业各类重大活动，接受各种临时性突击任务，均较好地完成了上级布置的各项任务。工作室开展的软科学项目研究、企业管理创新课题研究、企业重点工作系列采访报道任务、历史传承深度挖掘工作、红色文化宣贯活动、先进员工典型事迹选树宣传等等，多次受到党委厂部和相关部门领导的高度好评。

2021 年 3 月，在公司组织的软科学项目评比中，蚌埠卷烟厂文化创新工作室申报的红

王志彬总经理（左三）为红色基因项目组颁奖

色基因的挖掘与运用项目，以外部专家评比第一、现场评比第二的好成绩，荣获公司首届软科学二等奖，公司党组书记、总经理王志彬亲自为项目组颁发了奖状。

隔不断的红色纽带

2020年10月，蚌埠卷烟厂文化创新工作室收到中国人民解放军65589部队发来的一封慰问信。工作室立即第一时间呈送给厂党委书记、厂长赵立，信中说：值此建旅90周年之际，向你们致以崇高的敬意！当雪山和草地已走向远方，我们这支驻扎在油城、流淌着红军血脉的先锋劲旅，时刻弘扬着长征路上凝聚起的红色传统，在战火硝烟的考验与和平年代的坚守中，用一串串熠熠闪光的足迹，与时俱进地书写着"勇当先锋、勇敢攻坚、勇夺胜利"的"三勇"精神。

65589部队，是一支能征善战的部队，是一只屡立奇功的部队，是一支传奇的部队，是一支光荣的部队。1942年，抗日战争相持阶段，他们隶属于盐阜地区新四军三师领导，创建东海烟厂的领头人于金彪营长就来自这支能征善战的部队。

与创建东海烟厂的老部队重新取得联系，源于2012年5月，在时任厂领导李国栋、张明林的大力支持下，以政工科张冰为组长的"寻根之旅"小组在赴企业发源地追根溯源

蚌埠卷烟厂向部队赠送锦旗

过程中，发现了创建企业的新四军三师后续部队有关历史资料。恰巧此时，蚌埠军分区首长来企业参观访问，李国栋让张冰向军分区司令员当面汇报有关情况，请他们帮助联系部队。司令员爽快地说："没问题，我们通过军线帮你们联系。"此后，当时的部队首长派出了某团副政委金伟，参加了企业建厂70周年大庆活动，并代表部队致贺。穿越战火硝烟，历经岁月洗礼，部队和企业在建厂70周年之际，重新架起了友谊的桥梁。

2019年，为了更好地促进软科学项目的研究工作，项目组准备去部队找寻相关红色基因资料，此时距2012年部队派人来厂已经过去7年时间。这7年，全军经过一系列重大改革和调整，原来的部队已经转隶其他部队，番号又一次进行了调整，并已离开原来的驻防区域进行了换防，金伟副政委也退役多年。功夫不负有心人，在经过多方联络后，在2019年春暖花开的时候，软科学项目组再次成功联系上这支部队。在赵立厂长的支持下，张冰等项目组成员紧急飞往哈尔滨，受到了该部政治部领导的热情欢迎，时任参谋长也亲切地接见了项目组成员，这是企业第一次派人到部队开展走访活动。

2020年9月，在该部建旅90周年之际，厂长赵立指示工作室为部队制作了一面锦旗，并代表蚌埠卷烟厂党委、厂部和全体干部职工向部队发去了贺信，向创建企业的部队全体指战员致以诚挚的问候和崇高的敬意。赵立表示：长期以来，贵部以"先锋精神"作为军魂，敢为人先，勇往直前，是名副其实的先锋，无往不胜的部队，是我军当之无愧的"强军先锋，头等主力"。蚌埠卷烟厂与创建企业的老部队互致问候，再次携手传承红色基因，共铸新的钢铁长城，同为保卫和建设伟大祖国，实现中华民族伟大复兴，同心勠力，再立新功。正如部队首长概括的那样：我们两家从无到有，由弱到强，是为了同一个目的诞

项目组成员赴部队参观访问

生，又为了同一个目的发展，那就是为了人民的幸福安康、国家的繁荣富强。只有在党的领导下，我们才能从胜利走向胜利，不断创造新的业绩、新的辉煌。历经战火考验和岁月洗礼后，企业和部队，再次架起了友谊的桥梁，续写了一段传奇的军民友谊佳话。

2022年5月，在蚌埠卷烟厂即将迎来企业80华诞之际，文化创新工作室收到了部队政治工作部寄来的贺信："在贵厂迎来建厂80周年之际，我部谨向贵厂表示热烈祝贺！向全体干部职工致以诚挚的问候！"贺信回顾了双方的友谊，并表示："2022年，欣闻贵厂建厂80周年之际，筹划出版80余位历代先进人物事迹选编，以便更好地传承铁军精神，赓续红色基因，一并致贺。沧海桑田时空流转，血脉永续延绵熔铸。我们相信，拥有光荣传统和军人底蕴的蚌埠卷烟厂，在贵厂党委的坚强领导下，一定会越走越远、越办越好。希望我们继续加强军企共建，深化扩大军民融合，大力弘扬拥政爱民优良传统，共同努力为国防事业贡献力量，共同保卫建设伟大祖国，谱写无愧于伟大时代新篇章，以优异成绩喜迎党的二十大胜利召开！"

出版先进人物事迹选编

本书的出版是个奇迹。据了解，一家烟草工业企业出版一部历代先进人物事迹专集，纪念企业创建 80 周年，几无先例可循。这个创意来自蚌埠卷烟厂文化创新工作室的集思广益，并把这个建议向党委厂部作了汇报，得到了党委书记、厂长赵立，厂党委副书记刘泓杰，工会主席刘桂成及各部门领导的大力支持。

工作室主动承担起创作出版本书的主要职责，以工作室年轻人为主的创作团队迅速就位，先期收集、整理、汇总采访对象名单，经确认后，再进行详细分工，每个成员都确认了自己需要采访的对象。各部门宣传骨干也承担起部分采访任务，党建工作科在人员、办公地点等方面进行了统一协调，离退办派员具体协调离退休老同志的采访日程。在全体创作人员的共同努力下，终于在规定的时间内，顺利完成名单中的全部先进人物采访创作任务，令人欣慰。

初稿形成后，上报公司审批，办公室主任陈林，党建工作部部长张明林，群团工作部部长、工会副主席许新忠及办公室副主任魏亚波等领导都给予了极大帮助和指导，办公室负责编辑审核工作的朱要文、孙群、姚军和党建工作部宋文、营销中心祝宏伟等同志都给予了大力支持，并提出了具体修订意见。

全书共采用照片 130 余幅，其中本书主编拍摄 80 余幅，其余 48 幅为公司和企业有关部门、部分老职工和个别员工个人提供，特此向他们致以衷心的感谢。80 年来，蚌烟员工光荣创业的事迹众多，由于年代久远、历史条件受限等客观原因，有大量历史资料和人证、物证因无法保全而烟消云散，令人遗憾。又因为整理工作头绪纷繁而人手不够，难免挂一漏万，作为编辑人员对书中内容涉及的很多事件细节，也囿于时间和条件限制，难免有失准和失误处，恳请读者谅解。加之创作团队是以企业各部门的年轻人为主，非专业写作人员，文字难免青涩，行文多有不当之处，敬请读者一并谅解。

本书是以蚌埠卷烟厂 80 余位历代先进人物典型事迹为主题而创作的一部弘扬企业主旋律、政治站位高的人物通讯故事集。本书紧扣时代脉搏、讲述身边的故事，通过党建引领，文化铸魂，提升企业软实力和文化竞争力。优秀的企业文化是企业不断创新的精神土壤，是企业自强不息的生命源泉。赓续新四军铁军精神，传承先辈光荣传统，一直在企业文化建设中占有重要位置。经过几代人的努力和 80 年的积淀，蚌埠卷烟厂从优良革命传统中汲取营养，在改革大潮中不断发展壮大，红色企业文化已成为蚌埠卷烟厂独具特色的市场竞争法宝，红色文化的传承创新为企业的健康发展起到了极大的推动作用。

展望企业红色文化资源发掘与整理工作，文化创新工作室在此基础上围绕如何丰富、完善、弘扬、利用这批宝贵精神资源仍然任重道远，我们深感：在企业高质量发展的新征程中，赓续红色基因，使命光荣、意义重大，壮志不容卸甲，我辈仍需加油。

2015 年，时任国家烟草专卖局领导明确指出：蚌埠卷烟厂是我们党和军队创办的根正苗红的随军烟厂，代表了我们行业的光荣历史，对树立行业良好的社会形象具有重大作用。公司总经理王志彬也多次指出：蚌埠卷烟厂的红色基因是企业的宝贵精神财富，值得深入挖掘和传承。在本书成稿之初，王志彬总经理获此信息，百忙之中欣然为本书作序；赵立厂长为本书撰写了前言，对本书的创作和出版给予了高度肯定。

蚌埠卷烟厂企业文化建设独树一帜、硕果累累

　　尤其令人感到振奋的是，创建东海烟厂的新四军三师师长兼政委黄克诚大将的后人，在听取了本书主编有关情况汇报后，斟酌再三，为本书送来美好的签名寄语："牢记创业烽火岁月，赓续企业红色基因"（见扉页）。这既是希望，更是激励。

　　80周年华诞，本书再现昔日英模的光彩，让人们与往事重逢，重温那激情燃烧的岁月，让逝去的青春再一次灿烂地绽放；80周年盛典，让饱经岁月的沧桑，再一次盛开喜悦的泪花，追忆那似水流年。继承铁军精神，赓续红色基因，把劳动者的光荣刻进历史，让奋斗者的精神感召后人，勿忘历史，继续攀登，这是创作本书意义之所在。如果说80年前的创业者们，为了祖国的和平与未来，亲手奠定了一个梦想，那么今天的蚌烟人，梦想已经开花，这艘东海巨轮迎着新时代的曙光再次扬帆远航、驶向更加广阔的海洋。展望百年蚌烟，我们的明天一定会更加美好，让我们用智慧和汗水、青春和热血，谱写出更加华美的新篇章。

　　星汉灿灿，岁月苍苍；东海森森，淮水泱泱；

　　巍巍蚌烟，郁郁芬芳；八十华诞，再著华章！

张　冰

2022年5月